Atención
estratégica
al cliente

Cómo gestionar la experiencia
del cliente para aumentar
el boca a boca positivo, desarrollar
la lealtad y maximizar las ganancias

John A.Goodman

Traducción: Daniela Rodrigues Gesualdi
Revisión técnica: Dr. Carlos Galli
Director del Dpto. de Comercialización de UADE
(Universidad Argentina de la Empresa)
Colaboración del Lic. Eduardo Martinez
Profesor titular de UADE
(Universidad Argentina de la Empresa).

Pluma digital
EDICIONES

Goodman, John
    Atención estratégica al cliente. - 1a ed. - Buenos Aires: Pluma Digital
Ediciones, 2014.
    360 p.; 225x155 cm.

ISBN 978-987-3645-07-5

1. Marketing. I. Título
CDD 658.83

Coordinación editorial: Osvaldo Pacheco
carlososvaldopacheco@hotmail.com

Diseño de tapa e interior: www.editopia.com.ar

Fecha de catalogación: 25/06/2014

ISBN 978-987-3645-07-5

9 789873 645075

Indice

2. Qué quieren los clientes (y qué debemos brindar)?.......... 53

Cómo comprender las expectativas del cliente y fijar objetivos de manera estratégicas

PARTE 2: CÓMO DETECTAR OPORTUNIDADES DE GANANCIAS E INGRESOS INMEDIATOS

3. Respuestas tácticas y soluciones estratégicas:................. 75

Cómo encargarse de los problemas de los clientes y abordarlas causas

10. Atención al cliente alineada con la marca

Prólogo

Vale la pena que nos detengamos un momento a analizar el contexto en el que nos encontramos. Ya son muchos los estudios que nos hablan de la estrepitosa caída que se registra en los últimos tiempos en la credibilidad del público en general respecto de las marcas y sus mensajes. Este es un fenómeno global, al cual no escapa nuestra región. Ante esto, ¿vamos a seguir haciendo las cosas a la manera tradicional?, ¿vamos a poner toda nuestra energía solamente en reforzar la creatividad de nuestros mensajes?, ¿vamos a usar los nuevos medios del mismo modo que usábamos los tradicionales? Tal vez insistamos en crear una y otra vez nuevas promociones, procurando que sea el precio el que sensibilice a nuestro potencial cliente. ¿Pensamos verdaderamente que ese camino es viable y sostenible a largo plazo?

Creo que ya entramos de lleno a una época en la que las comunidades (especialmente las virtuales) tienen una gran influencia en la construcción de las marcas. Esas comunidades están fundamentalmente interesadas en lo que las marcas estén dispuestas a hacer por sus clientes. En esas comunidades fluirá a la velocidad de la luz la experiencia que cada uno de sus integrantes tenga con las marcas. Se impone una nueva era de mayor transparencia, en el que las empresas no tienen otra opción que ser genuinas y honestas y para esto deben comenzar por cumplir las promesas que implícita o explícitamente hacen a sus clientes. El foco está entonces en la experiencia, es decir en el momento en el que los clientes pueden constatar si lo prometido se ha cumplido.

Si la experiencia es positiva, serán más altas las probabilidades de que el cliente regrese y que haga un boca a boca positivo. Esa "voz del cliente" tendrá entonces un valor estratégico para la empresa como nunca antes lo había tenido. Y es aquí donde este libro hace un gran aporte, dado que tiene un mérito que lo hace diferente a otros que abordan estas temáticas. Plantea una metodología que se preocupa por cuantificar el impacto que tienen las acciones que se lleven a cabo para mejorar la experiencia del cliente y lo lleva a una dimensión monetaria, lo que le permite servir de guía no solo a los especialistas en servicio al cliente o marketing, sino también a aquellos relacionados con las finanzas o la gerencia general, que siempre han visto estos temas como planteos de buenas intenciones pero nunca como inversiones con un retorno medible.

Pero el valor que tiene implícito este libro no está meramente en abordar de manera original una temática clave. A lo largo de sus páginas se evidencia que su autor conoce de lo que habla. A mi juicio, John Goodman puede ser considerado el pionero en la ciencia de cuantificar y gestionar la experiencia del cliente y aplicar su conocimiento para maximizar los beneficios de las empresas. Fue aquel que midió (en el mundo pre medios sociales) que cada cliente insatisfecho se lo decía a unas diez personas y el satisfecho solo a unas cinco; el que profundizó el concepto de servicio al cliente e introdujo el uso de líneas 800 (gratuitas) en empresas líderes; el que llevó por primera vez el concepto de servicio al cliente a la industria automotriz; el que descubrió la paradoja de que el más leal no es el cliente que no tuvo problemas, sino aquel al que se lo resolvieron con prontitud, el que desarrolló las bases conceptuales para los sistemas de CRM que vendrían luego y más recientemente fue pionero en medir la experiencia de los clientes en la web y el efecto del boca a boca (*word of mouth*) en Internet, acuñando la creativa expresión "*word of mouse*".

Tuve la fortuna de vincularme profesionalmente con John. Cuando él publicó la versión en inglés de este libro y me regaló un ejemplar, luego de leerlo me involucré personalmente en que fuera traducido al español porque sabía del valor que agregaría a nuevos lectores. Afortunadamente el libro en español es hoy una realidad y esto es una buena noticia no solo para profesionales y empresas de nuestra región, sino también para sus clientes. Todos ellos, directa o indirectamente, se verán beneficiados con este libro.

Buenos Aires, julio de 2014

Mg. Eduardo A. Laveglia
Director de Posgrados en Marketing
Convenio USAL-State University of New York

Atención estrategica
al cliente

INTRODUCCIÓN

El porqué de la atención estratégica al cliente

El éxito de toda empresa depende de que el cliente esté conforme con los productos y/o servicios ofrecidos; sin embargo, la mayoría de los ejecutivos considera a la función de la atención al cliente de sus empresas poco más que una molestia necesaria, lo cual me resulta paradójico. Por lo general, aquellas compañías que no recortan gastos para diseñar la marca, mejorar las operaciones y potenciar la tecnología sí escatiman en las inversiones que preservan y fortalecen este vínculo vital final en su cadena de ingresos. En realidad, dejando de lado el aspecto de la inversión, muchas de estas empresas no cuentan siquiera con una estrategia de atención al cliente para gestionar la experiencia del mismo de punta a punta, es decir, desde las ventas hasta la facturación.

Por tal motivo, el objetivo del presente libro es llegar a la gerencia, en especial a los gerentes financieros y a quienes aspiran a ser gerentes de atención al cliente. No nos concentraremos en la atención telefónica, sino en la repercusión en los ingresos y en el boca a boca como consecuencia de adoptar o no un enfoque estratégico para todos los contactos con el cliente y gestionar la experiencia de punta a punta.

Todos sabemos, como clientes que somos, que una mala atención puede tirar por la borda todo el esfuerzo que haya hecho una empresa por retener su cartera de clientes y ampliarla. Como clientes, sabemos cómo responder ante una mala atención: nos vamos a otro lado, y hasta les decimos a nuestros amigos y colegas que hagan lo propio. No obstante, como empresarios, padecemos una suerte de amnesia que nos impide ver que ese mismo mecanismo se repite en nuestros clientes. Recuerdo, no hace mucho tiempo, una conversación que tuve con el gerente financiero de una empresa líder en electrónicos que padecía esta amnesia. Como ingeniero, sostenía que la superioridad de los productos electrónicos de su empresa le garantizaba una posición privilegiada en el mercado. Así que le pregunté cuál era la marca de su auto y qué opinaba de la concesionaria donde lo había adquirido. Frunció el ceño y me dijo: "¡Los odio!, ¡son un desastre!". Entonces le respondí: "Usted tiene clientes que opinan lo mismo de su empresa", y así sí me entendió.

Hay equipos de ejecutivos, agraciados con una extraordinaria empatía o ingenio (o tal vez competitividad), que realmente comprenden cuál es el papel que la atención al cliente desempeña en el crecimiento de sus ingresos, ganancias y empresa. Gracias a mi trabajo con firmas que siempre cumplen de manera excelente con esta responsabilidad, puedo afirmar que todas ellas tienen un elemento en común: una visión y un enfoque estratégicos de la atención al cliente.

Desde una perspectiva estratégica, se considera que la atención al cliente es un elemento vital en la experiencia del cliente de punta a punta, y por consiguiente, en la relación con el cliente. Asimismo, considera a la atención al cliente como todo un miembro del triunvirato marketing-ventas-servicio. Según dicha visión, se comienza con el establecimiento de expectativas, se continúa con la venta y entrega de los productos de la manera que sea más conveniente para el cliente, y se finaliza con una asistencia extraordinaria y una facturación correcta y transparente. Con un enfoque estratégico, también se reconoce que la función del servicio genera una fuente de información sobre actitudes, necesidades y comportamiento de los clientes. La combinación de estos datos con la información operativa y de las encuestas disponibles puede ser utilizada en virtualmente todo esfuerzo destinado a definir la experiencia del cliente, desde el desarrollo del producto hasta las comunicaciones de marketing y ventas, y desde cómo gestionar las quejas hasta la gestión completa de la relación con el cliente. De esta forma, la atención al cliente actúa como un catalizador estratégico de cada función de la organización y de los procesos que involucran al cliente.

¿Por qué un catalizador estratégico?

La atención estratégica al cliente se encuentra en el punto en que todas las estrategias de la empresa generan una gran experiencia para el cliente… o no. Para bien o para mal, el cliente se ve afectado en miles de maneras por el desarrollo del producto, las operaciones, el marketing, las ventas, las finanzas, la contabilidad, los recursos humanos y la gestión del riesgo. Sin embargo, cuando surge algún inconveniente, los clientes no se comunican con el director de desarrollo del producto ni con el gerente de operaciones, ni con el vicepresidente de marketing (y probablemente tampoco deberían comunicarse con el equipo de ventas, sobre lo cual ampliaremos en el Capítulo 3), sino que llaman al centro de atención al cliente. En estos casos, los representantes de este centro deben preservar la relación, recabar la información necesaria y mejorar el proceso, independientemente de dónde se haya originado el inconveniente.

Como catalizador, la atención al cliente estratégica puede transformar las entidades y funciones con las que tiene contacto, y así lograr que la empresa sea más proactiva, reaccione de manera más rápida y sea más eficaz. La atención puede ayudar al departamento de marketing, por ejemplo, a modificar los mensajes de ventas, a aprovechar la inteligencia del cliente y a mejorar los productos y servicios. Por ejemplo, la compañía de seguros Allstate ahora apunta a los padres de jóvenes que están por cumplir 16 años, antes de que se presenten a rendir el examen para sacar el registro de conducir. La empresa les propone firmar un contrato de padres y adolescentes, y les explica cómo se calcula la inminente suba de la tasa. Además, ofrece asesoramiento sobre cómo enseñar a conducir a los postulantes (y cuenta inclusive con un video que se hizo muy popular en internet cuya música ya se escucha de manera generalizada). Gracias a este programa, los padres están más tranquilos, sienten que tienen más control, y muestran mucha más lealtad a Allstate. A su vez, la atención al cliente estratégica puede acelerar el desarrollo de productos y revelar nuevos canales de distribución. Además, puede aliviar al departamento de ventas y socios de canales las tareas de resolución de problemas para que puedan concentrarse en vender. Asimismo, puede convertir al área de finanzas de una oficina de contabilidad a una fuente de fondos que permita implementar procesos y servicios nuevos que aumenten la retención de clientes, el boca a boca positivo y la participación en el mercado.

Por otro lado, la atención al cliente estratégica puede aplicarse a cualquier mercado, desde productos envasados para consumidores y servicios financieros a empresas de seguros médicos; desde negocios entre empresas, como químicas y farmacéuticas, a organismos públicos y entidades sin fines de lucro. TARP ayudó a organizaciones en todas estas áreas a beneficiarse del enfoque estratégico de la atención, más allá de las funciones tácticas de responder a las consultas de los clientes y resolver sus problemas.

MÁS ALLÁ DEL DEPARTAMENTO DE QUEJAS

La atención al cliente mejoró muchísimo desde aquellos días en que los "departamentos de quejas" recibían cartas de clientes furiosos y decidían si "reparar el daño" realizando alguna promesa explícita o implícita. En la actualidad, la función táctica de la atención suele ser global, se terceriza, y está ubicada en otro país. A su vez, está respaldada por tecnología de última generación, responde a la estrategia de la marca, y se integra a la experiencia del cliente. Hoy en día, constituye una función de asistencia, ventas y gestión de relaciones. Es un medio para realizar un seguimiento del valor de cada cliente para luego satisfacerlo, deleitarlo, explicarle por qué se le cobra más, o para decirle adiós amablemente. Las interacciones con el cliente son, a su vez, el generador principal del único mecanismo más poderoso del marketing: el boca a boca y el "clic a clic" (*word of mouse*) positivos.[1] Aquellas empresas con un excelente boca a boca casi no tienen gastos de marketing, porque son sus clientes quienes venden por ellas.

Cabe resaltar que nada de esto sucede por accidente ni solo a nivel táctico, sino cuando los altos ejecutivos comprenden el papel esencial que juega la atención en la relación con el cliente y le da una nueva forma a este "hijastro" desterrado de marketing, ventas y operaciones convirtiéndolo en una guía y una manera de resolver conflictos, comunicar, informar y ganarse el pan. A menudo, el directorio nombra Gerente de Experiencias con el Cliente a uno de sus integrantes. De no existir ese cargo, el Jefe de Atención al Cliente es quien suele desempeñarse como tal.

La evolución comienza con una evaluación actualizada de experiencia de los clientes, de todas las actividades de atención al cliente y que impliquen a estos últimos, y de las fuentes de información sobre tales actividades.

Tomemos como ejemplo la investigación de mercado. Hace poco, un gerente del área de telecomunicaciones me comentó lo siguiente: "Invertimos 12 millones de dólares por año en encuestas, y casi no tenemos información que podamos utilizar.". Una vez que la empresa reconoció esta situación, comenzó a utilizar la información de los contactos con los clientes para complementar las encuestas y producir así un panorama de tiempo real de la experiencia con los clientes. Con estos datos, junto con la información sobre el rendimiento de los productos y los problemas, y sobre las actitudes y preferencias de los clientes, la empresa pudo detectar formas de ahorro importantes mientras que, a su vez, iban mejorando la experiencia con los clientes. Algunas compañías conocen el valor de la información de contacto con los clientes; no obstante, me sorprendí al escuchar a Powell Taylor, el ejecutivo de General Electric que creó el Centro de Respuestas de GE, señalar lo siguiente: "El representante de atención al cliente promedio de GE es capaz de generar una entrada de datos equivalente a unas 10.000 encuestas de investigación de mercado completas, porque esa es la forma en que hablaron con varios clientes.". Esto marca la importancia de compilar y **también** analizar los datos obtenidos en las interacciones con los clientes. Es por tal motivo que el Centro de Respuestas de GE depende de la gerencia del Área de Electrodomésticos.

Como resultado, tanto en cuanto a objetivos como en cuanto a funcionalidad, la atención al cliente ha evolucionado mucho más allá del departamento de quejas de hace 30 años o más para convertirse en una parte esencial de la construcción y el sostenimiento de la relación con los clientes.

¿POR QUÉ OCUPARNOS DE LA ATENCIÓN AL CLIENTE ESTRATÉGICA?

La recompensa de contar con un enfoque estratégico de la atención al cliente es simple: más ingresos, mayores márgenes, costos más bajos, y un boca a boca positivo que genera más clientes a menores costos de marketing. Toda empresa puede establecer y sostener una ventaja en el mercado **a largo plazo** de diferentes maneras. El liderazgo mediante la innovación de productos y la tecnología no deja de ser efímero, porque las innovaciones se pueden copiar. Lo mismo ocurre con la mayoría de las otras estrategias de crecimiento. No es coincidencia que los líderes del mercado, en sus áreas, se estén comprometiendo con la atención al cliente estratégica, ya sea de forma implícita o explícita. Empresas como 3M, Allstate, American Express, Bath & Body Works, Chick-fil-A, Coca-Cola, FedEx, GE, Harley-Davidson, Hewlett-Packard, IBM, Johnson & Johnson, Marriott, Neiman Marcus, Panasonic, Procter & Gamble, Sears, Starbucks, y Toyota van más allá de los esfuerzos recurrentes y de las palabras, aspectos característicos de los enfoques no estratégicos. Estas organizaciones saben cuántos ingresos pueden perderse como resultado de una experiencia no tan perfecta del cliente, e intentan retener la mayor cantidad posible de ese dinero. Invierten en sincronizar todas las funciones para apoyar las promesas de su marca y así cosechar importantes beneficios, como por ejemplo:

-   Clientes felices, dispuestos a pagar precios más elevados o a hacer lo que fuera por patrocinar su compañía.
-   Información sólida sobre la cual basarse para tomar decisiones que beneficien a los clientes y ofrecer un mayor valor.
-   Más tiempo dedicado a las ventas y menos momentos de exasperación dentro del departamento de ventas.
-   Menos problemas, ya que se corrigen las causas de raíz, se capacita a los clientes y se fijan expectativas realistas.
-   Vínculos emocionales intensos con los clientes, que bloquean a los competidores y aumentan la lealtad hacia la marca. (Los clientes de Harley-Davidson se hacen tatuajes del logo de la empresa, ¡eso sí que es lealtad!).
-   Menor recambio de personal como resultado de un sentido de misión, pertenencia, excelencia, trabajo en equipo, y satisfacción laboral.
-   Boca a boca positivo a tal nivel que los clientes de empresas como Chick-fil-A, Cheesecake Factory y USAA venden por ellas.
-   Una ventaja en el mercado sostenible, debido a que los competidores no pueden copiar ni adoptar la gestión ni los elementos culturales de la atención estratégica al cliente. (American Express retiene a sus "miembros" a pesar de los repetidos ataques de la competencia.).

Las empresas con una atención estratégica al cliente pueden tomar decisiones financieras racionales sobre dónde invertir en las personas, los procesos y las plataformas. Son capaces de distinguir con facilidad entre cosas que es agradable tener, problemas que no vale la pena considerar, y necesidades importantes, que suelen ser implícitas. Establecen expectativas y las cumplen de manera proactiva. Comprenden cómo un menor stock puede hacerles ahorrar dinero pero a su vez desilusionar a los compradores, que tal vez no regresen.

Tal vez nos preguntemos si estas empresas se equivocan. Por supuesto que sí. Hasta las mejores empresas cometen errores y en algunas ocasiones causan problemas a los clientes que son más que inconvenientes. Sin embargo, las empresas que tienen una visión estratégica responden a estos errores de manera diferente. Mientras revisaba este capítulo en un restaurante del Hotel Marriot, la camarera derramó agua sobre todo mi manuscrito. Tanto ella como el gerente tomaron cuatro medidas para corregir el daño causado, como por ejemplo, planchar las hojas. Al final de todo el incidente, me dio pena ver todas las molestias que se habían tomado.

Además, las grandes empresas detectan los focos sistémicos de molestia de sus clientes, y luego hacen algo para aliviarlo. Avis entregó computadoras portátiles a sus encargados de la devolución de los vehículos alquilados para acelerar el proceso de devolución luego de haberse enterado de que la espera en la fila en los aeropuertos era el mayor foco de molestia de los clientes. Esta medida revolucionó a su rubro. Pero ¡atención!, la respuesta estratégica no siempre consiste en "reparar", en el sentido usual de la palabra. A veces es necesario decidir si conviene reforzar el producto para que el problema no vuelva a ocurrir o, por el contrario, si se debe tolerar que el mismo suceda ocasionalmente (como por ejemplo, las demoras de los aviones por desperfectos mecánicos) y advertir a los clientes al respecto, dejando que el problema suceda y luego implementando la reparación del daño. La decisión dependerá de la opción que presente el menor costo/beneficio. A veces, el problema simplemente se puede eliminar. Una automotriz líder tomó conocimiento de que los clientes con contratos de *leasing* se llevaban una sorpresa muy desagradable al entregar el vehículo, por los cargos que les cobraban en concepto de "uso normal", e instrumentó una asignación por dicho uso en ese tipo de contratos, para reducir la sorpresa o eliminarla.

Todo enfoque estratégico impide las reacciones automáticas ante las quejas de los clientes. Por el contrario, considera cada inconveniente en un contexto más amplio. En la mayoría de las empresas se priorizan los problemas a corregir en base a criterios que lamentablemente no son científicos. Se reparan los problemas que surgen con mayor frecuencia, o bien aquellos que llegan a oídos del gerente general (cuando los gritos de los clientes se escuchan desde la oficina). Sin embargo, conviene hacer algunos cálculos simples para identificar problemas menos frecuentes desconocidos por la gerencia y que sean más económicos (y rentables) de corregir. A modo de ejemplo, podemos citar un estudio de TARP hecho para Motorola según el cual se supo que no responder los llamados de los clientes disminuye su satisfacción de un 20 al 30 por ciento. La gente no se queja mucho sobre este tema, en especial si se trata del personal de ventas, porque no los quieren poner en un compromiso, pero la realidad es que la satisfacción sí se ve afectada y los clientes se pueden sentir impulsados a llamar a otro proveedor.

Por lo tanto, las razones para poner énfasis en la atención al cliente son muchas. Como resultado, a casi todos en la organización les interesa el desempeño de la función.

A TODOS LES INTERESA LA ATENCIÓN AL CLIENTE

Al aceptar la importancia estratégica de la atención al cliente, uno llega a darse cuenta de que le interesa el tema, independientemente de la función que desempeñe en la organización. No digo esto en un sentido idealista ni remoto, sino que más allá del lugar que ocupe en la empresa (Sistemas, Gestión de Riesgo, o Recursos Humanos), usted, como ejecutivo, puede establecer de qué formas mejorar directamente la experiencia del cliente, y en consecuencia, la posición de su empresa en el mercado y sus ingresos a futuro. También puede ayudar a que se evite, y no que se ignore, el rebote de los costos extra que ocasionan los inconvenientes con los clientes.

Claro está, la recompensa potencial es más atractiva para los gerentes y profesionales de ventas y marketing, en especial en ciertos rubros. Más del 50 por ciento de los clientes nuevos en el área de inversiones, venta minorista y productos relacionados con la salud proviene de referencias del boca a boca. Para las empresas que operan con otras empresas, las recomendaciones son tan importantes o incluso más que las ofertas realizadas por los representantes de ventas. La atención también es crucial para franquiciados, distribuidores y otros socios del canal. Los intereses también son elevados para las empresas que ofrecen bienes o servicios de lujo. Tal como expresaron los ejecutivos de John Deere, Lexus y American Express: "No queremos competir con los precios", y realmente no tienen por qué, gracias a su servicio y calidad. Es más, la atención al cliente estratégica se aplica a todas las áreas, inclusive a las entidades sin fines de lucro y a los organismos públicos.[2] En definitiva, todos dependen de tener clientes conformes para seguir operando.

No nos olvidemos de ciertos cambios que también exigen una visión estratégica de la atención al cliente, como por ejemplo:

- En la actualidad, internet brinda la mayoría de la información que solían ofrecer los representantes de ventas. Además, en la web se pueden encontrar datos competitivos y opiniones de los clientes. Este hecho modificó la misión de ventas, el marketing y la atención de manera significativa.
- Casi la mitad de las quejas, consultas y comentarios de los clientes se suben a internet o se envían por correo electrónico. No obstante, aún hay varias empresas que siguen dando prioridad a sus líneas de atención gratuita, sin aprovechar las oportunidades que les ofrece la red.
- Los mercados globales y la tercerización de servicios generaron molestias en los clientes, lo cual causó a las empresas conflictos culturales, financieros y de gestión de riesgo.
- La clase media emergente en China, India, y otros países exigirá experiencias similares a las de sus pares en Occidente, lo cual implicará grandes inversiones en el área de la atención.
- El recambio de personal y la falta de profesionales en la atención al cliente siguen aumentando el costo de brindar un servicio superior y ajustar aún más los márgenes ya ajustados.
- Las ganancias provenientes de una mayor productividad como resultado de la tecnología, la tercerización y la consolidación industrial han sido en gran parte obtenidas, dejando a la atención, definida en sentido amplio, como uno de los pocos objetivos restantes para reducir costos y aumentar las ganancias.

La mayoría de los ejecutivos se ocupa de sus clientes y tiene como objetivo brindar un servicio de calidad, o al menos de un nivel adecuado, dadas las circunstancias económicas. Pero también tiene una visión desactualizada o equivocada del concepto de atención al cliente. Tal vez la más frecuente de estas visiones es que la atención al cliente en todas sus formas (centros de atención telefónica, representantes de ventas, personal de campo, y sistemas basados en la tecnología) es el "agua estancada" de la organización y un generador de costos, en lugar del mecanismo de gestión del boca a boca más moderno y el mejor diferencial en el mercado actual.

El presente libro presenta una visión y un enfoque de la atención al cliente que permiten generar ganancias extraordinarias y ventajas sostenibles a cualquier empresa que dependa de clientes habituales, de un boca a boca positivo, o de ambos.

LOS ORÍGENES DEL LIBRO

Esta obra surgió a raíz del trabajo que TARP comenzó a principios de los años setenta, luego de que yo fundara la compañía en 1971 con otros dos emprendedores, Marc Granier y Joe Falkson, en el sótano de un edificio de la Facultad de Derecho de la Universidad de Harvard, y que ha continuado desde entonces. El trabajo de nuestra empresa comenzó seriamente con un estudio original y memorable sobre el comportamiento de queja del consumidor y la atención al cliente para la Oficina de Asuntos del Consumidor de la Casa Blanca, con el auspicio de Virginia Knauer y Esther Peterson, ambas asistentes del Presidente de Asuntos del Consumidor. Durante los siguientes 30 años, TARP estudió, analizó y confeccionó informes sobre el comportamiento de los clientes en las principales áreas, organizaciones sin fines de lucro y organismos públicos de América del Norte y luego, del resto del mundo.

Desde su comienzo en 1971, TARP fue precursora de varios conceptos, principios y prácticas que se convirtieron en referencias de la atención al cliente en una gran variedad de rubros. Fue la primera firma en:
- Comparar los costos de conservar a un cliente con los costos de captar uno nuevo.
- Recomendar la estimación del cálculo del valor vitalicio de un

cliente y considerar dicho valor en las decisiones que afectan a la lealtad y la retención.

- Cuantificar los impactos positivos de la capacitación al cliente.
- Recomendar el concepto del uso de líneas gratuitas de atención telefónica para facilitar el proceso de los reclamos, y para gestionar los reclamos de los clientes y el *feedback*.
- Desarrollar la estructura funcional de los sistemas actuales para la gestión de las relaciones con el cliente.
- Cuantificar el boca a boca con Coca-Cola en 1980; y en 1998 acuñar el término "clic a clic" para referirse a reclamos y recomendaciones hechas boca a boca por internet.

Y qué puedo decirle sobre el nombre de nuestra empresa. El nombre original era *Citizen Research Assistance Programs* (Programas de Investigación de Asistencia Ciudadana). Sin embargo, cuando fuimos contratados para nuestro primer estudio por el entonces Secretario de Salud, Educación y Bienestar, Elliott Richardson, se nos aclaró gentilmente que el gobierno federal no podía contratar a una empresa que se llamara C.R.A.P. (que significa "basura" en inglés). Por lo tanto, cambiamos el nombre por TARP, *Technical Assistance Research Programs* (Programas de Investigación de Asistencia Técnica), y, más recientemente y de forma oficial por *TARP Worldwide* (TARP Mundial).

LA ESTRUCTURA DEL LIBRO

El presente está compuesto por doce capítulos agrupados en cinco partes, con los siguientes títulos y contenidos:

Parte 1: "La importancia de la atención al cliente" describe la atención estratégica al cliente y su contexto de conducta en detalle. También introduce el motivo principal financiero de las inversiones para mejorar su atención al cliente.

Parte 2: "Cómo detectar oportunidades de ganancias e ingresos inmediatos" revela medidas que puede tomar de inmediato para mejorar la experiencia del cliente básica y generar datos más útiles y recompensas tangibles.

Parte 3: "Cómo responder las consultas y abordar los problemas de los clientes" muestra cómo establecer un sistema eficiente y con una buena relación costo-beneficio para manejar, y si corresponde, evitar contactos innecesarios de los clientes.

Parte 4: "Cómo pasar al siguiente nivel" revela maneras de crear un sistema de atención al cliente proactivo, una estrategia de servicio asociada con la marca, un deleite eficaz en costos, y un vínculo emocional duradero con los clientes.

Parte 5: "Hacia el futuro" enseña cómo trabajar con las tendencias actuales y los conflictos emergentes, tales como la falta de personal, la tercerización, la complejidad del producto y las cuestiones relacionadas con el medioambiente. También explica cómo crear una atención estratégica al cliente (y posiblemente el cargo de Gerente de Atención al Cliente) en la cultura de su organización.

Cada capítulo, dentro de cada sección, analiza el comportamiento de los clientes y de la empresa en un contexto específico. También sugiere enfoques de medición y análisis de las decisiones que toman las partes involucradas y del impacto que causan tales decisiones a las partes. Asimismo, cada capítulo muestra qué hacer, cómo hacerlo y por qué, en base a décadas de investigación en diferentes áreas, para concluir con varios puntos específicos para recordar.

CÓMO COMENZAR ESTRATÉGICAMENTE

Como podrá imaginarse, adoptar una atención al cliente estratégica requiere introducir varios cambios mentales y gerenciales. Para ser más preciso, la organización (ya sea con o sin fines de lucro, o un organismo público), debe:

- Considerar que las relaciones actuales con los clientes son esenciales para la salud financiera de la organización.
- Hacer un mapeo de la experiencia del cliente de punta a punta y lograr que la empresa esté alineada con dicho mapeo (y no a la inversa). También es importante nombrar a alguien para que se encargue de la gestión, o al menos del monitoreo.

- Utilizar la atención al cliente no sólo para atender conflictos y recabar información, sino también para medir e informar sobre el impacto de la gestión de las decisiones en la lealtad y los ingresos.
- Estructurar las áreas de atención al cliente y desarrollo de producto, marketing, ventas y operaciones para que trabajen en conjunto y brindar así el nivel adecuado de atención a los diferentes clientes, y deleitarlos si tiene sentido económico.
- Involucrarse con el área financiera para que lo ayuden a ver cada contacto con el cliente en términos de los ingresos, la lealtad, el boca a boca y el riesgo que generan o disipan.
- Organizar a los empleados del área de atención al cliente, a los recursos con los que cuentan y a las funciones que los afectan para lograr la mayor rapidez y flexibilidad posible, con pocas normas específicas más allá de hacer lo que es mejor para el cliente.

La atención al cliente ha cobrado demasiada importancia como para seguir usando los métodos tácticos habituales. Hoy en día se requiere un enfoque estratégico sumado a lo que Sue Cook, anteriormente de la Universidad Apple, llama "objetivos osados", respaldados con los fondos adecuados y una rigurosa ejecución. Es mucho lo que está en juego. Las empresas con una fuerte lealtad y retención de clientes siempre se ubican entre las primeras en ingresos, márgenes y ganancias de sus categorías. Las empresas con un boca a boca positivo pueden gastar poco o nada en marketing. La equidad de marca que la empresa posee depende por completo de que sus clientes estén satisfechos. Toda estrategia para desarrollar y vender un producto o servicio, o para entrar a un mercado o conservarlo, depende en última instancia de clientes satisfechos. TARP, incluso, ayudó a empresas reguladas a reducir sus quejas ante entes reguladores hasta un 40 por ciento gracias a la implementación de mejores sistemas de atención.

Estamos viviendo un momento muy interesante para trabajar con la atención al cliente, sea la especialidad que fuere. Hay tantos productos y servicios reducidos a la condición de productos básicos que la principal diferencia radica en brindar una atención al cliente de excelencia en muchas de las categorías, o en la mayoría. Al mismo tiempo, el mercado consumidor de todo el mundo se está desplomando, y la sensibilidad a los precios y al valor está en alza. La clave para sobrevivir, crecer y ganar en todo el mundo es, y será, lograr que los clientes estén conformes. En este libro verá cómo proceden los líderes del mercado para producirlos y conservarlos.

Me gustaría agradecer a mis editores Tom Gorman, Bob Nirkind y Jim Bessent; a mi esposa, Alice; a los ex integrantes de TARP y a los actuales que ayudaron a realizar las investigaciones y contribuyeron a desarrollar estos conocimientos, Cindy Grimm, Dianne Ward, Patty David, Steve Newman, Crystal Collier, Ann Peters, Adelina Avidu, y al Gerente General de TARP, Dennis Gonier; como también a la gran cantidad de clientes de TARP por sus sugerencias y anécdotas.

NOTAS

1. En 1999, TARP acuñó el término *"word of mouse"* ("clic a clic") en su primer estudio de atención electrónica.

2. La mayoría de las entidades sin fines de lucro y los organismos públicos disminuyen los ingresos o incurren en gastos extra cuando ofrecen un servicio deficiente. Me referiré a la cuantificación correspondiente en el Capítulo 4.

PARTE 1

La importancia de la atención al cliente

Capítulo 1

Cómo ver la atención al cliente estratégicamente

Cómo comprender el verdadero
papel que juega la atención
al cliente en su empresa

Hace unos meses, compré dos berenjenas en mi mercado habitual. Cuando llegué a mi casa, las pelé y las corté en rodajas, y me di cuenta de que ambas estaban en mal estado. Así que tomé una mitad grande sin cortar de cada berenjena y las llevé al negocio. Sin hacer mucho revuelo dije: "Compré dos berenjenas y estaban en mal estado; ¿puedo llevar otras dos?" y comencé a caminar hacia el sector de la verdulería. La empleada me detuvo y me dijo: "Señor, usted tiene sólo una berenjena". Le pregunté si estaba cuestionando mi honestidad y me respondió: "¡yo sólo le estoy diciendo que tiene una sola berenjena!". Tuve que llevar todas las rodajas de ambas berenjenas para que me las pudieran reemplazar por otras. Esta anécdota me sirve para compararla con lo que me sucedió en una oportunidad en el Teatro Richard Rodgers de Nueva York: por error, mi familia y yo llegamos a la función del sábado con entradas del viernes. El gerente, Tim, ubicó sillas al final de una fila para que pudiéramos ver la función y estar eternamente en deuda con el Teatro Richard Rodgers. Un servicio al cliente deficiente difícil de olvidar por berenjenas de 2 dólares y un gran servicio al cliente que siempre recordaremos por el error de un cliente que gastó 750 dólares. Cómo evitar el primero e imitar el segundo. De eso se trata este libro.

La visión estratégica de la atención al cliente exige pensar en la función no como un centro de costos a minimizar sino como una diferencia competitiva, una máquina de retención y generación de ingresos, y un proceso de gestión del boca a boca. Esto comienza cuando se entiende el verdadero papel que la experiencia del servicio juega en su empresa y el gran impacto de la atención al cliente en su desempeño financiero.

Este capítulo lo ayudará a ver su función de atención al cliente en términos estratégicos y su verdadero potencial. Comenzamos con el análisis de varias formas en que la atención y las reacciones de los clientes hacia la atención pueden repercutir en una organización para bien o para mal. A continuación, nos ocupamos de cómo se toman, hoy en día, las decisiones financieras acerca de la atención y la experiencia total del cliente, y cómo deberían tomarse de manera estratégica. Luego de definir brevemente algunos términos importantes que surgen en la mayoría de los debates sobre atención al cliente, presentaré un modelo para esta función que puede desempeñar un papel estratégico en su empresa. Por último, concluiré con seis primeros pasos que puede seguir para establecer una atención estratégica y, como verá al final de cada capítulo, encontrará los principales puntos a recordar.

CÓMO REPERCUTE LA ATENCIÓN AL CLIENTE EN UNA EMPRESA

La idea de que un servicio deficiente perjudica a una empresa es correcta por intuición. Sin embargo, no puede incorporarse en la toma de decisiones a menos que sea cuantificada. A continuación, encontrará algunos de los descubrimientos cuantificados básicos surgidos del trabajo de TARP durante las últimas tres décadas. Primero, le voy a dar las malas noticias, y luego las buenas.

Malas noticias

La mayoría de los clientes no hace reclamos, lo cual perjudica a su empresa. En el caso de productos envasados para el consumidor y otros artículos de pequeño valor, sólo el 5 al 10 por ciento de los clientes insatisfechos se queja, y la mayoría, ante el comercio minorista. Con respecto a problemas graves con productos de valor elevado, la tasa de reclamos aumenta del 20 al 50 por ciento ante el representante de atención al cliente. Solo 1 de cada 10 de estos clientes (ó del 2 al 5 por ciento de todos los clientes que se quejan) llega al gerente local o a las oficinas de la empresa. Esto significa que para el fabricante o las oficinas centrales, por cada queja que les llega, hay aproximadamente de 20 a 50 clientes más que tienen inconvenientes.

Según los clientes, por lo general no hacen reclamos porque creen que no servirá de nada, lo cual he dado en llamar "desesperanza aprendida", no saben a quién dirigirse, o temen algún tipo de represalia por parte de la persona acerca de la cual se quejan. (Para darle un contexto adecuado a este último caso, imagine con qué ansiedad esperará recibir su plato si se queja de una camarera ante su jefe antes de que la misma le traiga la comida.) Cuando los clientes no expresan su insatisfacción, los problemas no pueden resolverse. Vemos el mismo tipo de comportamiento y hasta peores relaciones de problemas/conflictos en organizaciones sin fines de lucro tales como museos, clínicas y organismos públicos.

Los clientes que no expresan sus inconvenientes son del 20 al 40 por ciento menos leales que aquellos que no tienen problemas o que los expresan y están satisfechos. Esto quiere decir que por cada cinco clientes que tienen un inconveniente pero no reclaman, está perdiendo al menos uno.

Los problemas redundan en pérdida de clientes y disminución de ingresos. Unos 1.000 estudios realizados en áreas en diferentes países del continente americano, Europa, Asia, y Medio Oriente muestran que cuando un cliente tiene un problema, la lealtad baja un 20 por ciento en promedio, en comparación con clientes que no tienen problemas. Es decir, por cada cinco clientes con problemas, uno elegirá otra marca la siguiente vez que desee un producto o necesite un servicio específico. Esto ni siquiera incluye los efectos del boca a boca negativo, lo cual, como veremos más adelante, puede ser bastante significativo.

Las malas noticias viajan rápido. De acuerdo con el memorable estudio de TARP de 1980 para Coca-Cola, a través del boca a boca, un promedio de 5 personas conocen la buena experiencia de una persona, pero son 10 las que escuchan una mala experiencia de alguien. Según un estudio posterior de TARP para una automotriz, mientras a 8 personas se les habla de una buena experiencia con una reparación, a 16 se les habla de una mala experiencia. El clic a clic negativo viaja aún más rápido: en la web, las personas conocen una experiencia negativa cuatro veces más que una positiva. Además, un estudio de TARP de 2008 indica que el 12 por ciento de los clientes insatisfechos que operan por internet comentan su experiencia con su lista de amigos, la cual promedia más de 60 personas. Sin embargo, un trabajo reciente de TARP revela que las experiencias positivas también pueden tener una gran repercusión. Según un estudio sobre productos envasados, el 40 por ciento de los consumidores que conocían experiencias positivas de otro consumidor probaron el producto. El boca a boca positivo puede ser realmente una herramienta de marketing poderosa.

Buenas noticias

Lo prometido es deuda: a continuación, las buenas noticias.

Los empleados no son la causa de la mayor parte de la insatisfacción de los clientes. Al contrario de lo que se cree popularmente, las actitudes y los errores de los empleados son solo responsables del 20 por ciento del total de la insatisfacción de los clientes. Las investigaciones de TARP indican que en la mayoría de los rubros, los empleados concurren a su trabajo con toda la intención de hacer un buen trabajo. Es lo que les dicen que hagan y digan a los clientes lo que causa la mayor insatisfacción. Cerca del 60 por ciento del total de la insatisfacción de los clientes se debe a productos, procesos y mensajes de marketing que se entregan de la manera planeada pero que contienen sorpresas. Alrededor del 20 al 30 por ciento de los problemas se deben a errores de los clientes, expectativas erróneas o uso indebido de los productos. (Todos los años un fabricante líder de un líquido blanqueador recibe varios llamados de personas pidiendo que el producto tenga mejor gusto para cuando lo usan para lavarse los dientes, con la idea de blanquearlos.) No obstante, sea cual fuere la causa, los clientes tienden a culpar a la empresa, por lo cual a la empresa le conviene prevenir el problema o solucionarlo.

Conservar a los clientes es menos costoso que captarlos. En 1978, creamos esta regla ampliamente aceptada durante una comparación de los costos de marketing con los costos de atención al cliente de una automotriz de los EE.UU. En dicha oportunidad, se compararon los gastos en publicidad (sólo una parte del costo de adquirir clientes nuevos) con el monto promedio destinado a retener clientes por medio de una gestión de reclamos efectiva. Los costos de publicidad son cinco veces mayores. De acuerdo con estudios similares llevados a cabo en más de veinte industrias diferentes, según el rubro y la compañía, el costo de adquirir un cliente nuevo puede ser de dos a **veinte** veces mayor que el de retener a un cliente insatisfecho resolviendo su problema y recuperando la relación. En el caso de empresas que operan con otras empresas, se pueden invertir fácilmente de 10.000 a 100.000 dólares para captar un cliente nuevo, pero luego se daña la relación y las ventas futuras al escatimar en instalación, capacitación, documentación, partes o atención al cliente.

La gestión correcta de las quejas retiene a los clientes. En casi todos los sectores empresariales, un cliente que se queja y luego queda satisfecho por la resolución de su problema, en realidad es 30 por ciento más leal que otro que no se queja, y 50 por ciento más leal que uno que se queja pero que permanece insatisfecho. Lograr que tres clientes que no se quejan, lo hagan, y luego satisfacerlos genera los mismos ingresos que obtener uno nuevo. Depende claramente de usted encontrar maneras efectivas de solucionar los problemas e incitar a sus clientes a que hagan reclamos. Varios clientes de TARP consideraron útil imprimir facturas o colocar carteles con la siguiente frase: "¡Solo podemos solucionar aquellos problemas que conocemos!"

El imperativo económico para mejorar la atención es claro. Cuando se combina la información correcta sobre las finanzas con la información correcta sobre el comportamiento de los clientes, los gerentes generales y los financieros pueden reconocer con facilidad el rendimiento sobre la inversión en la atención al cliente. Irónicamente, estos datos (con excepción de la tasa de no-queja y los datos del boca a boca) ya existen en la mayoría de las empresas o pueden obtenerse con los recursos existentes. Lo que suele faltar es una metodología sólida para modelar el impacto de la atención sobre los ingresos y el boca a boca de una manera que los ejecutivos puedan comprender. Ampliaré este tema en el Capítulo 4.

No obstante, para sentirse motivados a considerar tal metodología, los gerentes deben comprender los efectos amplios ya mencionados, y luego considerar el caso de negocio para mejorar la atención al cliente.

CÓMO ELABORAR EL CASO DE NEGOCIO PARA MEJORAR EL SERVICIO

Una empresa puede implementar una atención estratégica total al cliente, o bien simplemente mejorar aspectos específicos de su servicio. Cualquiera fuera el caso, está mejorando su atención, y a pesar de que existen formas de lograrlo con bajo costo o sin costo alguno (como por ejemplo confiando en los clientes conocidos, 98 por ciento de los cuales son honestos), la mayoría de las mejoras implica gastos. Por lo tanto, necesitará convencer al sector financiero de su empresa de que habrá una recompensa tangible si se invierte en mejorar la experiencia de los clientes.

Por desgracia, las inversiones para mejorar la atención al cliente no se suelen presentar al departamento financiero como verdaderas inversiones, sino como costos. Por tal motivo, la mayoría de las compañías solo soluciona los problemas que generan las quejas más frecuentes o más importantes. Es por ello también que incorporan más representantes de atención y abren más centros telefónicos cuando las ventas aumentan, y suspenden representantes y reducen los recursos cuando las ventas bajan. No se entiende la relación que hay entre el servicio de atención y los ingresos a futuro.

Estos enfoques no sólo son obtusos, sino que también engañan a los clientes, a los empleados y a la propia empresa. La atención estratégica se concentra en el caso de negocio, es decir, en los beneficios en los ingresos por las mejoras en la atención, que suelen ser de 10 a 20 veces mayores a las inferencias del costo. Se reconocen los vínculos entre la atención, el comportamiento de los clientes y los resultados financieros. Este libro se refiere a tales vínculos porque considero, al igual que una gran cantidad de empresas líderes, que las inversiones en la atención al cliente generan unos de los mayores rendimientos sobre la inversión, y más rápidos, que incluso a veces multiplica los rendimientos de otras inversiones. Cuando se implementa un cambio que mejora la atención, los beneficios del aumento de la lealtad, el boca a boca positivo y un menor riesgo comienzan a surgir ya en el siguiente llamado.

Para comprender mejor el caso, les propongo observar en detalle el impacto que la prevención y la resolución de conflictos tiene sobre los ingresos. En la sección anterior mencioné que cuando un cliente tiene un problema, la lealtad baja en promedio un 20 por ciento. De esta forma, por cada cinco clientes con problemas, las probabilidades indican que perderá a uno de ellos (5 clientes X 0,2 reducción de lealtad =1 cliente perdido). Para elaborar un caso de negocio sólido, es decir, un caso financiero, es necesario cuantificar el impacto en los ingresos. Por ejemplo, digamos que un cliente vale 1.000 dólares. Esto implica que por cada cinco clientes con problemas, la empresa va a perder a uno que representa 1.000 dólares en los ingresos. Ahora sí vemos la relación que guarda el problema con las consecuencias de los ingresos, la más importante a la que me referiré en este libro. Ahora se puede revertir el análisis y decir que si puede prevenir o solucionar cinco problemas, podrá retener un cliente que de otro modo se hubiese perdido y, por consiguiente, salvar 1.000 dólares. Asimismo, los 1.000 dólares en ingresos pueden ser atribuidos directamente al proceso de atención, que es el que detecta, previene y soluciona los problemas. (Ya veremos cómo, en breve.) Este tipo de cálculo es útil para crear el caso de negocio para este tipo de inversión en atención al cliente. Si puede lograr que el departamento financiero acepte esta relación, ya está a más de mitad de camino de obtener su apoyo.

Si desea analizar las inversiones para mejorar la atención al cliente es necesario conocer cuánto vale un cliente en su empresa. Si no tiene este dato, ¿cómo podrá decidir cuánto invertir para hacerlo feliz? Esta cifra puede calcularse de diferentes maneras, como por ejemplo con el valor vitalicio del cliente promedio (el monto que un cliente típico gasta durante su ciclo como cliente), el ingreso promedio o punto medio anual de ingresos por cliente, o los promedios o puntos medios para segmentos de clientes o líneas de productos específicos. Me sorprende que la mayoría de los ejecutivos, incluso de ventas y marketing, no conozcan el valor promedio de sus clientes. El departamento de marketing debe contar con este dato, y si no es así, el área financiera debería, porque los clientes leales deben ser considerados como el activo más importante de la organización. Para pensar estratégicamente sobre la atención al cliente es **esencial** calcular el ingreso promedio por cliente de su empresa.

Con toda razón los gerentes financieros quieren ver el caso de negocio para las inversiones en atención al cliente, como en cualquier inversión. Elaborar el caso de negocio (el imperativo económico, como lo llamo yo) va directo al centro de la atención estratégica, la cual en realidad exige una razón fundamental económica para cada mejora en el servicio. De esta forma, no terminará solucionando problemas que no merezcan su atención.

El caso de negocio para la atención estratégica depende de la relación entre los ingresos y varios conceptos que creo merecen ser aclarados.

ACLARACIÓN DE CONCEPTOS CLAVE

Gracias a la definición precisa de los términos es posible recolectar, medir, comparar y rastrear la información correcta y así analizar las inversiones potenciales y las mejoras resultantes a lo largo del tiempo. Estos son los conceptos más útiles relacionados con la atención al cliente: problemas, reclamos, satisfacción, lealtad, deleite, y boca a boca. A continuación, los definimos en forma amplia:

Los problemas: son todas las sorpresas desagradables o los inconvenientes que surgen al ofrecer un producto o servicio, más allá de que el cliente se queje o no. (Una queja o reclamo implica una situación en la cual el cliente hace saber el problema a la empresa por teléfono, por correo electrónico, por carta o en persona.) Los problemas pueden originarse en el desempeño del producto, el diseño, el envase, la entrega, la instalación, las instrucciones, o la seguridad; en el desempeño de los empleados; o en errores o expectativas de los clientes. Como veremos, la cantidad total de acaecimientos de problemas específicos difiere de la cantidad de reclamos por compras importantes. Este índice de problemas/reclamos, o lo que en TARP llamamos "multiplicador", puede variar desde 10 a 1, hasta 2.000 a 1. Conocer el multiplicador o el índice de su empresa en particular le permitirá analizar de forma correcta las inversiones en mejoras para prevenir o solucionar problemas.

La satisfacción: puede resultar difícil definir este término porque la satisfacción suele estar mitigada por las expectativas. Por ejemplo, cuando sus expectativas son bajas, se puede sentir satisfecho si su vuelo sale "solo" con 60 minutos de retraso o si su almuerzo en un restaurante muy económico "se deja comer". Así, una película excelente le puede parecer un fiasco si su mejor amiga le dijo que era la mejor que había visto en su vida. Por consiguiente, las expectativas pueden representar una carga potencial, o bien una gran oportunidad. Es posible aumentar la satisfacción estableciendo las expectativas de forma correcta. En una ocasión, un piloto de US Airways estableció mis expectativas de forma proactiva para un vuelo de 45 minutos al anunciar: "Prestamos servicios en el día".

La lealtad: puede medirse por el hecho de que el cliente exprese su intención de volver a comprar, por un comportamiento de compras real, o por ambos. La continuidad real de las compras suele ser la manera más precisa de medir la lealtad real. Sin embargo, cabe distinguir una gran correlación entre las intenciones de compra expresadas (en especial las negativas) y las compras futuras. Por ejemplo, en una aerolínea importante de los EE.UU. confirmamos que cerca del 60 por ciento de los viajeros frecuentes que dijeron que iban a dejar de volar por esa línea hicieron muchísimos menos viajes el año siguiente. No obstante, es importante definir la lealtad de forma correcta y no confundir los clientes cautivos, o que simplemente están haciendo lo que les resulta conveniente en ese momento, con los leales. Para concluir, una de las mejores maneras de medir la lealtad es utilizar la recomendación boca a boca como substituto: ¿su cliente recomendaría el producto o servicio?

El deleite: ocurre cuando una empresa es capaz de sorprender al cliente excediendo sus expectativas, ya sean elevadas o razonables (no las bajas). Sin embargo, el deleite no siempre aumenta la lealtad, así que exceder las expectativas todo el tiempo puede ser una gran pérdida de dinero. Veremos más al respecto en el Capítulo 9.

El boca a boca: ya sea positivo o negativo, es casi siempre el factor más importante presente en la mayoría de las compras de un producto nuevo. Ocurre porque las personas tienen la necesidad social y psicológica de hablar con otros sobre sus experiencias positivas y negativas. Tanto el boca a boca como su primo clic a clic (que incluye comunicaciones por correo electrónico y comentarios sobre su empresa en blogs y carteleras) crecieron en importancia para los clientes. Existen ciertos productos, como por ejemplo los electrodomésticos, los autos y los servicios financieros, que son tan sofisticados hoy en día que los consumidores confían plenamente en amigos que han investigado, comprado y han tenido o tienen experiencia con el producto. Según un estudio reciente de TARP sobre electrodomésticos, el 12 por ciento de los clientes insatisfechos comentó su experiencia a un promedio de 67 personas en su blog o a sus amigos. Para la mayoría de los productos, al menos un tercio de los clientes, y para productos financieros de valor elevado más del 50 por ciento de los clientes, elige los productos por recomendaciones boca a boca. Chick-fil-A, probablemente la cadena de comida rápida más exitosa (según su rentabilidad y crecimiento en ventas), descubrió que un gran porcentaje de sus clientes nuevos proviene de clientes existentes que los llevan y les dicen: "¡No dejes de probarlo!". En la actualidad, las empresas sofisticadas desarrollan programas para generar un boca a boca positivo como parte de su estrategia de marketing y de servicio. Además, incluyen medidas para deleitar a los clientes.

Estos conceptos permiten a las compañías pensar en las actitudes y los comportamientos de los clientes de modo que puedan ser cuantificadas. Saber que un cliente está satisfecho o que no regresó no lo ayudará a mejorar la experiencia del cliente en el futuro. Gestionar en base a problemas, quejas, satisfacción, lealtad, deleite y boca a boca le permitirá crear el caso de negocio granular para mejoras específicas en la experiencia del cliente y crear el imperativo económico de las medidas para cumplir con sus necesidades de forma más eficiente. Ahora analizaré el modelo operativo del enfoque de la atención al cliente estratégica para gestionar la experiencia de sus clientes.

MODELO PARA MAXIMIZAR LA SATISFACCIÓN Y LA LEALTAD DEL CLIENTE

Nuestro modelo para gestionar las experiencias de los clientes estratégicamente y maximizar su satisfacción y lealtad, y en consecuencia los ingresos, se reduce a un simple mnemónico: DIRFT, sigla que significa "Haga las cosas bien la primera vez". Por lo general, éste es el objetivo que plantea toda organización.

No obstante, a pesar de las intenciones, la capacitación y los recursos, las empresas no suelen hacer las cosas bien la primera vez. Es aquí donde llegamos al papel de la atención táctica en la experiencia con el cliente, la cual consiste en dos partes: **fijar expectativas y preparar al cliente para el uso del producto** y, si la experiencia del cliente no es perfecta, **instrumentar las interacciones de los clientes con el proceso de atención**. Es esencial fijar expectativas y ayudar al cliente a aprovechar al máximo el producto para lograr una atención estratégica.

Tal como vimos anteriormente, las interacciones de los clientes con la atención representan oportunidades para prevenir y solucionar problemas, aumentar la lealtad, y generar un buen boca a boca... o bien, todo lo contrario. La figura 1-1 muestra la dinámica del concepto DIRFT y por consiguiente, presenta una estructura para los sistemas de satisfacción de los clientes. También nos muestra las tres medidas que una empresa debe tomar para maximizar la satisfacción de los clientes con efectividad en los costos, a las cuales voy a agregar una cuarta tarea más avanzada:

1. Minimizar la cantidad de problemas que los clientes experimentan haciendo las cosas bien la primera vez.
2. Responder de manera efectiva a las consultas e inquietudes que surjan.
3. Enviar la información sobre las consultas y los problemas a las partes correspondientes para que puedan prevenirlos o abordarlos de manera proactiva.
4. Aprovechar las oportunidades para vender productos auxiliares o de mejor calidad, u ofrecer mayor calidad de servicio además de crear conexión y deleite.

Figura 1-1. Fórmula de TARP para maximizar la satisfacción y la lealtad del cliente

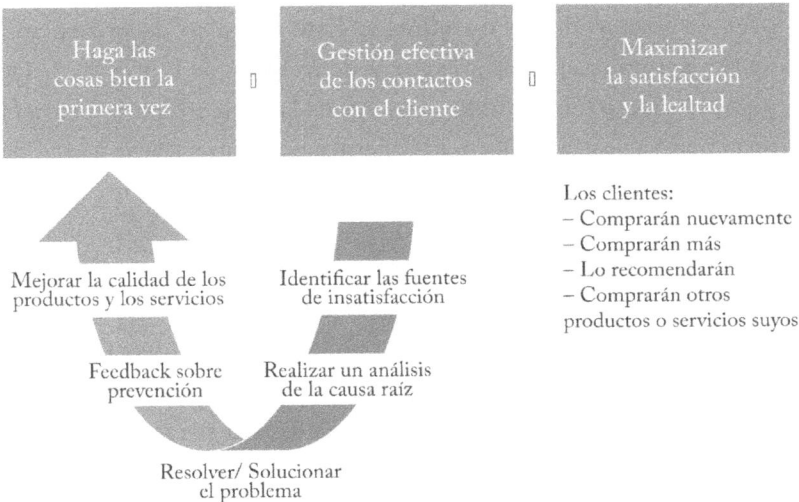

A continuación, explicamos estos pasos en forma más detallada.

Haga las cosas bien la primera vez

En primer lugar, la empresa se debe comprometer a hacer las cosas bien la primera vez.[1] Debe ofrecer los productos y servicios de manera coherente para cumplir con las necesidades y expectativas de los clientes de manera coherente. La coherencia es mucho más difícil de ofrecer que la experiencia cautivante ocasional; sin embargo, algo que deleita a los clientes es que no haya "sorpresas desagradables" (ver Capítulo 9). Esto implica comprender las verdaderas necesidades de los clientes, fijar expectativas adecuadas por medio del marketing, vender con honestidad, y luego cumplir con todas las expectativas. Las expectativas constituyen la promesa de la marca, se trate de un vehículo económico o un auto de alta gama. Cumplir con esas expectativas la primera vez o rápidamente luego de algún desliz fortalece la equidad de marca.

Para hacer las cosas bien la primera vez, la organización debe desarrollar y emplear políticas y procedimientos para prevenir problemas y, al mismo tiempo, generar satisfacción en el cliente. La responsabilidad por las sorpresas desagradables es de todos: desarrolladores de producto y trabajadores de la línea de producción, despachantes y personal de reparto, profesionales de marketing y ventas, instaladores y técnicos, empleados de facturación y cobranzas, en fin, de todos los que están en contacto con el cliente, ya sea en forma directa o indirecta. Este esfuerzo de prevención se mejora continuamente en base a la curva de *feedback* de la Figura 1-1 y descripta aquí. Un factor importante para hacer las cosas bien la primera vez y fijar expectativas es capacitar a los clientes en forma activa acerca de los usos del producto, las limitaciones, las particularidades y los requisitos.

Responda de manera efectiva a las consultas e inquietudes que surjan

En segundo lugar, es inevitable que el cliente acerque consultas o inquietudes que puedan convertirse en problemas, y que quede insatisfecho. Por lo tanto, es necesario implementar un sistema efectivo para gestionar las inquietudes y resolver los problemas (en adelante utilizaré el término "cuestiones" para referirme a ambos), y para alertar a los clientes sobre cómo acceder a tal sistema. Asimismo, el sistema en sí debe ser sencillo para los clientes, tal como explicaré en la Parte 3 (ver capítulos 6 a 8). Los representantes de atención al cliente deben tener los conocimientos, la capacidad y la autoridad necesarios para abordar la mayoría de las cuestiones en el primer llamado. Si no, deben hacerse cargo del tema encontrando una solución y deteniendo o mitigando cualquier inconveniente o perjuicio que pueda tener el cliente. Si tales soluciones no son posibles, deben dirigir al cliente directamente a quien pueda asumir tal responsabilidad.

El cuadro del medio de la fórmula DIRFT (gestión de los contactos) anteriormente se llamaba "gestión de las quejas", pero consideramos que la palabra "queja" tiene connotaciones negativas. Para muchos gerentes, si un cliente se queja, se debe encontrar al empleado responsable y castigarlo por causar la insatisfacción del cliente. Esto llevó a que los empleados no quieran escuchar ni reconocer las quejas. AT&T, entre otros clientes, reemplazó la palabra "queja" por "solicitud de asistencia": con un término mucho más útil, corrió el foco de la culpa hacia la necesidad del cliente de obtener una solución. Fue un cambio inteligente.

Brinde información sobre las cuestiones a las partes correspondientes

En tercer lugar, el sistema de atención debe recabar y compilar la información que surja de los contactos con los clientes y todo otro dato que describa su experiencia, de modo tal que las personas adecuadas puedan identificar y corregir las causas raíz de los problemas. Tal como muestra la fórmula DIRFT, esta curva de *feedback* está a favor de hacer las cosas bien la primera vez, lo cual incluye hacer el trabajo **pertinente** de forma correcta. Por ejemplo, su sitio web puede permitir a los usuarios registrarse de manera eficaz, pero si obliga a todos a registrarse con una contraseña cuando solo quieren ver su lista de productos, está creando una frustración innecesaria. Por consiguiente, para cumplir mejor con las necesidades de los clientes, será necesario modificar el sitio web y que todos puedan tener acceso sin necesidad de registrarse. DIRFT tiene como objetivo mejorar la ejecución de todos los aspectos de la oferta, desde los mensajes de ventas y atención hasta las instrucciones de uso o el producto mismo. Será necesario que sepa cuál es el paso adecuado.

Si no se trabaja sobre las causas raíz, los problemas continuarán, lo cual aumenta la insatisfacción de los clientes y los costos de atención, disminuye la lealtad, y reduce los ingresos a futuro. Recuerde que muchos clientes no se quejan; simplemente se van a otro lado. Además, algunos no hablarán bien de su empresa, lo que se traduce en menores ingresos a futuro. Es imprescindible que las descripciones claras de los problemas sean elevadas a las personas que puedan actuar sobre la información recibida, como por ejemplo: expectativas incorrectas establecidas por los mensajes de ventas, fallas en el diseño o el desempeño del producto, confusión en la entrega o la instalación, instrucciones de uso o armado poco claras, fallas sistémicas para solucionar problemas, etc.

Aproveche las oportunidades para ofrecer productos o servicios auxiliares o de mejor calidad y crear una conexión

En cuarto lugar, los clientes con inquietudes o reclamos suelen representar oportunidades de ventas para los empleados de atención al cliente. Una queja sobre un cheque rebotado puede convertirse en la venta de un seguro por descubiertos. Está claro que no todos los clientes con inquietudes o problemas son candidatos de venta. Sin embargo, algunos, en especial aquellos sensibles a los precios, adquieren un tipo de producto o un nivel de servicio que no llega a cumplir con sus necesidades. Desean contar con más capacidad, velocidad, poder, durabilidad, servicios de mantenimiento, experiencia, canales de alta calidad, o flexibilidad financiera que la que contrataron. Cuando se dan cuenta, llaman a la empresa para averiguar cómo lo pueden conseguir. Esto es en especial cierto en el caso de las empresas comprometidas a hacer las cosas bien la primera vez. Nadie va a decir directamente que quiere adquirir algo, si no hubiese recurrido directamente a ventas, pero un representante de atención bien capacitado, provisto con la información correcta sobre el cliente y algunas preguntas específicas, puede reconocer clientes potenciales en tales situaciones. Asimismo, muchos clientes toman las recomendaciones sobre futuras compras por parte de un representante de atención con mejor predisposición que si provienen de un vendedor. La experiencia de TARP en tres empresas diferentes de fotocopiadoras reveló que si el técnico atribuye la falla a una sobreexigencia, los clientes le creerán cuando les diga: "Necesita una máquina más grande para trabajar con este volumen" más que a un vendedor, quien está visto como alguien que "solo trata de hacer una venta más".

Por último, si no hay demoras en la espera, el representarte puede tomarse un tiempo para humanizar la operación y crear una conexión emocional, lo cual puede aumentar la lealtad hasta un 25 por ciento (ver el Capítulo 9).

Hasta ahora, examinamos algunos efectos positivos y negativos de la atención al cliente, resaltamos la importancia del imperativo económico en las inversiones para mejorar la atención al cliente, y definimos nuestros términos. Además, presentamos el modelo que reconoce las situaciones en las cuales la empresa no hizo las cosas bien la primera vez y que dirige la información esencial hacia donde corresponde dentro de la organización. Ahora sí puedo concluir este debate pasando a los primeros pasos a seguir para establecer la atención estratégica en su empresa.

PRIMEROS PASOS HACIA LA ATENCIÓN ESTRATÉGICA AL CLIENTE: EL IMPERATIVO ECONÓMICO Y LA VOZ DEL CLIENTE

Muchas empresas, si no la mayoría, ya cumplen con los requisitos necesarios para aumentar el desempeño de las funciones tácticas de la atención al cliente y dar el paso hacia el proceso de atención estratégica. Los principales componentes incluyen funciones de atención al cliente, sistemas de gestión de la relación con el cliente, y, principalmente, la capacidad de voz del cliente. Esta última es un mecanismo que describe toda la experiencia del cliente utilizando todos los ingresos, no sólo las encuestas de investigación de mercado, sino las fuentes de datos del cliente, tales como reclamos de garantía, quejas, y datos que ingresan los empleados. Va más allá de las cuestiones tradicionales de las características de los productos y precios para abarcar la recolección de datos de todas las dimensiones de la experiencia del cliente, tales como tácticas de ventas y mensajes, cláusulas de garantía, servicios de los comerciantes, y métodos preferidos de ventas y financiamiento. Desafortunadamente, en la mayoría de las empresas la voz del cliente está fragmentada. En una firma automotriz, le pregunté al jefe de servicio quién estaba a cargo del proceso de voz del cliente. Me respondió que siete personas diferentes. Esto no es conveniente, porque tener un proceso fragmentado es más perjudicial que no tener ninguno, dado que genera hallazgos erróneos, contradicciones, confusión y parálisis.

El primer paso para establecer una atención al cliente estratégica consiste en comenzar a ver la atención, dentro de su compañía, de manera estratégica. Esto implica considerarla en términos de cómo, hoy en día, los procesos de atención benefician o perjudican a sus clientes y cómo podría beneficiarlos si se mejoraran. También implica pensar teniendo en cuenta el impacto financiero de los problemas (en especial, aquellos que desconoce) y las quejas, y la forma en que se manejan. Asimismo, implica pensar en cómo organizar y concentrar sus recursos a nivel táctico y estratégico. Si bien me voy a referir en detalle a cómo organizar la función del servicio en el Capítulo 6, a continuación expongo seis principios básicos que puede considerar para el diseño de los sistemas de atención al cliente y tal vez comenzar a implementarlos, mientras tanto:

1. **Trate de hacer las cosas bien la primera vez.** Evite la necesidad de la atención al cliente.
2. **Facilite la formulación de quejas y logre que la información sea fácil de encontrar.** Cuente con un mapa claro del sitio en su sitio web, e imprima el menú telefónico de opciones siempre que figure su número de atención gratuita.
3. **Aliente a los representantes de atención al cliente a que logren el éxito al menos el 90 por ciento de las veces.** Si no, sus costos aumentarán 50 por ciento y la lealtad disminuirá de 10 a 30 por ciento.
4. **Utilice su sistema de atención para aprovechar todo el valor potencial de cada cliente.** Establezca cargos para sus representantes de modo que aprovechen las oportunidades de venta cruzada y dirigida. Clasifique a los clientes en "oro", "plata" y "plomo" (aunque sea a nivel interno); trate a todos con respeto, pero asigne los recursos según su rentabilidad.
5. **Considere al servicio de atención como una función de gestión del boca a boca.** Toda operación representa un impacto potencial de boca a boca, positivo o negativo. Es importante medir ambos. Luego, podrá diseñar incentivos y tácticas explícitas para deleitar a los clientes y generar un boca a boca positivo con una buena relación costo/beneficio.
6. **Disponga que el imperativo económico sea la base de las decisiones acerca de la atención al cliente.** Una vez identificados los

vínculos entre los problemas de sus clientes, las quejas, los focos de molestia, la atención, el deleite y su desempeño financiero, podrá gestionar la experiencia del cliente para obtener los máximos ingresos y la mejor rentabilidad.

Todos estos principios apuntan al sistema de atención al cliente que logra objetivos estratégicos. Dicho sistema no sólo ofrece el nivel adecuado de atención de forma rápida, efectiva y eficaz en cuanto a costos, sino que también desempeña un papel explícito en la retención y la generación de ingresos. El imperativo económico para la atención estratégica surge cuando se cuantifican los beneficios de la prevención, reparación y solución de problemas; de la creación de deleite y un boca a boca positivo; y de la venta cruzada y dirigida. Todos estos puntos se relacionan con el cliente, que estudiaremos en más detalle en el Capítulo 2.

PRINCIPALES PUNTOS PARA RECORDAR [2]

1. En promedio, los problemas perjudican la lealtad un 20 por ciento; es decir, por cada cinco clientes que tienen un conflicto, uno dejará de adquirir el producto o servicio.
2. Los clientes con problemas no suelen quejarse; sin embargo, su lealtad es del 20 al 40 por ciento menor que la de aquellos clientes sin problemas
3. Cuando los clientes hacen reclamos, suelen ser pacificados (es decir, quedan parcialmente satisfechos) o quedar disconformes. Esto redunda en niveles de lealtad de 20 a 60 por ciento más bajos.
4. Cuando los clientes que se quejan quedan conformes, su lealtad aumenta al menos 25 por ciento y posiblemente hasta 60 por ciento.
5. Los clientes deleitados por la capacitación proactiva o un servicio superior son del 10 al 30 por ciento más leales que aquellos que no tuvieron tal oportunidad.

NOTAS

1. Jon Theuerkauf, un amigo que trabajó para GE Capital y HSBC y ahora está en Credit Suisse, remarcó que en la mayoría de las em-

presas se supone que el trabajo adecuado implica pensar lo que ellos creen que el cliente quiere, y no creer que saben lo que el cliente realmente quiere. Con toda razón, Jon dice que "hay que hacer lo correcto de forma correcta la primera vez".

2. Todos estos datos, y casi todos los del libro (salvo que se indique lo contrario) surgen de encuestas realizadas por TARP a consumidores y empresas. Si bien la mayoría son confidenciales, las podemos citar en términos generalizados. Los datos de las mediciones de su firma pueden diferir, pero según nuestra experiencia es probable que no varíen más ni menos que un 10 por ciento de los límites mencionados en los Puntos a recordar.

Capítulo 2

¿Qué quieren los Clientes (y qué debemos brindar)?

Cómo comprender las expectativas del cliente y fijar objetivos de manera estratégica

Por muchos años durante la década del setenta, Holiday Inn utilizó el slogan "la mejor sorpresa es que no haya ninguna sorpresa" en sus publicidades impresas y comerciales de televisión donde se veía a una familia que ingresaba a una habitación de un hotel y la encontraba en malas condiciones. Como la mayoría de las campañas exitosas, ésta reflejaba la ventaja competitiva de la compañía: la estandarización. Kemmons Wilson fundó esta cadena de hoteles en los años cincuenta basándose en el principio de la estandarización luego de alojarse en un hotel depresivamente impredecible, en un viaje de Tennessee a Washington, D.C. A diferencia de No Tell Motels y los hoteles para camioneros, vendedores y otros guerreros del camino, Holiday Inn prometía un ambiente ameno, habitaciones limpias con camas bien hechas, y aire acondicionado que funcionaba de verdad. La campaña de Holiday Inn y el éxito de la cadena son ejemplos de la fórmula general que aún sigue siendo infalible en la actualidad: Fijar expectativas realistas de los clientes, y luego cumplirlas. Tal como lo indica el título, en este capítulo exploraré las expectativas de los clientes y cómo la empresa puede establecer objetivos estratégicos y tácticos para cumplirlos. Pero en primer lugar, me gustaría resumir algunas razones opuestas a la sabiduría convencional por las cuales no se cumplen las expectativas. Luego me referiré a las tendencias principales en lo que respecta a las expectativas del cliente, y por último analizaré las expectativas del cliente para el sistema de servicio al cliente táctico. Sobre esta base, mostraré las formas de establecer objetivos para la atención a nivel táctico y estratégico con el fin de cumplir con las expectativas de los clientes.

RAZONES IMPREVISTAS DE LAS EXPECTATIVAS QUE TIENE EL CLIENTE Y NO SE CUMPLEN

Según la mayoría de los ejecutivos, si un cliente no está conforme, lo más probable es que un empleado del área de atención sea el responsable. *¡Por lo general, eso no así!* El pobre empleado no tiene la culpa si un vuelo sale con demora por un problema mecánico de la aerolínea, tampoco si la obra social rechazó un reclamo. En la mayoría de los casos, estos empleados son simplemente quienes anuncian las malas noticias. Casi siempre, la causa va más allá del empleado. Los clientes se plantean cada compra u operación con la expectativa de recibir exactamente lo que quieren adquirir, sin sorpresas desagradables. Las expectativas son establecidas por la imagen, la marca, la reputación, los precios, la publicidad y los mensajes de venta y marketing de su compañía. La promesa de lo que va a ofrecer se combina con experiencias previas del cliente con su firma y con otras, dentro de su mercado, y con las de otros clientes mediante el boca a boca.

La fórmula básica para cumplir con las expectativas de los clientes es el modelo DIRFT presentado en el Capítulo 1. La empresa debe contar con la estructura y los recursos necesarios para hacer las cosas bien la primera vez, y el servicio debe ser capaz de distinguir situaciones en las cuales la empresa falla en este intento. Cuando no se cumple con las expectativas de los clientes o cuando éstos se desilusionan, uno o más de los siguientes tres factores, enumerados según su importancia, están casi siempre en juego:

1. **Productos con defectos, mensajes de marketing confusos, políticas ineficaces o procesos internos que no se cumplen.** Este factor es la causa de la mayoría de los problemas, más precisamente, 50 a 60 por ciento en la mayoría de las empresas. De hecho, esto es algo positivo, porque se pueden descubrir y eliminar las causas de estos problemas. En los casos en los cuales es imposible o no es práctico eliminar el problema, por lo menos se pueden mitigar los efectos sobre los clientes.

2. **Errores o mala predisposición de los empleados.** Para nuestra sorpresa, este factor causa solo entre un 20 y 30 por ciento de los problemas. Si bien casi siempre se culpa a los empleados por la mala atención, muy pocos trabajadores concurren a su trabajo con la intención de decepcionar a los clientes. Suelen ser, junto a los clientes, víctimas de la principal causa del incumplimiento de las expectativas, porque reciben productos, herramientas, políticas y reglas de respuesta para trabajar que tienen defectos.

3. **Errores de los clientes o expectativas no razonables.** Los clientes también pueden abusar de los productos o utilizarlos de manera incorrecta, así como desarrollar expectativas no realistas, por su medio o mediante un boca a boca equivocado. Este factor causa entre el 20 y el 30 por ciento de los problemas. También podemos sumar a los clientes deshonestos, aunque representan menos del 2 por ciento de los reclamos.

Estos tres factores son responsables de casi todos los problemas que redundan en expectativas incumplidas y decepciones de los clientes. Si bien las causas de estos problemas, por lo general, no involucran al departamento de atención al cliente, puede ser útil para prevenir y solucionar los problemas. Según indica la curva del *feedback* del modelo DIRFT, la atención al cliente envía la información sobre los problemas y sus causas a la empresa. (Dicha información, junto con las encuestas de satisfacción y los datos operativos sobre calidad, dan lugar a la "Voz del Cliente'," a la que me referiré en el Capítulo 5).

TENDENCIAS DE LAS EXPECTATIVAS DEL CLIENTE EN CUANTO AL SERVICIO

Durante las últimas dos décadas, las investigaciones de TARP lograron identificar una cantidad de tendencias amplias de las expectativas de los clientes, como también expectativas operativas para la atención al cliente táctica.

Tendencias amplias de las expectativas del cliente

A continuación, veremos cinco tendencias amplias, a veces contradictorias, de las expectativas que los clientes nos muestran en las interacciones con la compañía y, en especial, con la función de la atención:

1. Promesas de marca claras y entrega coherente.
2. Expectativas bajas y renuencia a las quejas.
3. Resolución inmediata de los problemas.
4. Empatía genuina cuando las cosas salen mal.
5. Reconocimiento y conocimiento del cliente.

Promesas de marca claras y entrega coherente. Holiday Inn aprovechó esta expectativa a nivel del producto, al igual que McDonald's. Hoy en día, la experiencia del cliente es definida de manera más amplia, y la entrega coherente es más compleja. Tanto el experto en quesos de Whole Foods, como el redactor de la editorial Lexus y el camarero en Starbucks contribuyen con la experiencia del cliente, o bien se apartan de ella. Por lo tanto, todos los empleados de la organización deben interpretar cuáles son las expectativas de los clientes y su papel en la experiencia del cliente.

Expectativas bajas y renuencia a las quejas. En áreas tales como las aerolíneas y en algunas de seguros, servicios públicos, y organismos públicos, los clientes desarrollaron una "desesperanza aprendida." Aprendieron que quejarse no soluciona nada y hasta puede tener consecuencias negativas o dar lugar a represalias (como cuando en la serie de televisión "Seinfeld", Elaine fue catalogada como "problemática" en el consultorio médico). La poca cantidad de quejas en algunas áreas da lugar al mito según el cual "no hay muchas quejas, así que las cosas están mejorando", pero no es cierto.

Resolución inmediata de los problemas. Tanto la web como las comunicaciones móviles contribuyen a que los clientes esperen una gratificación instantánea por parte de la atención. No obstante, hace 20 años en *Harvard Business Review*, el pionero en mejoramiento de calidad japonés Genichi Taguchi recomendó: "Primero sea eficaz, luego amable". No todos los clientes esperan ni desean obtener "una sensación de calidez". Tampoco quieren "una relación" o una cordialidad trillada con expresiones como "que tenga un muy buen día", en especial cuando son las 9 de la noche en el país donde lo atendieron. Tampoco quieren que siempre los llamen por su nombre (aunque un uso respetuoso del apellido puede causar una buena impresión). Y tal vez, lo más importante es que no quieran escuchar una respuesta que sea claramente absurda o que no tenga sentido.

Mi ejemplo favorito de este último caso proviene de un fabricante de computadoras. Cuando los clientes llamaban para reclamar por una falla en la placa madre a los 110 días de la compra y se encontraban con que la garantía vencía a los 90 días y no al año como suele ser, los representantes de atención tenían órdenes de decirles: "Nuestras placas madre son tan buenas que sólo necesitan una garantía de 90 días", aun cuando el producto presentaba fallas a los 110 días. Todos los clientes que recibían esa respuesta manifestaron que nunca más comprarían esa marca, porque la razón de ser no tenía sentido. Dicha respuesta también era desmoralizante para los empleados, porque sabían que iba a provocar furia y les iba a plantear desafíos para los cuales no tenían respuestas lógicas.

Empatía genuina cuando las cosas salen mal. En un viaje en avión que hice hace poco, derivaron mi vuelo a medianoche a un aeropuerto que no tenía previsto visitar. Lo primero que nos dijo el personal de tierra cuando salimos del avión fue: "¡No nos vamos a hacer cargo de los hoteles ni de nada!". Qué linda bienvenida. El deseo de los clientes de esperar cierta empatía, simpatía, o al menos preocupación cuando existen sorpresas inesperadas tiene poco que ver con quien causó el problema. Cuando se cancela un vuelo debido al mal tiempo, técnicamente la aerolínea no es responsable, pero usted padece la demora, incluso tal vez hasta el día siguiente. Usted quiere que el empleado reconozca su molestia, la cual llamamos "disculparse sin aceptar la culpa", ("lamento que quede demorado; yo me sentiría mal en su lugar"). Aún en esas situaciones, la mayoría de los clientes valora la eficacia y eficiencia más que la calidez excesiva. Además, tal como Janelle Barlow aconseja en su libro *A Complaint Is a Gift* (Toda queja es un obsequio), nunca pida disculpas por las "molestias ocasionadas". Un vuelo cancelado no es una molestia; es un gran problema y puede redundar en un desastre personal o comercial. Elimine dicha frase de su vocabulario.

Reconocimiento y conocimiento del cliente. La definición de "buen servicio" evolucionó a lo largo de los últimos diez años. Lo que antes era un servicio personalizado provisto por alguien que realmente lo conocía, hoy en día es un servicio ofrecido por alguien que solo conoce el valor que usted tiene para la empresa y la historia de la relación con ella. En la mayoría de los casos, la relación personal de largo plazo es agradable, pero no necesaria. Los clientes quieren que alguien pueda responder a sus inquietudes y actuar de forma inmediata en base al conocimiento de su mundo. No desean tener que establecer su valor como cliente y volver a narrar sus interacciones previas.

Las siguientes tendencias constituyen el telón de fondo con el cual los clientes desarrollan sus expectativas con respecto a la atención a nivel táctico.

Expectativas operativas para la atención al cliente táctica

Una vez establecidas estas expectativas globales, podemos mencionar cinco grupos de expectativas operativas para la atención táctica, algunos de cuyos elementos son contradictorios o contrarios a lo que creemos:

1. Excelente accesibilidad.
2. Respuestas precisas, claras y completas.
3. Cumplimiento confiable.
4. Capacitación del cliente y prevención de problemas.
5. Venta cruzada y creación de deleite.

Excelente accesibilidad. Décadas atrás, trabajar de 9 a 17 era la norma, y el correo era el método de contacto habitual. A principios de los ochenta, el trabajo de TARP, tal como resalta *Business Week*,[1] ayudó a las empresas a reconocer que valía la pena el contacto fácil, libre, instantáneo y en cualquier momento de parte de los clientes, porque les permitía a los clientes obtener soluciones. Este hecho dio lugar al establecimiento de líneas de atención gratuita en reemplazo del correo. Dentro de este contexto, ahora los clientes esperan lo siguiente con respecto a la accesibilidad:

1. **Horario de atención.** Los clientes quieren tener acceso al sistema de atención al cliente (al menos en alguna forma) cuando están utilizando su producto o servicio, revisando sus facturas, o conside-

rando una compra. Esto puede ocurrir durante el día, la noche, los fines de semana, y tal vez en plena noche de un feriado. (Durante nochebuena y navidad los centros de atención al cliente de las empresas de juguetes y electrodomésticos trabajan más que en muchos otros días del año)

2. **Contacto humano.** A pesar de la aceptación de internet y del acceso telefónico para verificar saldos bancarios, partidas y llegadas de vuelos, etc., los clientes todavía quieren tener la opción de hablar con una persona si tienen algún problema con el proceso de autoservicio.

3. **Facilidad de uso.** Los clientes que utilizan un sistema telefónico automatizado toleran hasta tres opciones en el menú telefónico ("Presione 1 para…, 2 para…", etc.). Más opciones o un segundo nivel de menúes resulta frustrante, salvo que se le haya avisado al cliente con anterioridad mediante un menú impreso (donde se informa el 0-800) qué se va a encontrar, y es un usuario frecuente. Los clientes tampoco quieren escuchar introducciones de más de 15 segundos, como "Bienvenido al servicio automático de atención al cliente de XYZ; si llama desde un teléfono de tonos, por favor presione 1", etc.

4. **Mínima cantidad de transferencias.** Según lo investigado por TARP, los clientes toleran que se transfiera el llamado, de manera amable y **una sola vez**, si luego logran hablar con alguien capaz de solucionar su problema. Esto no debe confundirse con una transferencia a otra espera o a un menú de opciones. En general, las transferencias múltiples causan entre el 10 y 25 por ciento de la insatisfacción del cliente en las interacciones con el servicio de atención.

5. **Tiempo de espera tolerable.** Nuestra investigación demuestra que el tiempo de espera telefónica es menos importante que el servicio ofrecido, una vez que los clientes están conectados. El tiempo de espera aceptable es de 60 segundos, si luego los clientes hablan con alguien que logra solucionar el tema en ese contacto. En el caso de productos de alta tecnología, los tiempos de espera de hasta dos minutos son tolerables. No obstante, las nuevas investigaciones demuestran que los clientes estiman esperar hasta diez minutos, lo

cual constituye una oportunidad potencial para las empresas tecnológicas capaces de responder dentro de dos a tres minutos. Este estudio revela que en la mayoría de los casos, emplear los recursos necesarios para responder todos los llamados entrantes dentro de los 30 segundos no es rentable. A propósito, el tiempo de espera percibido es menor si el cliente está leyendo algo útil en la pantalla o escuchando información de utilidad (no una publicidad de vuelos cuando se comunicó con el sector de pérdida de equipajes) mientras espera en la línea.

Hoy en día, los clientes quieren tener acceso inmediato a respuestas y soluciones. Esto es de especial importancia para las empresas que utilizan el contestador o el contacto por internet en sus sistemas de entrega del servicio, o cuyas líneas de atención al cliente son respondidas por una grabación o menú de opciones, que automáticamente demora el acceso a la atención y desgasta la satisfacción en un 15 al 20 por ciento si el cliente tiene una cuestión urgente que tratar. Basándose en esta información, IBM exigió que los buzones de voz de los representantes de ventas brinden a quien llama la opción de salir del contestador y marcar "0" para hablar con alguien.

Además, hoy en día, los clientes colocan internet en el mismo nivel que el teléfono: esperan un reconocimiento automático e inmediato, y una respuesta contundente dentro de las dos a ocho horas, según el rubro. Cuando los sitios web ofrecen la opción de chat y brindan asistencia inmediata, la solución en el primer contacto aumenta un 30 por ciento.

Respuestas precisas, claras y completas. Lo ideal es que el sistema de atención al cliente resuelva el conflicto en el primer contacto. Como vimos, de lo contrario se disminuye la satisfacción del 10 al 20 por ciento. A modo de ejemplo, podemos citar un trabajo de TARP en el cual se compararon llamados en los cuales la mitad de los reclamos se resolvieron por completo en el primer contacto, y la otra mitad, con llamados dentro de las 24 horas dando la misma respuesta. El grupo que ofreció una solución completa en el primer contacto recibió un 10 por ciento más en el índice de satisfacción. Resolver el problema en el primer contacto satisface a los clientes y les evita a ellos y a los representantes volver a comunicarse. Como vemos en este último punto, la resolución en el primer llamado reduce los costos hasta un 50 por ciento, debido a que elimina la necesidad de volver a llamar. De hecho, el costo de volver a contactar a los clientes puede ser significativo si se tiene en cuenta que sólo en el 30 al 40 por ciento de los casos se ubica a la parte interesada la primera vez, lo cual significa que al comprometernos a volver a comunicarnos, los representantes deben llamar de dos a cuatro veces, o más.

No obstante, la resolución en el primer llamado requiere los siguientes cuatro elementos:

1. **Capacidad.** Los representantes deben tener los conocimientos, la capacidad, la experiencia y el carácter necesarios para enfrentar los problemas de los clientes.
2. **Soporte.** Es importante que los empleados tengan la información y la autoridad necesarias para solucionar los problemas, así como la confianza de que la empresa va a cumplir con lo prometido.
3. **Empatía.** Los representantes deben escuchar con atención al cliente y agradecerle la oportunidad presentada. De ser necesario, deben pedir disculpas, aun cuando la compañía no sea responsable. La empatía apacigua el ánimo caldeado del cliente y genera una solución más eficaz.
4. **Claridad y trato justo.** Los representantes deben explicar lo ocurrido con claridad, exponer la razón de ser de las políticas de la firma, y eludir los argumentos lógicos de los clientes. Además, al despedirse se les debe explicar qué va a pasar y lo ideal es que el cliente sienta que ha sido tratado en forma justa.

Uno de los objetivos principales de toda resolución de problemas es precisamente esto último, es decir lograr que el cliente sienta que se lo trató en forma justa, en especial cuando la respuesta no es la esperada. Por ejemplo, las empresas de medicina prepaga pueden mantener a sus clientes satisfechos y leales casi por completo aun cuando rechazan sus reclamos, siempre que los clientes sientan que la explicación de la razón del rechazo fue clara y justa.

Cumplimiento confiable. Cuando los representantes no pueden resolver el problema en el momento, ellos u otra persona deberán seguir todos los pasos correspondientes para cumplir con lo prometido o solucionar el tema. Esa promesa (a pesar de que la palabra "promesa" nunca se mencione) crea una expectativa que debe cumplirse, caso contrario el cliente no quedará satisfecho. Por lo tanto, las promesas deben ser realistas, convincentes, satisfactorias y factibles. A los clientes no les agrada que los representantes los traten amablemente pero realicen promesas que no cumplan. En tales casos, las encuestas inmediatas posteriores al llamado indican que el representante fue extraordinario, pero la promesa no cumplida destruye la lealtad a largo plazo. Este es un problema común de este tipo de encuestas: no detectan que la empresa no cumplió con lo prometido.

Los empleados confiados en que el conflicto tendrá una resolución deben transmitir confianza, y no esperanzas vagas, o peor aún cinismo. Si pueden confiar en el sistema interno (ellos saben cuándo pueden confiar y cuándo no) garantizarán una solución, y así los clientes volverán a confiar en la firma. A su vez, esto se traduce en menos llamados de seguimiento por parte del cliente y menos costos para la empresa. Por otro lado, observamos el caso de una firma de fondos mutuos en la cual los empleados se protegían con frases ambiguas ("suele pasar"); la empresa recibió 100.000 "llamados de confirmación" por mes de clientes para verificar si sus operaciones se habían hecho tal como se había especificado. Una táctica popular que puede generar deleite es la confirmación proactiva, como cuando Amazon.com informa el estado de la solicitud que hizo el cliente a medida que va avanzando en el sistema.

Capacitación del cliente y prevención de problemas. Es otra oportunidad poco explotada pero importante para varias funciones de la atención. Los clientes desean estar informados de forma proactiva sobre las características de los productos, las dificultades comunes y los problemas potenciales. Mantenerlos informados aumenta su seguridad y reduce el riesgo de la compañía. Cuando los clientes consideran que una iniciativa es confusa, como suele ocurrir en el caso de un producto nuevo o una promoción, la atención al cliente puede resolver las dudas de quienes llaman y luego pedir a los departamentos de ventas y marketing que informen a quienes no se contactaron mediante el envío de correspondencia, correo electrónico o un alerta en el sitio web.

La capacitación de los clientes por parte de los representantes de atención al cliente aumenta los ingresos al informar a los clientes sobre la disponibilidad de productos, productos adicionales, y niveles superiores de servicio que pueden solucionar su problema o mejorar su experiencia. Aún los clientes que no están listos para comprar en ese momento, pueden regresar. También se puede informar a los clientes sobre otros medios menos costosos para acceder al sistema de atención, como por ejemplo mediante el sitio web de la empresa. Es una de las herramientas más económicas y efectivas para capacitar a los clientes, tal como se puede corroborar con una visita a los sitios web de cualquier laboratorio o empresa importante de tecnología o servicios financieros.

Venta cruzada y creación de deleite. Si bien vamos a abordar este tema en detalle en el Capítulo 9, es importante remarcar que muchas empresas lograron aumentar sus ingresos y ganancias por cliente, como así también grados de satisfacción y lealtades a través de programas bien diseñados de venta cruzada y dirigida. Por ejemplo, Compaq desarrolló un proceso de venta cruzada que convertía los llamados de clientes que usaban el servicio web en ventas de mejores contratos de soporte. Otros ejemplos incluyen el banco que ofrece un seguro por descubiertos cuando recibe reclamos por cheques rechazados, y la prestadora del cable que convierte las quejas sobre los tiempos de traspaso de datos en ventas de una mayor amplitud de banda.

En primer lugar, los representantes deben concentrarse en solucionar el problema real más que en concretar una venta. Sin embargo, si se puede resolver o prevenir el problema o mejorar la experiencia del cliente con un producto superior, uno extra o de mejor nivel, el representante puede deleitar al cliente al hacer la venta.

Estos cinco factores constituyen las expectativas básicas de la atención. Sin embargo, existe otro factor que complica las cosas: los clientes fijan sus expectativas sobre su atención a partir de la última buena experiencia que tuvieron con el servicio de atención de otra empresa. Un estudio de TARP indica que los clientes comparan sus experiencias dentro de la empresa, y entre empresas también. Así que si un cliente recibe una atención excepcional en una empresa de entrega inmediata, luego va a esperar un trato similar de una empresa de tarjetas de crédito o del negocio donde suele comprar.

CÓMO FIJAR OBJETIVOS DE ATENCIÓN ESTRATÉGICAMENTE

El papel de la atención al cliente puede variar mucho, desde un departamento de quejas y equipo de "limpieza", hasta una diferencia competitiva que aumenta el valor. Las compañías comprometidas con la atención que funcionan en equipo para sumar valor y una diferencia competitiva, gestionan y proveen fondos a la función de atención como tal. Además, informan a sus clientes sobre el rol que la atención desempeña para garantizar una gran experiencia en sus mensajes de marketing y ventas en la atención al cliente, y garantizan que las operaciones se lleven a cabo a nivel interno.

La atención al cliente estratégica exige que se fijen objetivos de experiencia del cliente y que luego se los lleve a objetivos tácticos. A pesar de que muchas empresas trabajan arduamente para brindar un servicio superior, la plana mayor de ejecutivos no suele pensar en los ajustes entre la atención al cliente y las estrategias comerciales, de marketing y de experiencia total del cliente. Por lo tanto, fija objetivos al nivel del proceso a lo largo de dimensiones tácticas como el tiempo empleado haciendo la fila y los llamados tomados por cada representante. Para establecer objetivos de manera estratégica, la gerencia debe, en primer lugar, definir los objetivos y el papel estratégico y táctico de la función de la atención, y luego traducirlos en metas que el gerente financiero y el departamento financiero puedan aceptar para luego proveer fondos.

En términos generales, la atención estratégica y los objetivos de las experiencias del cliente deben incluir:

- **Lealtad:** motivada por la iniciativa de evitar problemas, por el boca a boca positivo y por la venta cruzada. La lealtad se mide a través de las encuestas y, en última instancia, en las finanzas.
- **Valor:** motivado por una reputación de servicio y calidad excelentes. Se mide por la métrica de las operaciones y las encuestas de clientes.
- **Boca a boca:** representado por el porcentaje de clientes nuevos provenientes del boca a boca positivo.
- **Voz del cliente eficaz:** implica detectar cuáles son los focos de molestia y el perjuicio a los ingresos por mes (tal como se explica en el Capítulo 4), y detectar las mejores oportunidades para sumar valor y tomar medidas basadas en dichas oportunidades (si no se toman medidas, no hay recompensa).

- **Menor riesgo y costos asociados:** se logran haciendo las cosas bien la primera vez, capacitando al cliente y evitando problemas. Se mide por los reclamos de seguros y de responsabilidad civil del fabricante, y las quejas ante entes reguladores e intervenciones.
- **Satisfacción elevada de los empleados:** representada por al menos el 80 por ciento de los empleados que se sienten exitosos en su trabajo y orgullosos de la marca, y por pocos cambios en el personal.

Mientras estos objetivos son lógicos, el segundo, es decir el "valor", parecería contradictorio dado el éxito de Wal-Mart, Southwest Airlines, y otras firmas que compiten con éxito basándose en los precios. Aun como predicador que soy de la excelencia en el servicio de atención al cliente, puedo entender que algunas empresas adopten una estrategia de bajo costo y le resten importancia al papel de la atención en la experiencia con el cliente. Sin embargo, los clientes tienen sus expectativas incluso respecto de firmas que triunfan con un servicio inferior, un gran volumen y precios elevados. Estas empresas comunican una propuesta de valor específica: una combinación de selección, ubicación, calidad, precio y naturalmente, la atención que deben cumplir.

Es así que en cualquier segmento del mercado, la gerencia debe traducir las expectativas del cliente a objetivos de experiencia específicos, medibles y alcanzables. Luego, estos objetivos deben ser firmemente vinculados entre sí y con las mediciones operativas del desempeño en acceso, contenido de la respuesta, cumplimiento, y obtención de datos. La gerencia debe entonces definir los niveles de las metas correspondientes a estas medidas y detectar las formas más económicas y de mayores ganancias para llevar el desempeño a los niveles a alcanzar. El último paso consiste en traducir los objetivos de experiencia del cliente relacionados con la satisfacción, la lealtad, el menor riesgo y el boca a boca positivo en objetivos de ingresos y rentabilidad.

En general, conviene desarrollar una combinación que incluya mediciones del proceso, tales como el promedio y la escala para la cantidad de tiempo que los clientes pasan en la fila telefónica; mediciones de experiencias o resultados, como por ejemplo la satisfacción y lealtad del cliente y la satisfacción de los empleados del servicio de atención; y las mediciones financieras, entre ellas los ingresos atribuibles a la atención en la forma de problemas que se evitaron o dinero ahorrado gracias a un servicio más eficiente. En la Figura 2-1 podemos ver cómo se conectan los objetivos del proceso, de resultados y de finanzas.

Figura 2-1. Objetivos y mediciones de la atención al cliente

Objetivos del proceso ⟶	Objetivos de resultados ⟶	Objetivos financieros
Accesibilidad	Lealtad	
Respuesta	Valor por el precio pagado	Ingresos
Cumplimiento	Boca a boca	
Capacitación &	Tasa de problemas	
Prevención de problemas	Menor riesgo	Margen
Venta cruzada	Voz del cliente	
	Satisfacción de los empleados	

Existen otras mediciones que pueden ser útiles, como por ejemplo el porcentaje de clientes que tienen problemas (tasa de problemas), la tasa de problemas por 100 problemas encontrados, la cantidad de problemas resueltos, y el plazo en que se resuelven. A continuación, veremos cómo se da el vínculo entre los objetivos:

- Los objetivos del proceso miden la accesibilidad y la respuesta, y a la vez sugieren metas para la prevención de problemas, la capacitación y la venta cruzada.
- Los objetivos de resultados son justamente el resultado del desempeño en los objetivos del proceso, que determinan las actitudes y el comportamiento de los clientes como la satisfacción, la lealtad y el boca a boca, y también la tasa total de problemas, la satisfacción de los empleados y la eficacia del servicio.
- El desempeño de los objetivos de resultados da lugar al desempeño de objetivos financieros de ingresos y márgenes mayores.
- Los objetivos financieros miden la contribución a ingresos y márgenes mayores, y a costos menores.

En las siguientes secciones, veremos cómo el servicio puede establecer objetivos de desempeño específicos dentro de cada una de las categorías.

Cómo lograr que los objetivos del proceso sean operativos

Los objetivos del proceso más comunes son los más fáciles de medir, lo que puede ser el motivo por el cual también fomentan tantos problemas de atención al cliente. Tal vez haya visto la caricatura de Dilbert, cuando le otorgan el premio al empleado que logra estar el menor tiempo posible al teléfono con los clientes. Algunas mediciones del proceso, en especial aquellas que miden el desempeño de los representantes de atención, pueden provocar un cambio en su comportamiento en detrimento de la satisfacción del cliente. Por ejemplo, un gerente de un centro de atención telefónica que conozco estableció una norma de 80 llamadas por turno y un límite de tres minutos por llamado. Como consecuencia, los empleados apuraban a los clientes y algunos hasta les colgaban para así aumentar su cantidad de llamados. Esto significó menor satisfacción del cliente y falta de capacitación de los clientes en el autoservicio.

Por consiguiente, teniendo en cuenta la necesidad de fijar e implementar objetivos de proceso de manera cuidadosa, a continuación lo invito a ver algunos ejemplos útiles:

Accesibilidad:
- Acceso al sitio web las 24 horas con al menos el 99,5 por ciento de tiempo de operación.
- La opción de poder hablar con un representante desde las 6:00 a.m. hasta la medianoche, tal vez durante un horario acotado los sábados y domingos. Piense en qué momentos el cliente utiliza más su producto y esté disponible en esos horarios.
- Un tiempo de espera promedio de uno a dos minutos y medio como máximo, y una tasa de llamadas abandonadas del 3 por ciento o menos.
- Guía clara (mediante "contacto" y un mapa del sitio) en el sitio web de la empresa y en la folletería con respecto a quién contactar en cada caso, incluyendo un teléfono para un especialista en satisfacción o un contacto para quejas (sobre lo cual hablaré en el Capítulo 6).

Respuestas:
- Los representantes que manejan las cuentas de los clientes existentes deben ser capaces de responder el 95 por ciento de las preguntas e inquietudes en el primer contacto.

- Los representantes que trabajan en el mercado de los bienes no perecederos deben ser capaces de responder al menos el 85 por ciento de los problemas en el primer llamado o garantizar la resolución del mismo sin necesidad de volver a llamar.

Cumplimiento:
- Plazo de 24 horas como máximo para al menos el 80 por ciento de los problemas derivados.
- Un sistema que permita a los representantes de atención al cliente comunicarse en tiempo real con los encargados de brindar la solución.
- Un sistema de registro de problemas que mantenga actualizados a los representantes (y a los clientes por correo electrónico) sobre el estado de la resolución del problema al menos dos veces al día o de manera continua.
- El 98 por ciento de los clientes no debe volver a comunicarse con respecto a las soluciones en proceso, porque quedaron satisfechos o ya fueron contactados para informarles algún cambio.

Capacitación y prevención de problemas:
- Aumento o disminución de las consultas de rutina sobre un tema específico.
- Aumento o disminución de las consultas que pueden tratarse mediante mecanismos de respuesta automáticos.
- Cantidad de consultas sobre mejoras específicas de productos o servicios (si hay muchas, significa que el mensaje no fue claro).
- Menos problemas que requieran el uso de la garantía como resultado de menos casos de uso indebido del producto por parte de los clientes, menos expectativas incorrectas y un mejor desempeño del producto.

Venta cruzada:
- Ofertas apropiadas presentadas por los representantes de atención al cliente (entre ellas, transferencias al departamento de ventas) en términos de porcentaje de las llamadas gestionadas.
- Valor de las ventas en términos de porcentaje de las ofertas presentadas.
- Ventas canceladas por ser inapropiadas.

Las mediciones del desempeño de los representantes de atención al cliente con respecto a los objetivos del proceso deben equilibrar la eficiencia (la velocidad en la gestión de llamadas y la cantidad de llamadas tomadas) y la efectividad (la resolución satisfactoria de problemas, la capacitación efectiva acerca del autoservicio y la venta cruzada exitosa). En toda medición de desempeño, anticipar consecuencias involuntarias es tan importante como diseñar incentivos y objetivos útiles. Uno de los desafíos es establecer la cultura adecuada. Por ejemplo, entrenar a los representantes para que utilicen un enfoque de venta activo cuando la venta dirigida podría funcionar en el corto plazo, pero difícilmente maximizaría el valor del cliente a largo plazo. Los representantes deben estar capacitados para utilizar técnicas de venta con énfasis en la relación interpersonal, y además deben recibir incentivos para construir relaciones más que para vender de forma proactiva.

En vista de lo importante que es solucionar problemas en la satisfacción del cliente, el servicio de atención debe medir la real satisfacción de los clientes con las soluciones brindadas. Esto es posible de lograr mediante breves encuestas de seguimiento, las cuales también podrán medir intenciones de compras futuras y el potencial del boca a boca positivo o negativo. De todas maneras, es inevitable que algunos clientes queden insatisfechos, o apaciguados pero no satisfechos. Como veremos en el Capítulo 4, la medición de los ingresos perdidos como consecuencia de los problemas (y por ende, el establecimiento del imperativo económico para repararlos o prevenirlos) exige la medición correcta de la satisfacción y la lealtad de los clientes cuando éstos tienen un problema y se les brinda una solución.

Tal como vimos en el Capítulo 1, no todos los clientes que tienen un problema hacen un reclamo. Esto significa que quienes se quejan son sumamente útiles y satisfacerlos es muy importante. Cuando se satisface a quien se queja, se retiene un cliente que de otra forma se perdería. De igual forma, cuando se previene un problema, ya sea corrigiendo el diseño, desempeño o defecto del producto, o capacitando a los clientes, no solo se logra retener a quienes se hubiesen encontrado con el problema y se habrían quejado, sino además a una mayor cantidad de clientes que también hubiese encontrado el problema pero no se habría quejado.

Objetivos financieros

En el transcurso de este libro analizaré el impacto financiero de la resolución y prevención de problemas, y del aumento de la satisfacción, lealtad y boca a boca positivo. Me detendré en especial en el Capítulo 4, en el cual presento el "modelo de perjuicio del mercado" y el cálculo "mercado en riesgo" de TARP. Ambos permiten medir el impacto de problemas específicos y de la experiencia total en las mediciones de los resultados, y así cuantificar los ingresos obtenidos gracias a la reparación y prevención de dichos problemas.

También debemos considerar el costo de la reparación o prevención del problema específico. Admito que este no es un concepto nuevo. Los costos son la razón por la cual las empresas no corrigen la mayoría de los problemas de los que sí tienen conocimiento. Lo novedoso es la cuantificación de los ingresos que pueden perderse cada mes que un problema específico se ignora. Solo con ambos valores (los ingresos en riesgo debido a un problema y el costo de la reparación o prevención del mismo), una empresa puede elaborar el caso económico que justifique resolver o ignorar dicho problema.

Recomiendo firmemente comprender el impacto en los ingresos de la atención al cliente estratégica. Los objetivos específicos de ingresos considerarían principalmente el aumento de los ingresos gracias a la reducción del desgaste del cliente y no a los ingresos resultantes de la venta cruzada y dirigida. Una vez que se implementan buenas habilidades de resolución, el servicio puede adoptar lo que llamo "atención al cliente proactiva", tema que abordaré en la Parte 4. La atención proactiva abarca la venta cruzada y dirigida, y un deleitar activo, lo cual aumenta los ingresos.

Además del crédito por las ventas, el servicio de atención al cliente debe recibir crédito de alguna forma por los ingresos salvados gracias a la reparación y prevención de problemas como resultado de su esfuerzo, lo cual permitió retener un porcentaje de los clientes. Esto no solo es justo, sino que también es la forma de calcular el rendimiento sobre las inversiones para mejorar la atención y reparar o prevenir problemas. Este cálculo en sí comienza con el cambio en la visión de la gerencia con respecto a la atención al cliente: ya no es un centro de costos sino una fuente de ingresos.

Ligadas a los objetivos de ingresos y márgenes, se encuentran las contribuciones de la atención al cliente a la disminución del riesgo, el aumento de las innovaciones, la mayor equidad de marca y el mantenimiento y aumento de la satisfacción de los empleados. El impacto de la atención al cliente en estas áreas es real y en muchos casos medible, y por lo tanto constituyen objetivos estratégicos válidos.

Cuando las funciones y los objetivos correctos se definen de forma estratégica, es posible cumplir con las expectativas de los clientes de modo tal que encajen con el negocio, el marketing, los precios y otras estrategias de la compañía. Y lo que es más importante, es posible relacionar los objetivos de proceso con los de resultados y estos últimos con los de ingresos y los márgenes. Una visión estratégica también implica establecer objetivos siguiendo un orden lógico. Por ejemplo, se deben vincular los objetivos del proceso con los de los resultados, caso contrario se podría modificar el comportamiento de los representantes de atención en perjuicio de la satisfacción y la lealtad de los clientes. Del mismo modo, se debe desarrollar un proceso de atención que gestione los contactos con el cliente de manera efectiva y pueda recabar información útil sobre los clientes antes de intentar la venta cruzada y crear deleite.

Por desgracia, aún en las empresas que van más allá de las mediciones del proceso y fijan objetivos de resultados, muy pocos ejecutivos amplían el foco más allá de la satisfacción y la lealtad para incluir las mediciones del boca a boca, y menos aún el impacto sobre los ingresos y el riesgo. Ni hablar de que aprovechen la atención al cliente para producir la voz del cliente y de este modo mejorar los ingresos y márgenes, aumentando las innovaciones, reduciendo el riesgo y bajando los costos de servicio y el recambio del personal. En Procter & Gamble, un aspecto del proceso de la voz del cliente incluye un archivo de grabaciones digitales de llamados de los clientes denominado "Escuchen al jefe" ("el jefe" vendría a ser el cliente). Todos los gerentes de producto pueden escuchar lo que los clientes piensan, en cualquier momento.

Todos estos objetivos de proceso y resultados pueden aparecer lógicamente en los objetivos financieros de mayores ingresos mediante un volumen superior (y menos desgaste de los clientes) y márgenes más altos mediante precios más elevados y costos más bajos. Por lo tanto, corresponde a la gerencia establecer los objetivos para cada una de estas áreas, una tarea sobre la cual volveré a referirme en varias oportunidades y que ampliaré en el Capítulo 4.

PRINCIPALES PUNTOS A RECORDAR

1. Hacer las cosas bien la primera vez (DIRFT) significa establecer las expectativas de manera correcta y cumplirlas de manera coherente; y eliminar las sorpresas desagradables, como también brindar calidad tradicional.

2. Los que causan la mayor parte de la insatisfacción de los clientes son los diseños mediocres, los mensajes confusos de marketing y los procesos comerciales que no se cumplen, y no los empleados con una mala actitud.

3. Lo que los representantes de atención al cliente brindan luego de responder el llamado (medidas para resolver problemas, respuestas claras y creíbles, y un trato justo) es mucho más importante que la rapidez con la que contestan el llamado.

4. El boca a boca y el riesgo reducido son los que más contribuyen a la idea de que son pocas las empresas que primero establecen objetivos y luego hacen las mediciones.

5. Lograr la combinación y la conexión adecuadas del proceso, los resultados, y los objetivos financieros aumenta la efectividad y la eficacia del servicio de atención al cliente y garantiza la aceptación del área financiera.

NOTAS

1. *"Making Service a Potent Marketing Tool"* (Cómo convertir al servicio en una herramienta de marketing poderosa), *BusinessWeek*, 11 de junio de 1984.

Parte 2

Cómo detectar oportunidades de ganancias e ingresos inmediatos

Capítulo 3

Respuestas tácticas
y soluciones estratégicas

Cómo encargarse de los problemas
de los clientes y abordar las causas

Hace poco tuve dos experiencias con empresas de tarjetas de crédito, una buena, pero la otra no tanto. En el primer caso, me comuniqué con American Express cuando noté un gasto en mi cuenta que no era mío. La primera persona con la que hablé rápidamente lo eliminó y me dijo que se volvería a comunicar si hubiese indicios de algún problema. En el segundo caso, me contacté con United Mileage Plus Visa luego de que mi tarjeta fuera rechazada en un restaurante mientras yo estaba de viaje, a pesar de haber llamado al banco emisor para avisar que viajaría a esa ciudad. Cuando mi esposa se comunicó para averiguar qué había pasado, le contestaron que eso ocurría en ocasiones, que era para nuestra protección, y que podría volver a suceder durante nuestro viaje. Cuando luego pidió hablar con un supervisor, reiterando que el banco estaba al tanto de nuestro itinerario de viaje, el supervisor le respondió: "El Departamento de Riesgos no revisa los registros de sus planes de viaje que constan en atención al cliente, y no podemos subsanar la falta de conexión entre estas dos áreas de nuestra compañía". Huelga decir que utilicé mi tarjeta American Express durante el resto del viaje.

Como recordarán del Capítulo 1, cuando una empresa no hace las cosas bien la primera vez, el servicio de atención al cliente debe estar preparado para ayudar a los clientes que han sufrido las consecuencias. Responder a tales clientes a nivel táctico significa brindar explicaciones, reemplazos, cupones, y, en el caso mencionado de Visa, brindar una solución inmediata. El elemento estratégico radica en localizar las causas de los problemas, aprender a prevenirlos o resolverlos, y decidir cuáles prevenir o solucionar. Por consiguiente, cuando un cliente se pone en contacto con la función de atención, los dos objetivos del sistema son 1) responder firmemente a las preguntas, problemas y necesidades individuales del cliente de forma rentable, y 2) obtener y distribuir la información de los contactos con el cliente para poder detectar las causas de los problemas y repararlas.

El segundo objetivo consiste en la curva del *feedback* descripta en el modelo DIRFT, en el Capítulo 1. Desde el punto de vista estratégico, esta herramienta oficia de soporte al esfuerzo que hace la compañía por hacer las cosas bien la primera vez. La atención estratégica al cliente distingue entre la solución de problemas de clientes individuales y el abordaje de las causas sistémicas de tales problemas. La primera es una respuesta táctica; la segunda, una decisión estratégica. Este papel estratégico es muy importante, porque no tratar las causas de los problemas permite que esos problemas persistan y tengan como consecuencia una menor satisfacción de los clientes, mayores gastos operativos, y una estado de ánimo de los empleados más bajo. No hay que desestimar los efectos corrosivos de este último punto. Cuando los representantes del servicio de atención ven que los mismos problemas siguen ocurriendo sin explicación alguna a pesar de los reiterados informes, llegan a la conclusión de que la empresa no tiene interés en los clientes, y ni siquiera en ellos. A la inversa, la eliminación de las causas de los problemas permite a la organización hacer las cosas bien la primera vez y además motiva a los empleados a mejorar continuamente.

En este capítulo, analizaré en primer lugar las medidas que los representantes de atención deben tomar a nivel táctico para solucionar los problemas de los clientes. Luego, recomendaré algunos pasos estratégicos que la compañía puede seguir para prevenir o eliminar tales problemas. Por último, sugeriré medidas poco comunes para mejorar la conexión total entre los elementos tácticos y estratégicos.

RESOLUCIÓN DE PROBLEMAS TÁCTICA VERSUS ESTRATÉGICA

En tanto todo cliente que eleva una queja sobre un problema debe ser satisfecho, lo ideal es eliminar la causa del problema para que queden conformes quienes se quejan y quienes no. Eliminar la causa raíz del inconveniente no siempre es económicamente viable. Satisfacer a los clientes que reclaman es una tarea táctica, mientras que ubicar las causas y priorizar los problemas a eliminar son temas estratégicos.

Por ejemplo, en una de las automotrices más serias solicitó a tres empleados que llamaran a los clientes que habían otorgado un puntaje bajo a la atención durante su última visita. El objetivo era hacer todo lo necesario para recuperar a esos clientes. Les sugerí que enviaran a esos tres empleados a consultar a las concesionarias principales para ver cómo la empresa podía eliminar las causas de los problemas sistemáticamente en vez de pelear la misma guerra una y otra vez. Esta reasignación de recursos del nivel táctico al estratégico puede multiplicarse por veinte porque en la industria automotriz sólo el 5 por ciento de los clientes recurre a las oficinas centrales.

No obstante, en los casos en que la economía imposibilita la eliminación de la causa raíz de un problema, la atención al cliente debe resolver el tema de manera satisfactoria. Según el tipo de área a la que se dedique una empresa, esta reparación puede incluir el reemplazo del producto o su devolución, el crédito o reembolso total o parcial, o cualquier otra forma de valor agregado y beneficio. Solucionar el problema (a diferencia de eliminar la causa fundamental del mismo) es la opción lógica para satisfacer a los clientes y conservar (o aumentar) su lealtad. La opción elegida dependerá de la frecuencia del problema, así como del impacto en los ingresos y ganancias, tema que trataré en el Capítulo 4.

Sin embargo, brindar soluciones solo a quienes se quejan puede ser peligroso. Recordemos que muchos clientes no se quejan. Por lo tanto, si no ataca la causa raíz, virtualmente garantiza que quienes no se quejan (por lo general del 50 al 95 por ciento de los clientes que tienen el problema), seguirán insatisfechos y menos fieles y darán malas referencias.

Además, es importante ocuparse de los problemas que implican temas de seguridad importantes, exposición de la responsabilidad civil, o algún riesgo a la reputación de la marca. Podemos citar el ejemplo de la estampida de juicios contra Ford Motor Company en los años setenta y ochenta por el modelo Pinto. Los litigios surgieron luego de que se alegara que la firma seguía vendiendo el modelo luego de haber descubierto que el tanque de gasolina podía explotar en caso de colisión trasera. También se supo que

Ford prefirió arriesgarse a enfrentar los juicios antes que a rediseñar las partes del vehículo. Pasado un tiempo, en un artículo jurídico se publicó que el Pinto no era más inseguro que otros autos similares en este aspecto, pero el perjuicio a la marca ya se había causado hacía varios años.

Optar por no prevenir o eliminar un problema particular puede ser una decisión válida en ciertas circunstancias, y es una decisión estratégica. Pero debe entenderse cuál es el perjuicio que se causa a los ingresos. La razón principal de tal decisión también debe ser comprendida por el equipo de atención, porque los clientes les preguntarán: "¿Cómo pudo suceder esto?". Los representantes deben poder explicar que se trata de una elección consciente y no de ignorancia ni descuido de la gerencia. Los clientes aceptarán un motivo si es lógico, pero no aceptarán nada que parezca que los menosprecian.

La necesidad de la resolución táctica de problemas unida a la prevención estratégica también es un motivo para adoptar un enfoque estratégico del servicio de atención. Cuando un cliente se contacta con la atención al cliente, la empresa tiene una segunda oportunidad de lograr que un cliente quede conforme y una oportunidad de diagnosticar el problema y prevenirlo. La atención táctica constituye los ojos y los oídos de la empresa, como también su microscopio y estetoscopio. La visión estratégica consiste en invertir en instrumentos de diagnóstico, no solo en una respuesta inmediata. El resto de este capítulo describe las funciones tácticas de alto nivel de la atención al cliente, y luego las funciones estratégicas de alto nivel, preparando el campo para el resto del libro.

LOS CINCO PASOS DE LA RESOLUCIÓN TÁCTICA DE LOS PROBLEMAS

Para resolver tácticamente los problemas en la atención al cliente de manera efectiva se deben tomar decisiones estratégicas. Recordemos las tres razones principales por las cuales las compañías no hacen las cosas bien la primera vez: procedimientos y políticas de la gerencia; comportamiento y actitudes de los empleados; errores de los clientes y expectativas. Cada una de estas razones puede rastrearse a decisiones de la gerencia en áreas tales como diseño del producto, calidad, comunicaciones de marketing y ventas, niveles del personal y capacitación, y procedimientos de entrega e instalación. Pero, como dije anteriormente, más allá de que la gerencia haga su trabajo, va a haber problemas, los clientes idealmente se van a quejar, y el servicio de atención deberá satisfacer a quienes reclamen.

La dificultad para resolver problemas de clientes individuales a nivel táctico depende, en parte, de las decisiones gerenciales con respecto a las áreas antes mencionadas, y en parte de la naturaleza del negocio y del sistema de distribución. Por ejemplo, un banco comercial que opera con transferencias electrónicas y cuentas enfrenta diferentes desafíos que un fabricante de neumáticos que depende de una cadena de comerciantes para reparar un producto con una pinchadura mientras explica las exclusiones de la garantía por daños que surgen de peligros en el camino. El banco tiene mucho más control sobre las soluciones a nivel táctico en la atención al cliente que la empresa de neumáticos. Esencialmente, los clientes del banco se quejarán ante el gerente de la sucursal o se comunicarán con el servicio de atención al cliente. La mayoría de los clientes de la firma de neumáticos presentarán su reclamo al vendedor o gerente de servicio del negocio, y la empresa no puede reparar el producto por teléfono ni por internet. Puede pasar algo aún peor, la empresa de neumáticos hasta puede no estar enterada de los problemas. Un comerciante de neumáticos con el que trabajamos registró menos de 10 quejas por negocio por mes; sin embargo, gracias a nuestra investigación, supimos que el 20 por ciento de sus 900 clientes mensuales (unos 180) habían tenido problemas. Esta compañía estaba "manejando con los ojos tapados".

Afortunadamente, el modelo para la resolución táctica de problemas en la atención al cliente comprende los mismos cinco pasos para la mayoría de las empresas, aunque con algunas adaptaciones:

1. Solicite la formulación de quejas y recíbalas positivamente.
2. Identifique los conflictos principales.
3. Evalúe el problema del cliente y las causas potenciales.
4. Llegue a un acuerdo.
5. Tome las medidas necesarias para continuar las acciones y realizar un seguimiento.

A continuación, veamos en detalle cómo implementar estos pasos.

Paso 1: Solicite la formulación de quejas y recíbalas positivamente

Solo puede resolver los problemas que conozca. Puede lograr que sus clientes comprendan esto si sigue los ejemplos de las empresas mencionados en el Capítulo 1, que imprimieron la frase "¡Solo podemos solucionar aquellos problemas que conocemos!" en sus facturas. Dada la baja cantidad de clientes que se quejan en relación a la cantidad de los que experimentan problemas, deberá alentar la formulación de reclamos mediante calcomanías, avisos en el sitio web, y en persona mirando a los ojos y utilizando una combinación de frases como "¿necesita algo más?", "¿tiene alguna otra inquietud?", y "¿lo comprendimos correctamente?".

Solicitar la emisión de quejas funciona si también las recibe positivamente. Sus representantes deben agradecer al cliente por molestarse en plantear el problema y darle a la empresa la oportunidad de hacer lo correcto.

Obviamente, los representantes también deben estar capacitados para tratar con clientes furiosos o enojados. En eso casos, hasta que no calme los ánimos, la sangre no regresará al cerebro, y por lo tanto estará tratando con una persona irracional. No cometa el error de creer que contratar personas con la "personalidad correcta" puede substituir una capacitación rigurosa y juegos de roles para escuchar debidamente, mostrando empatía, reconociendo el punto de vista del cliente, y evitando un lenguaje subido de tono.

Paso 2: Identifique los conflictos principales

Si bien en una llamada al centro de atención, el cliente puede ir directo al punto o hacer una introducción y plantearlo rápidamente, para el representante, identificar el conflicto, por lo general, le exigirá ir más allá de los sentimientos del cliente y ocuparse de los hechos. Este paso puede implicar dejar que el cliente hable o se desahogue por un tiempo mientras el representante aclara el planteo y expresa empatía.

Las preguntas abiertas como "¿en qué lo puedo ayudar?" son ideales para que el cliente comience a expresarse. Se puede seguir con "¿qué puedo hacer para remediarlo?". Estas preguntas no solo evocan deseos específicos sino que también ayudan al cliente a dejar de usar la parte emocional del cerebro para pasar a usar la intelectual. Tales preguntas también le permitirán identificar los inconvenientes de corto plazo, tales como el hecho de que el auto no va a estar listo cuando el cliente deba recoger a sus niños de la guardería a las 4 de la tarde. Una vez que el cliente tenga la palabra de que la empresa le brindará un medio de transporte, se calmará y se le podrá informar que el auto estará listo el día siguiente.

Finalmente, el representante debe suponer que el cliente es honesto en tanto no se demuestre lo contrario. No hay nada peor que insinuar al cliente que no es honesto. Puede estar equivocado, lo cual no significa que esté mintiendo.

Paso 3: Evalúe el problema del cliente y las causas potenciales

Evaluar el problema permitirá a los representantes comprender qué quiere el cliente y de quién es la responsabilidad, así como la historia y valor del cliente. No se puede culpar al cliente por el problema. Lo importante es averiguar los hechos. Las causas de los problemas suelen estar vinculadas a la empresa, el cliente, un tercero o un hecho fortuito. Si el representante cuenta con información suficiente para comprender la naturaleza del problema, podrá establecer la gravedad del mismo y su causa: ¿alguien resultó herido?, ¿hay temas de seguridad o responsabilidad civil?, ¿el cliente está perdiendo tiempo, dinero, o a sus propios clientes? Como explicaré en el Capítulo 5, un esquema de clasificación de los problemas bien diseñado es un elemento importantísimo que podrá ayudar a sus representantes de atención al cliente y a su empresa a clasificar e informar los problemas y sus causas de manera efectiva.

Idealmente, los representantes deberían tener acceso a la información necesaria para establecer el valor del cliente y su historia. Si bien muchos clientes de manera voluntaria, y a veces agresiva, informan a los representantes sobre su posición como clientes o su volumen mensual, no todos están dispuestos a hacerlo. Un sistema de información sofisticado les permitirá a sus representantes saber con quién está tratando y así negociar un acuerdo beneficioso para ambas partes de manera efectiva.

Paso 4: Llegue a un acuerdo

En vista del costo de reemplazar a un buen cliente, **siempre** es mejor fallar a favor del cliente y darle lo que éste considera justo para poder retenerlo. Empresas con un enfoque orientado al servicio como por ejemplo Neiman Marcus, Whole Foods y Eddie Bauer tienen políticas de reembolso completo e incondicional en caso en que el cliente no esté completamente satisfecho, debido a que tales políticas tienen sentido económico para ellas.

Dicho esto, no hay empresa que pueda entregar su negocio, y los reembolsos completos e incondicionales no son prácticos ni necesarios en todas las áreas. Dado que las circunstancias y los clientes varían, no hay una única solución correcta. Por lo tanto, es necesario negociar una solución teniendo como objetivo que el cliente sienta que ha sido tratado justamente. Se llega a un acuerdo cuando coincide lo que su firma está dispuesta a ofrecer con lo que el cliente considera una solución justa. Hay dos partes: lo que el cliente necesita en ese momento y lo que le gustaría obtener como compensación por el inconveniente. La mejor manera de facilitar acuerdos es brindando a los representantes lo que TARP llama "espacio de solución flexible™". Este "espacio" está limitado por parámetros que ofrecen la libertad de acción necesaria para negociar una solución en un alto porcentaje de casos (el porcentaje meta de la empresa para las interacciones de resolución completa en la atención al cliente), junto con directivas para transferir el caso a un segundo nivel en el 2 al 5 por ciento de los casos que pudiera exceder dichos parámetros. Esta flexibilidad le permite a sus representantes funcionar cuando no existe un conjunto de soluciones único para los problemas comunes, lo cual ocurre en la mayoría de las organizaciones.

Las soluciones y los parámetros del "espacio de solución flexible" deberían considerar la fuente del problema (la empresa, el distribuidor, el cliente, el tiempo, o el destino), la historia del cliente, y el aspecto económico de la situación (el valor del cliente, el daño causado, los costos para la empresa, y el riesgo debido al boca a boca negativo o a la exposición jurídica o administrativa). Para cada caso en particular, debe haber entre dos y cuatro soluciones estándar de las cuales los representantes puedan elegir una usando su sentido común y experiencia, combinados con ciertos principios generales.

Por ejemplo: hace poco, al llegar al aeropuerto en el tramo final de un viaje a cuatro ciudades, me informaron que mi vuelo estaba retrasado al menos tres horas y el vuelo siguiente también. El empleado de US Airways notó que yo era un cliente de categoría "plata" (es decir, un cliente que viaja más de 30 veces al año en clase ejecutiva) y por lo tanto me ofreció, sin que yo lo solicitara, ubicarme en un vuelo de la competencia que salía en una hora. Si bien la aerolínea incurrió en un pequeño costo por ese vuelo, yo me sentí muy bien, y sus ingresos se cuadruplicaron gracias a mi siguiente viaje a un destino de mayor valor.

Las soluciones a problemas y clientes similares deben ser coherentes, aunque hay que reconocer las características particulares de ciertos casos. La mejor forma de capacitar al personal con respecto a la flexibilidad es a través de la narración de situaciones. Si describe un área problemática y declara que hay tres enfoques perfectamente aceptables para resolver el tema según las circunstancias, luego puede aclarar cuáles fueron las tres situaciones y cómo se resolvieron. Esto despeja las dudas sobre los principios. La clave es permitir a los empleados a utilizar su criterio. En muchos casos, en vez de destinar dinero a la cuestión, es mejor ofrecer una explicación clara de los motivos de la política particular. De esta forma, el cliente pasará de insatisfecho a apaciguado, al menos. La política también debe reconocer que a veces la respuesta debe ser "No". En estos casos, es mejor ofrecer la respuesta negativa y las razones creíbles de la misma que ofrecer falsas esperanzas. Sin embargo, el "no" deber ser enunciado con empatía y debe ir acompañado de una explicación creíble de por qué la respuesta es justa y razonable.

Paso 5: Tome las medidas necesarias para continuar las acciones y realizar un seguimiento

Luego de llegar a un acuerdo, deberá confirmar tanto verbalmente como por escrito, si es posible, qué medida se tomará. Se deben especificar los pasos que el cliente debe seguir y el plazo establecido para solucionar el problema. El empleado de atención al cliente debe mencionar su nombre y darle al cliente la información de contacto de manera proactiva; además, debe verificar si tiene los datos de contacto del cliente actualizados en caso de que sea necesario volver a comunicarse con él mientras se resuelve el problema. Cuando hay sentimientos en juego, los clientes no suelen tomar nota de los datos del representante, así que brindar estos datos de manera proactiva demuestra confianza y buenas intenciones. También es importante agradecer al cliente nuevamente por haberse tomado la molestia de haber planteado el problema.

Es esencial que la información acerca del inconveniente sea registrada y se dirija a las partes correspondientes dentro de la empresa. Esto permite analizar la causa del conflicto, para luego decidir estratégicamente cómo prevenirlo o resolverlo. **Si no se registra, no es posible analizarlo**. Esto nos lleva a la curva de *feedback* que conecta los esfuerzos para resolver problemas de la atención al cliente con el resto de la organización.

SEIS TAREAS QUE CONECTAN LA RESPUESTA TÁCTICA CON LA CURVA DE FEEDBACK ESTRATÉGICA

La Figura 3-1, la cual retoma la segunda parte de la Figura 1-1 que describe el modelo DIRFT, exhibe las seis tareas que la atención al cliente debe llevar a cabo cuando los clientes se contactan debido a algún problema. (Esto es válido para cualquier tipo de comunicación: por teléfono, correo electrónico, sitio en internet, etc.)

Figura 3-1. Respuestas a los problemas de la atención al cliente

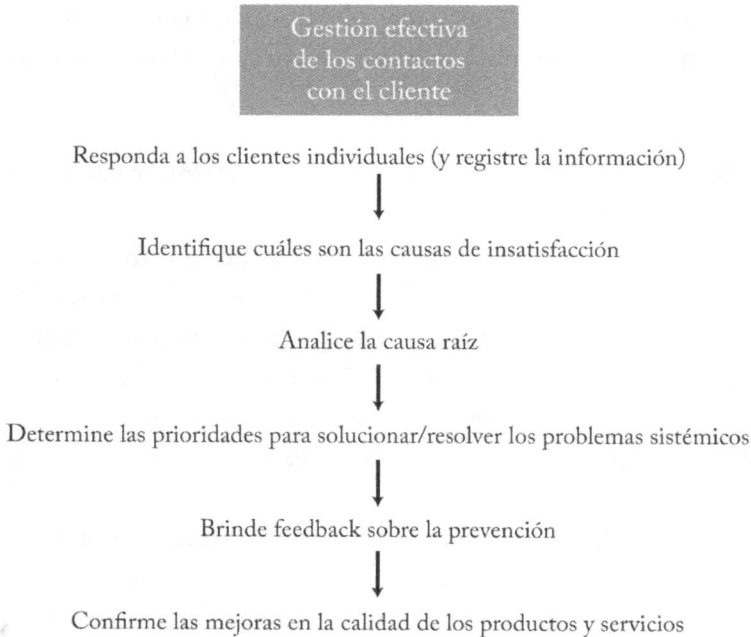

Gestión efectiva
de los contactos
con el cliente

Responda a los clientes individuales (y registre la información)

↓

Identifique cuáles son las causas de insatisfacción

↓

Analice la causa raíz

↓

Determine las prioridades para solucionar/resolver los problemas sistémicos

↓

Brinde feedback sobre la prevención

↓

Confirme las mejoras en la calidad de los productos y servicios

Estas seis tareas nos ayudan a responder de manera individual de modo correcto, tal como ya mencionamos, y luego detectar cuál es la fuente de la insatisfacción, llevar a cabo un análisis general de la causa, solucionar o resolver el problema (también mencionado previamente), brindar *feedback* a la empresa con respecto a la prevención, y luego ayudar a mejorar el producto o servicio de forma permanente.

A continuación, examinaremos cada una de estas tareas.

Tarea 1: Responda a los clientes individuales (y registre la información)

Cuando el cliente plantea una inquietud, el representante debe tratarlo como una persona y no como un problema. Al mismo tiempo, debe obtener datos suficientes sobre los factores relacionados con el tema, el producto y el contexto para realizar un diagnóstico inmediato o posterior de cómo se originaron los hechos. El proceso de resolución debe incorporar suficiente información al sistema para facilitar un análisis en el futuro. En el Capítulo 6, analizaré los componentes y el diseño de tal sistema en detalle.

Tarea 2: Identifique cuáles son las fuentes de insatisfacción

Los representantes deben controlar la tensión que pudiera surgir entre los objetivos de resolución del problema en el contacto inicial, el mantenimiento de la productividad, y la búsqueda de la causa del problema. La empresa necesita saber los datos suficientes para comprender la naturaleza, el origen, y las ramificaciones potenciales del problema; en cambio, el cliente quiere la solución. Este último puede considerar que son irrelevantes las preguntas que se le formulen con respecto al uso, almacenamiento, mantenimiento y expectativas, o hasta creer que se lo quiere responsabilizar. Por lo tanto, es importante que las preguntas diseñadas para detectar las causas se formulen de manera no acusatoria, con sensibilidad y en el momento oportuno.

Por ejemplo, primero conviene averiguar la causa general del problema o el motivo de la insatisfacción, y luego indagar sobre los detalles. Si el cliente expresa su insatisfacción en términos generales ("¡no estoy para nada conforme!"), la tarea del representante es ayudarlo a ser más específico, preguntando: ¿por qué no está conforme?, ¿la aspiradora no recoge pelusas o arena incrustada?, ¿hace mucho ruido?, ¿es difícil de utilizar? En caso afirmativo, ¿de qué manera? Así sí, los empleados podrán resolver el problema y satisfacer al cliente. **Una vez que** el cliente esté conforme, el representante podrá hacer preguntas para determinar la fuente de las expectativas incorrectas o de la causa del problema "para así evitarle el mismo inconveniente a otros clientes". En especial, en el caso de problemas causados por error, expectativas o uso indebido por parte del cliente, existen opciones mejores para conocer los detalles luego de satisfacer al cliente.

El primer objetivo es satisfacer al cliente mientras se obtiene la información de rutina, como número de modelo, lugar y fecha de compra, y nombre del vendedor (si corresponde), y luego realizar las preguntas destinadas a detectar la causa general o mejor aún la causa raíz del problema. Cuanta más información de rutina (a la cual se accede mediante el número de serie o número de teléfono) pueda ser enviada por el sistema a los representantes, mejor.

Tarea 3: Analice la causa raíz

Encontrar la causa raíz de un problema puede no ser responsabilidad de la atención al cliente; sin embargo, obtener información sobre la causa general para guiar un análisis posterior de la causa raíz es una responsabilidad secundaria importante, que puede recaer sobre una unidad, equipo o persona específicos. Esta responsabilidad recaerá en la atención o en otra unidad, según el problema. El conflicto o síntoma aparente puede no ser la causa raíz. Por ese motivo, el análisis debe comenzar en el centro de atención al cliente y luego ser retomado por el departamento mejor capacitado para encontrar la causa.

Para lograr este análisis, el área de Sistemas debe implementar un sistema de entrada de datos sencillo, integrar la información de todas las fuentes (incluidos los reclamos de garantía y devoluciones de diferentes canales), y compilar informes concisos y de fácil lectura para la gerencia. Me referiré de los esquemas de clasificación de datos en el Capítulo 5, y de las formas de estructurar tal sistema en el Capítulo 7.

Con un sistema de quejas completamente integrado, los conflictos son agrupados e informados al área correspondiente por el grupo de análisis preventivo. Los conflictos que aparentan ser de carácter multifuncional o tener causas poco claras deben ser investigados por las funciones de calidad y experiencia del cliente si llegan al nivel de importancia correspondiente. No todo es analizado. Los problemas que representan un menor impacto financiero deben ser rectificados individualmente sin más investigación, salvo que exista una forma simple de eliminarlos.

No obstante, eliminar las causas raíz de los problemas previene su reaparición y aumenta la productividad de la empresa. Por ejemplo, una compañía descubrió que un porcentaje importante de los 35.000 llamados recibidos **por mes** eran simples consultas sobre facturación. Mediante la instalación de un sistema de respuestas automáticas para contestar preguntas de rutina, la empresa disminuyó la cantidad de llamados recibidos ofreciendo respuestas virtualmente instantáneas en cualquier momento del día.

Tarea 4: Determine las prioridades para solucionar/resolver los problemas sistémicos

Una vez concluido el análisis causal, el equipo de análisis preventivo dentro de la atención al cliente o el equipo multifuncional de gestión de la experiencia del cliente revisa los conflictos actuales y fija las prioridades de las medidas a tomar. Esta determinación de prioridades da por resultado estas tres posibilidades: prevenir mediante la capacitación, prevenir mediante el proceso o reparación del producto, o responder cuando surge el problema e informarlo. La prevención tiene una ventaja, porque beneficia también a aquellos clientes que no se quejan. En Xerox, la capacitación proactiva y el mantenimiento preventivo lograron reducir de manera significativa las reparaciones de emergencia y aumentar la satisfacción por la menor cantidad de fallas.

Tarea 5: Brinde feedback sobre la prevención

La información obtenida por los representantes forma parte de la base de datos preventiva y el análisis preventivo descripto en la Tarea 3. Esta base de datos permite identificar y clasificar los problemas, comprender sus causas, prevenirlos cuando sea posible, darles prioridad para ofrecer una solución, y resolverlos. Por ejemplo, cuando surgieron las expectativas de los clientes con respecto a la vida útil de las baterías de productos electrónicos y computadoras portátiles, las baterías de mayor duración pasaron a ser parte del DIRFT. Es posible prevenir una cantidad sorprendente de problemas mediante la capacitación de los clientes, los cambios en las comunicaciones de marketing y ventas, y también en los procedimientos.

Tarea 6: Confirme las mejoras en la calidad de los productos y servicios

Toda la curva de *feedback* está diseñada para mejorar la experiencia del cliente. Una vez identificadas las causas de los problemas, se puede implementar medidas preventivas, mejorar el producto o proceso, o encontrar una solución mejor. El paso final no consiste solo en confirmar que los problemas hayan sido solucionados, sino también en informar a los clientes y distribuidores al respecto. En una oportunidad, el fabricante de un detergente de primera calidad envió cartas con cupones a los casi 2.000 clientes que se habían quejado de su fragancia. Dicha carta describía cómo se había modificado la fragancia e incluía un cupón y el pedido de dar otra oportunidad al producto. Se recibieron más del 60 por ciento de los cupones, y la empresa recibió docenas de cartas con mensajes de este estilo: "Me sorprende gratamente que una firma importante como la suya haya escuchado a unos pocos consumidores, haya modificado su producto y haya recordado mi carta".

Más allá de la solución, los informes futuros sobre los niveles de problemas y la información proveniente de encuestas y devoluciones pueden ser de gran utilidad a la gerencia para que sepa si la solución funcionó o resultó aceptable. Las encuestas de seguimiento a clientes que presentaron un reclamo también permitirán cuantificar los efectos con respecto a la satisfacción y lealtad. Un sistema coherente de resolución de problemas permite a una empresa mejorar sus productos o servicios de forma continua, y por ende, la experiencia del cliente. Sin embargo, la implementación de tal sistema probablemente implique introducir cambios en la visión gerencial, la estructura de la organización y los procedimientos operativos, algunos de los cuales podrán parecer poco comunes.

CONOCIMIENTOS DE GESTIÓN NO CONVENCIONALES

Es importante crear las condiciones propicias para implementar un enfoque sistemático de modo de mejorar la experiencia del cliente de punta a punta. Por experiencia, les puedo decir que la creación de tales condiciones requiere que la gerencia repiense varias ideas convencionales sobre calidad, reclamos, funciones del personal de ventas, y honestidad del cliente. Así, se deberá adoptar una visión un tanto diferente y tener en cuenta lo siguiente:

- Redefina la calidad.
- Solicite la formulación de quejas de forma activa.
- Logre ventas a partir de la solución de problemas.
- Suponga que los clientes son honestos.

Redefina la calidad

Según algunos gerentes, la calidad consiste en ofrecer un producto conforme a las especificaciones que tenga. Sin embargo, "un producto conforme a sus especificaciones" puede no cumplir con las expectativas del cliente, y esas expectativas y la experiencia resultante del cliente, son justamente los factores más importantes para medir la calidad. Otros gerentes sostienen que los problemas se originan en el área funcional en la cual salen a la luz, como la instalación o la atención al cliente, si bien ese, por lo general, no es el caso. Por otra parte, otro grupo de gerentes considera que el problema es el cliente que está realizando el reclamo, y para ellos la solución consiste en detener y reducir los reclamos. Lo único que se consigue con todo lo mencionado es agravar la situación y quedar atrapado en una espiral descendente.

La forma más útil (y lógica) de definir la calidad de un producto es en términos de su capacidad para cumplir con las expectativas razonables de los clientes a los que empleados capacitados para tal fin les enseñaron a usarlo. Además, es mejor ver a las preguntas e inquietudes de los clientes como síntomas de problemas próximos a suceder. Para muchos gerentes, las preguntas de los clientes, y la confusión que las originan, son insignificantes. Por ejemplo, el hecho de que los clientes se comuniquen con la firma solicitando una explicación por los cargos de servicio que ellos consideran inesperados e injustificados representa un problema, aun si la empresa lo clasifica como una pregunta. ¿Por qué? Porque para los clientes, recibir cargos que ellos consideran injustificados es un problema. Si esto es válido, anticípese a la pregunta con una explicación clara en el resumen.

Solicite la formulación de quejas de forma activa

Hemos visto que el servicio de atención al cliente sólo puede solucionar aquellos problemas sobre los cuales recibe reclamos, y que quienes no se quejan son mucho menos leales, lo cual genera pérdida de ingresos. Por consiguiente, es importante que los clientes reclamen, y que usted los motive a hacerlo en todo punto de contacto. Parte de este proceso consiste en convencer a los empleados de que ellos no son la causa principal de los reclamos, tal como remarcamos en el Capítulo 2.

Logre ventas a partir de la solución de problemas

Si bien todas las empresas cuentan con un servicio de atención al cliente, virtualmente todos los vendedores, en especial en las empresas que operan con otras empresas, ponen especial énfasis en la atención al cliente durante sus presentaciones. Les solicitan a los clientes comunicarse directamente con ellos por cualquier consulta que puedan tener. Sin embargo, los vendedores no siempre están disponibles de forma inmediata, y por lo general, no tienen acceso a la misma información que los empleados del sector de atención. Por lo tanto, les deben responder a sus clientes: "Lo voy a averiguar y me volveré a comunicar con usted". A esta altura, se perdió la oportunidad de resolver el conflicto en el primer contacto. Lo que es peor aún, los vendedores no suelen cumplir con sus promesas, lo cual genera más insatisfacción e ineficacia. Es necesario que los vendedores alienten a los clientes a comunicarse con atención al cliente una vez finalizada la venta.

Retomaremos este punto en el Capítulo 12. Existen muy buenas razones para que el área de atención al cliente sea la encargada por excelencia de resolver los problemas. Una de ellas es liberar al departamento de ventas para que el mismo pueda concentrarse en actividades más remunerativas. Este es el motivo principal que la mayoría de los vendedores comprende enseguida.

Suponga que los clientes son honestos

Muchas empresas están al mando de ejecutivos que prefieren no asumir riesgos, en pos del dinero de la compañía. Temen que los clientes le "ganen al sistema" y obtengan reembolsos injustificados y otros beneficios. Sin embargo, la mayoría de los fraudes y pérdidas de stock se deben al accionar de ladrones profesionales, no de clientes deshonestos. Suele ser posible identificar a los estafadores si regresan una segunda vez. En una oportunidad, un supervisor de Swift Meat Company me comentó que tenía la siguiente regla: "Un pavo por persona". Según esta norma, si ya se había registrado un reclamo por un pavo en malas condiciones y se había otorgado a una persona un reembolso sin hacer mayores preguntas, un reclamo por un segundo pavo a la misma persona requería una investigación más a fondo. Si bien es necesario contar con sistemas para detectar a los estafadores, es necesario que dichos sistemas eviten causar molestias a quienes sabemos que son buenos clientes pero dan muchas vueltas o son propensos a cometer errores. Esto significa dejar atrás la mentalidad controladora y comenzar a creer que el cliente es honesto hasta que se demuestre lo contrario. American Express, Neiman Marcus, Canadian Tire y cientos de empresas adoptaron este enfoque.

En este capítulo vimos cómo, gracias a un servicio correctamente estructurado y a los sistemas de *feedback,* una empresa puede responder de manera correcta ante las expectativas no cumplidas de los clientes. La construcción de estos sistemas implica costos, los cuales deben ser justificados sobre la base costo/beneficio. En el Capítulo 4, observaremos cómo las implicancias de construir dichos sistemas sobre los ingresos promedian 10 veces su costo.

PRINCIPALES PUNTOS A RECORDAR

1. Suponga que el cliente es honesto a menos que se demuestre lo contrario. Puede mejorar así la eficacia y la satisfacción del cliente de manera significativa.
2. Deje de abordar problemas recurrentes una y otra vez y reasigne recursos utilizados para gestionar la gran cantidad de reclamos con miras a reparar las causas sistémicas de dichos problemas. De todas maneras, recuerde que no es rentable resolver todos los problemas, por lo tanto es necesario decidir si conviene prevenir o gestionar.
3. Si no registra el problema, no lo podrá analizar ni prevenir.
4. Cuando el cliente tiene algún problema, pida disculpas sin admitir la culpa, sin importar quién o qué provocó la situación y pregunte qué lo haría feliz.
5. Mejore la resolución de problemas en el primer contacto ofreciendo a los representantes de atención "espacios de solución flexibles™" que les permitan adaptar la respuesta a las circunstancias particulares.

6. Es posible solucionar un problema o calmar a un cliente mediante un reembolso rápido. No obstante, en algunos casos es mejor brindar una explicación clara y creíble. No ofrezca dinero ante cada problema, porque el cliente podrá interpretar que lo está comprando.

7. Comparta con sus clientes y empleados lo aprendido de la curva del *feedback*, y coménteles los problemas que se solucionaron. ¡Comparta los efectos de su *feedback*!

Capítulo 4

Soluciones y finanzas

Cómo analizar el impacto financiero para
las inversiones en la atención al cliente

Hace un tiempo, trabajamos junto a una automotriz importante. En el área de servicio se había detectado un problema de vacilación en el motor que daba lugar a una gran cantidad de reclamos; no obstante, parecía que los ejecutivos tenían cosas más importantes de que ocuparse. Mediante un análisis expeditivo, similar al que encontrará en este capítulo, pudimos estimar que el impacto sobre las ganancias para el año siguiente sería de cerca de 50 millones de dólares. Esto sí llamó la atención de los gerentes, aunque sólo designaron un grupo de trabajo para "investigar el tema". Luego, presentamos nuestros cálculos de manera tal que el jefe de satisfacción del cliente reconoció: "Por cada mes que nos demoremos, perderemos otros 4,6 millones de dólares". En consecuencia, la gerencia tomó las medidas correspondientes de inmediato. Si se puede demostrar el costo de la inacción, se podrá acelerar la acción.

Las empresas miden el desempeño de la atención al cliente de diferentes maneras, aunque pocas resultan de gran utilidad. Esto se debe a que no suelen considerar los efectos de la buena o mala atención sobre la satisfacción del cliente, la lealtad, y el boca a boca, y menos aún los resultados financieros. De hecho, como vimos en el Capítulo 2, la mayoría de las empresas que registra y analiza métricas de atención no utiliza las medidas correctas. Algunas hasta utilizan los resultados perjudicando la experiencia del cliente, creando insatisfacción de manera sistemática.

La atención estratégica al cliente requiere adoptar una nueva visión financiera de la atención y de las inversiones en el mejoramiento de la experiencia del cliente de punta a punta. La visión estratégica consiste en considerar a la atención al cliente como un factor que permite preservar y generar ingresos, y maximizar su impacto sobre los ingresos.

Las recompensas para las empresas con una visión estratégica son significativas y se pueden medir. Por ejemplo, el enfoque tradicional del centro de costos apunta a aumentar la productividad de los representantes incrementando la cantidad de llamados que cada representante puede manejar por turno. Sin embargo, este enfoque puede subir los costos, en realidad, debido a que los clientes que no obtienen una solución en el primer contacto "buscan la mejor opción en el sistema" llamando varias veces o solicitando hablar con empleados de nivel superior. Según las investigaciones de TARP, la resolución completa de un problema en el primer llamado lleva a un promedio del 20 por ciento de aumento en la satisfacción y **al menos un 50 por ciento de reducción en los costos**, en comparación con una solución brindada en un segundo llamado. Esos llamados posteriores consumen tiempo extra, y por lo general el de un empleado con un salario mayor.

En este capítulo, veremos cómo traducir los efectos de una buena o mala atención a términos monetarios y, por consiguiente, al impacto financiero resultante. Combinaremos las implicancias de los comportamientos del cliente estudiados en el Capítulo 1 (satisfacción, lealtad, y boca a boca), las expectativas del cliente y los objetivos de la empresa identificados en el Capítulo 2 (de proceso, de resultados y financieros) con los conceptos relacionados con la prevención y resolución de problemas del Capítulo 3. La pregunta clave (y que casi nunca se formula) que analizaré aquí es: ¿Cuáles son los problemas que debemos resolver, y cuál es la inversión en una mejor atención al cliente estratégica que debemos realizar?

Como mencionara anteriormente, la mayoría de las empresas utiliza métodos que no son para nada científicos para priorizar los problemas a resolver. Resuelven los que suceden con mayor frecuencia, o bien los que consideran "una piedra en el zapato" y que llegan a oídos de la gerencia. Asimismo, solventan tales soluciones con fondos del presupuesto general de la atención al cliente, o del presupuesto de la función responsable del problema, en vez de crear un presupuesto independiente y un sistema de incentivos para solucionar problemas. La mayoría de las compañías no considera estos gastos como inversiones, a pesar del hecho de que realizarlos o no afecta a los ingresos y las ganancias a futuro, de forma directa y susceptible de medición.

Entonces, el objetivo de este capítulo es mostrarle cómo considerar a los gastos para mejorar la experiencia del cliente como inversiones en mejores ingresos y boca a boca con recompensas financieras tangibles. La atención al cliente puede ser considerada generadora y protectora de ingresos, y no una función que es bueno tener y que puede ser provista de fondos en los buenos tiempos y desprovista en los malos. La cuantificación del impacto financiero mensual de la situación actual crea el imperativo económico para realizar inversiones en la atención estratégica **ahora** y no cuando resulte conveniente. Por cada mes de demora en estas inversiones, se pierde mucho dinero.

GESTIÓN PARA UNA GRAN ATENCIÓN AL CLIENTE

Todos los objetivos de organización deben traducirse en objetivos de ingresos y, en un negocio, objetivos de rentabilidad. Hasta las organizaciones sin fines de lucro buscan aumentar la cantidad de miembros o el ámbito de sus operaciones ajustándose a sus presupuestos. Entonces, las principales preguntas son: ¿Cuál es el impacto financiero de la experiencia actual del cliente y su función de atención sobre la empresa?, y ¿qué beneficios podría obtener si lograra una mejor experiencia del cliente y un mejor proceso de atención?

En realidad, las respuestas a tales preguntas van más allá de la solución táctica de problemas y exigen estudiar todos los contactos del cliente a través de la experiencia del cliente. Cuando una parte de dicha experiencia no es perfecta, se amplía para incluir la interacción del cliente con el proceso de atención. En cualquier caso, el boca a boca propaga y refuerza los esfuerzos de marketing y genera más clientes, o debilita dichos esfuerzos y provoca la pérdida de clientes.

La Figura 4-1 muestra un balde perforado, en el cual el agua representa a sus clientes. Su firma suma clientes en la parte superior, por marketing y ventas. Los clientes que tienen una buena experiencia se mantienen leales y atraen a más clientes mediante el boca a boca positivo. Los que experimentan algún tipo de problema quedan insatisfechos y se los expulsa. La prevención de problemas y la atención al cliente táctica reducen el tamaño del orificio.

Figura 4-1. El boca a boca positivo aumenta los esfuerzos de marketing

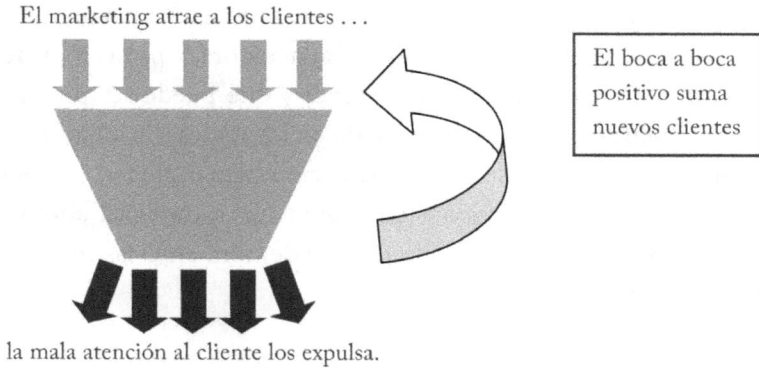

El marketing atrae a los clientes . . .

El boca a boca positivo suma nuevos clientes

la mala atención al cliente los expulsa.

Tal como sostiene Bob Smith, Gerente Financiero de Electronic Systems Inc, de Xerox: "Las inversiones en una mejor atención, como por ejemplo la capacitación del personal de atención al cliente, representan un enorme retorno sobre la inversión porque reducen los costos de ventas; nuestros clientes actuales venden por nosotros". Si una empresa pierde muy poco, como es el caso de Chick-fil-A, USAA, Honda, y Lexus, entonces un marketing pasivo reducirá los costos, mientras el boca a boca positivo crea un flujo continuo hacia el balde; o un marketing proactivo aumentará la participación en el mercado de manera significativa tomando clientes de otros.

Para cuantificar los flujos financieros actuales resultantes de la experiencia de los clientes y de la atención, debe calcular el porcentaje de clientes con una experiencia perfecta, el porcentaje sin una experiencia perfecta y que no se quejan, y el porcentaje sin una experiencia perfecta y que solicitan la asistencia de la atención al cliente u otro departamento (o de un canal, como un comerciante minorista). De aquellos que solicitaron asistencia, debe determinar los porcentajes de quienes resultaron satisfechos, apaciguados, o insatisfechos (o tal vez **más** insatisfechos). Con esta información, ya tiene la base para tomar una o más de estas tres medidas fundamentales:

- Prevenir problemas mediante la capacitación de los clientes, comunicaciones de marketing y ventas más precisas, o mejores productos o procesos.
- Motivar más a los clientes a que efectúen quejas para que puedan ser satisfechos por la atención.
- Mejorar el desempeño del sistema de atención para satisfacer a un mayor porcentaje de clientes que presentan reclamos.

El desafío consiste en detectar y priorizar las oportunidades para mejorar y lograr el mejor efecto sobre los ingresos y costos. En la mayoría de las organizaciones, las implicancias de los ingresos de una mejor atención son 10 a 20 veces las de los costos. Cada interacción, desde la parte previa a la compra, la facturación y la siguiente compra por el mismo cliente, es parte de su experiencia y un elemento del servicio alineado con la marca que puede ser estimulado. Líderes como Bank of America, Disney, Starbucks, 3M, y Toyota consideran a la atención táctica como parte de la experiencia más amplia del cliente, que constituye su principal ventaja competitiva. Por otro lado, muchas empresas registran y analizan gran cantidad de datos sobre satisfacción y lealtad, pero luego no computan el efecto que tienen esos factores sobre los ingresos, el boca a boca, y los gastos de riesgo y los administrativos (además de los costos de atención). Todas estas conexiones son las que permiten una consideración seria de las inversiones en atención al cliente por parte del gerente financiero, alias "el escéptico".

CÓMO PIENSAN LOS GERENTES FINANCIEROS

Los gerentes financieros buscan las inversiones que logran mejorar los resultados finales, y se manifiestan a favor de las que generan el mayor crecimiento de los mismos, ya sea aumentando los ingresos, bajando los costos, o haciendo ambas cosas. El primer tipo de inversiones son las que producen el mayor retorno, coherente (uno espera) con el negocio, la misión y los objetivos de la organización. Las inversiones en una mejor atención típicamente producen retornos muchos más elevados que otro tipo de inversiones. Es común experimentar retornos de varios cien por cientos si incluimos todos los impactos sobre los ingresos. Entonces, la pregunta que cabe formularse aquí es: ¿por qué los gerentes financieros y otros ejecutivos suelen ignorar estas oportunidades?

Históricamente, el efecto de una mejor atención al cliente en las finanzas ha sido difícil de cuantificar. La línea de la causa al efecto no fue trazada de modo tan claro como la línea de nueva maquinaria a aumento de la producción, o la de gastos de marketing a aumento de ventas. Debido a que las implicancias sobre los ingresos de una mejor atención al cliente no son necesariamente inmediatas ni prontamente atribuibles a las mejoras, los gerentes financieros las consideran especulativas o hasta sospechosas.

Es por tal motivo que TARP desarrolló el "modelo de perjuicio del mercado™" y el cálculo del "mercado en riesgo™". Permiten identificar el impacto sobre los ingresos de experiencias específicas (es decir, problemas, inquietudes, y focos de molestia como también las acciones que deleitan) por cliente o tipo de cliente.

La mayoría de los gerentes financieros se muestran mucho más impresionados con datos financieros modelados de manera convencional que con datos sobre satisfacción del cliente. El escéptico se viene cuestionando el vínculo entre satisfacción y desempeño financiero desde hace mucho tiempo. Ese vínculo es la lealtad, la cual, como vimos en el Capítulo 1, se puede medir mediante encuestas de intención de volver a comprar y de recomendación validadas periódicamente por mediciones de comportamiento de la segunda compra real. Por lo tanto, el "modelo de perjuicio del mercado" transforma las inversiones en mejoras en la experiencia del cliente en términos financieros puros. Al mismo tiempo, el análisis del "mercado en riesgo" trata sobre el impacto financiero de la prevención de tipos específicos de problemas. Jan Postma, Gerente Financiero del Museo de Arte Moderno, comentó: "Las encuestas sobre satisfacción y reclamos son indicadores menos concretos y más débiles de los ingresos a futuro. Si puede traducir cómo repercuten los problemas específicos en la lealtad a los ingresos por miembros que están en riesgo, tendrá un ejemplo más persuasivo para la inversión y la toma de medidas".

PREGUNTAS PARA AYUDAR A MODELAR LA EXPERIENCIA DEL CLIENTE

Para hacer un análisis correcto, se deben formular preguntas claras, cuyas respuestas pueden ser aplicadas a la situación actual. Por lo tanto, sea específico y formule preguntas necesarias.

Cuando surgen problemas o preguntas sin respuesta, el cliente tiene una mala experiencia, o al menos queda desorientado. Los problemas que causan un perjuicio importante a la lealtad son los "focos de molestia", y los que no, son la "piedra en el zapato" que no merece nuestra atención porque no afecta demasiado a los ingresos.

En toda empresa, deben plantearse en forma periódica las siguientes cuatro preguntas:

1. ¿Qué inquietudes o problemas tuvieron los clientes en su experiencia más reciente con nuestra empresa.
2. ¿Hasta qué punto no estamos escuchando tales conflictos?
3. Para los clientes, ¿cuáles son los principales focos de molestia y los problemas que se comparan con "una piedra en el zapato"?
4. ¿Cuáles son los focos de molestia que generan pérdida de ingresos y costos extra?

Si el cliente está molesto, eso afecta a la lealtad y al boca a boca de forma tal que puede traducirse en consecuencias financieras directas a nivel organizativo general y a los niveles específicos del problema. A nivel organizativo, el "modelo de perjuicio del mercado" calcula los ingresos perdidos por la falta de prevención de problemas y de atención completa (el agua que sale del fondo del balde). Asimismo, considera los efectos de la pérdida de clientes nuevos como consecuencia del boca a boca negativo. A nivel específico del problema, por la recompensa obtenida por la prevención de focos de molestia específicos, el cálculo del "mercado en riesgo" es la forma más precisa de estimar el impacto financiero de los problemas específicos y de priorizar los problemas para inversiones en prevención.

Estos cálculos pueden llegar a ser complejos y sofisticados, así que para simplificar el tema, solo los voy a resumir. Conceptualmente, tanto el "modelo de perjuicio del mercado" como el cálculo del "mercado en riesgo" suponen que una vez que capta un cliente, depende de usted perderlo si éste tiene una mala experiencia. Los modelos estiman el porcentaje de clientes perdidos como resultado del problema y de la experiencia con la atención, y luego convierten a los clientes perdidos en ingresos perdidos e impacto de boca a boca negativo. El valor del cliente constituye un componente clave del cálculo. Si bien algunos pueden ser fugaces (buscan la mejor oferta según sus necesidades), otros permanecerán por períodos prolongados a menos que sufran algún problema grave. La longevidad promedio del cliente le permite estimar el valor de los ingresos o ganancias o "valor vitalicio" del cliente, que debería ser la base inicial de todo esfuerzo serio por retener clientes. Digo "inicial" porque el valor vitalicio tiende a ser un número tan grande en un tiempo prolongado que el departamento financiero, por lo general, lo desestima. Ampliaré al respecto, más adelante. Otro tema es si el mismo se debería expresar como ingresos, utilidad bruta, o ganancia neta.

El segundo componente, además del valor de ingreso del cliente, es el boca a boca. Las empresas se benefician cuando los clientes hablan bien de ellas y se abstienen de hacer comentarios negativos. Compañías como Cheesecake Factory, USAA, JetBlue, y Chick-fil-A captan a la mayoría de los clientes nuevos a través de recomendaciones boca a boca, y algunas obtienen más del 70 por ciento de clientes nuevos de esta manera, lo cual significa que el marketing tiene que obtener sólo el 30 por ciento. Estas empresas invierten relativamente poco en ventas y promociones. Cuando las cosas salen bien, se cumplen o exceden las expectativas de los clientes, no hay problemas ni malestares, y se mantiene la satisfacción y la lealtad. Por consiguiente, la forma más sencilla de mejorar los ingresos es tapar el orificio en el fondo del balde, minimizando los problemas.

MODELO DE PERJUICIO DEL MERCADO
¿CUÁL ES EL PERJUICIO?

El "modelo de perjuicio del mercado™" permite calcular las ventas perdidas como resultado de clientes insatisfechos. Es una cifra bruta que describe la experiencia general, no una cifra relacionada con un problema específico. Este cálculo crea un caso general para retener a los clientes ofreciendo un cuadro general del impacto de la insatisfacción del cliente. Fue uno de los primeros modelos desarrollados por TARP, y derivó de nuestro estudio original auspiciado por la Casa Blanca sobre la gestión de quejas en empresas y organismos públicos en los años 70. Dicho esquema también es el progenitor del modelo de "mercado en riesgo™", que surgió del trabajo realizado para Xerox y Motorola a fines de los años 80.

Siguiendo el rigor establecido, procederé a definir el riesgo del mercado. En su nivel más alto, lo definimos de la siguiente manera:

- La cantidad de ventas o ingresos perdidos o en riesgo como consecuencia de clientes con problemas, **menos**
- las ventas perdidas como resultado de factores que no son problemas causados y gestionados por la función de atención al cliente.

Para separar las mejoras por los cambios en la atención al cliente, excluimos el comportamiento de los clientes como consecuencia de factores que no sean la atención, tales como el precio, las características o el desempeño del producto o servicio. (Más adelante mostraré el modo en que el uso del cálculo del "mercado en riesgo" para cuantificar estos otros aspectos puede establecer prioridades para el proceso de planificar toda la experiencia del cliente.) En este momento, nos concentramos estrictamente en los problemas y cómo son gestionados o no por el proceso de atención. Por lo tanto, en esta fórmula deducimos la cantidad de ventas perdidas como resultado de factores de desgaste natural no relacionados con la atención, como puede ser el precio y las características del producto y el desempeño del diseño básico, para concentrarnos en los asuntos que podemos abordar mediante mejoras en la calidad y la atención.

Para poder medir cabalmente el impacto de la insatisfacción y la pérdida de lealtad, es necesario incluir los efectos del boca a boca negativo, que observaremos luego de presentar el cálculo de perjuicio del mercado básico.

Datos y rendimiento

El cálculo para medir el perjuicio del mercado básico exige datos internos y de encuestas. Para ser más prácticos, utilizaré supuestos simples y cifras redondas:
- Cantidad de clientes con problemas (100.000).
- Porcentaje de clientes con problemas que se quejan (50 %).

- Porcentaje de clientes que se quejan y no están satisfechos (40 %), o apaciguados (30 %), o que continúan insatisfechos (30 %).

- Porcentajes de clientes que no vuelven a comprar según cada clase de clientes con problemas (satisfechos, 10 %; apaciguados, 30 %; insatisfechos, 60 %; quienes no se quejan, 40 %). Es típico que quienes se quejaron y quedaron insatisfechos sean más desleales que quienes no se quejaron.

En la Figura 4-2, se observa una muestra del modo en que una parte del perjuicio a los ingresos del cálculo de perjuicio del mercado funciona para la Empresa XYZ, teniendo en cuenta estos cuatro supuestos.

En este caso, el modelo muestra que la empresa pierde más de un tercio por año de los clientes que sufren inconvenientes. También muestra el factor que genera las mayores pérdidas. En este ejemplo, como en la mayoría de los casos reales, los clientes que no se quejan generan el mayor perjuicio. Más de la mitad de los clientes perdidos (20.000/35.500 = 56 por ciento) se debe a clientes que no se quejan y se alejan en silencio. Esto respalda mi argumento según el cual es sabio solicitar la formulación de reclamos de manera activa y ofrecer a los clientes un acceso fácil a los representantes de atención al cliente.

El perjuicio en términos de lealtad perdida y boca a boca negativo proviene de tres fuentes:

        1) ventas perdidas por clientes que no se quejan
        2) ventas perdidas por clientes que están insatisfechos
        3) ventas perdidas por clientes que logran ser apaciguados
        (un tanto satisfechos).

Sobre este último punto, piense cuántas veces se sintió apaciguado. El representante de la empresa de teléfono o cable le dice: "Disculpe, el técnico no podrá visitarlo hoy, pero con todo gusto lo puedo reprogramar para mañana" (así puede quedarse en su casa y esperarlo nuevamente).

Figura 4-2. Cuantificación del impacto de la atención en los ingresos

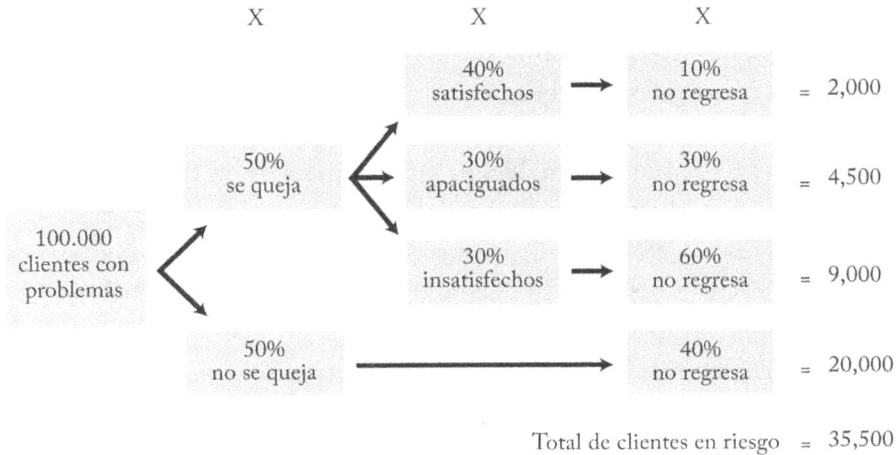

O si el cajero del supermercado le responde cuando se queja por productos en oferta que no están en las góndolas: "Disculpe, ya lo informamos pero siguen teniendo problemas". Si bien se disculpan, usted sigue molesto.

Si un cliente representa 300 dólares en ingresos, entonces el impacto sobre los ingresos por los problemas es de 10,65 millones. Si gestionar cada uno de los 50.000 problemas informados cuesta 10 dólares, el perjuicio a los ingresos de 10 millones es 20 veces más el costo de gestionar los problemas.

También surge una pregunta con respecto al 10 por ciento de clientes que no vuelven a comprar a pesar de haber quedado satisfechos. Concluimos que aun cuando las personas hayan quedado conformes o no hayan tenido problemas, existe un 10 por ciento que no regresa, ya sea porque tuvieron un inconveniente o porque ahora prefieren otro producto debido a las características o el precio.

El "modelo de perjuicio del mercado" le permite ver aquellas áreas con mayores probabilidades de generar el mayor efecto positivo en las ventas, si mejoran. En este caso, en primera instancia sería razonable satisfacer a los clientes en vez de apaciguarlos o dejarlos insatisfechos. Asimismo, la prevención del problema tendría un importante efecto positivo. Pero la decisión de reparar o prevenir un problema específico debe tener en cuenta el perjuicio causado por dicho problema, como también el costo de solucionarlo o prevenirlo. Para tal decisión, utilizamos el cálculo del "mercado en riesgo", al que me referiré más adelante en este capítulo.

Impacto financiero

Tal como mencionara anteriormente, expresar el perjuicio del mercado en términos financieros exige contar con los datos del valor vitalicio del cliente fiel. Nos sorprende saber que muchas empresas no calculan el valor del cliente por un año, ni por tres años, ni el vitalicio. **Si no conoce cuánto vale su cliente, ¿cómo podrá decidir cuánto invertir en retenerlo (o, en tal caso, en captarlo)?** Solo con una cifra del valor podrá tomar decisiones basadas en hechos en cuanto a los métodos de ventas y marketing, socios del canal, precios y atención al cliente. Los ejecutivos no hacen estos cálculos porque consideran que el resultado podría ser demasiado impreciso. Sin embargo, no se necesita tanta precisión con centavos; una estimación del valor amplia y conservadora de su cliente promedio es suficiente para nuestro modelo. Si desea hacer un cálculo rápido, simplemente divida la cantidad de clientes en el total de ventas anuales y redondee para abajo para obtener una estimación conservadora basada en un año de ventas.

Si bien el valor vitalicio del cliente es una medida ampliamente aceptada, hay muy pocas personas en finanzas que hacen inversiones basadas en tal medida, a menos que el valor sea estimado de manera muy conservadora. Por consiguiente, sugerimos considerar un año de ingresos. Si un producto es adquirido cada tres años, como puede ser el caso de los automóviles, para ser realmente conservadores, contemple un tercio de la venta. En tal caso, puede considerar que muchas familias tienen dos autos, y lo cambian cada 18 meses. En el caso de empresas que hacen operaciones con otras empresas, puede considerar un año de contrato, o el precio del producto, junto con otros servicios que el cliente podría adquirir.

Lo más conveniente es consultar al personal de finanzas el valor que ellos utilizarían y luego usar esa cifra o alguna redonda apenas más pequeña, por ejemplo, si el valor es U$S 1.247, utilice U$S 1.000, para que así la gerencia pueda hacer cálculos mentales. Si un conflicto pone en riesgo a 5.000 clientes con un valor de U$S 1.000 cada uno, estamos ante un problema de 5 millones de dólares. El hecho es que las implicancias positivas sobre los ingresos gracias a las mejoras en la atención son tan significativas que, incluso si llega a ser muy conservador en el cálculo del valor vitalicio, el análisis casi siempre se muestra a favor de las mejoras.

Por ejemplo, en la Figura 4-1 suponemos que el valor vitalicio de un cliente es de U$S 300. En tal caso, podemos observar el impacto de la menor lealtad sobre los ingresos.

Estos cálculos son tan simples que no ostentan su poder, y la información numérica tiene un poder increíble. El hecho de que los cálculos sean simples y lógicos les resulta interesante a los expertos en finanzas.

De forma similar, el total en dólares de ventas perdidas **por mes** como resultado de clientes que experimentan problemas en la atención motiva a varios ejecutivos a buscar formas de detener la salida de fondos.

Tabla 4-1. Perjuicio del mercado de la Empresa XYZ en términos financieros

Estado luego del problema	Cantidad que no regresa	Valor vitalicio de un cliente	Cantidad de ventas perdidas en dólares
Satisfechos	2.000	300	600.000
Apaciguados	4.500	300	1.350.000
Insatisfechos	9.000	300	2.700.000
Sin quejarse	20.000	300	6.000.000
Total del perjuicio del mercado en dólares			U$S10.650.000, ó U$S887.500 por mes

¿Cuál es la recompensa si mejoramos?

El "modelo de perjuicio del mercado" permite cuantificar la hemorragia de ingresos actual y analizar el efecto de las mejoras en la cantidad de problemas experimentados, la accesibilidad al servicio de atención al cliente (porcentaje de clientes que hacen reclamos), y eficacia del sistema de atención (porcentaje de clientes satisfechos luego de quejarse). A su vez, el modelo separa el impacto de los problemas relacionados con la calidad (aquellos resultantes de defectos en el producto o en el funcionamiento) y la atención (la accesibilidad y eficacia del sistema de atención para satisfacer a los clientes que presentan problemas). Pero aún con los datos de base de dicho modelo, usted podrá estimar el impacto de los cambios en uno o más de estos tres parámetros controlables:

1. Reducir la cantidad y gravedad de los problemas.
2. Aumentar el porcentaje de clientes que se quejan al sufrir un problema.
3. Incrementar las instancias o los niveles de satisfacción cuando los clientes se quejan.

Este análisis de sensibilidad cuantifica la respuesta de la corriente de ingresos a los tres tipos de intervenciones disponibles. No voy a detenerme en los cálculos, sí voy a resaltar que si simplemente cambia la cantidad de problemas, el porcentaje de personas que se quejan, o el de clientes satisfechos, el modelo le permitirá ver los cambios en los ingresos en términos monetarios. Por ejemplo, en la Figura 4-2, si reduce el 10 por ciento de la cantidad de problemas, perderá 3.550 clientes menos, mientras que si un 20 por ciento más de clientes que se quejan pasa de insatisfechos a satisfechos, podría salvar 5.000 clientes. La cuestión es entonces qué estrategia seguir por menos dinero o con una relación costo-beneficio mejor.

Este análisis se debe realizar a nivel estratégico. El departamento de atención al cliente táctica no puede modificar el proceso de ventas para establecer las expectativas correctas, ni implementar cambios en el proceso de envasado para reducir las quejas por daños. Una vez más, la atención al cliente considera qué medida (la prevención o la gestión luego del hecho) tiene una mejor relación costo-beneficio. Para lograrlo, es preciso comprender el impacto de los problemas específicos en los ingresos totales del cliente y el boca a boca.

También tendría sentido crear los incentivos económicos correctos para mejorar la experiencia del cliente si se carga al presupuesto del departamento responsable toda productividad perdida o ingresos perdidos como resultado de los problemas (es decir, las causas) que ese departamento conocía pero no corrigió. Después de todo, si un área causa un perjuicio y genera gastos debido a un derrame químico, debe pagarlo de su presupuesto. Entonces, ¿por qué no aplicar esa lógica en el caso de una promoción engañosa que provoca U$S 500.000 de costos extra en la atención y la pérdida de 2 millones en ingresos? Dicho sistema de "reembolso" ofrece un incentivo financiero para tomar medidas correctivas. Empresas importantes de bienes de consumo cuentan con departamentos de atención que acostumbran cargar los costos de los llamados innecesarios sobre temas de ventas al gerente de producto cuya promoción o publicidad los causó. Sin embargo, tiene sentido imputar el costo de las soluciones a una cuenta creada a tal fin y no al presupuesto de la función, de modo tal de ofrecer un incentivo aún mayor para eliminar las causas raíz. Por ejemplo, un fabricante de neumáticos ofrece a cada local un presupuesto independiente para mostrar su buena voluntad y para que eviten la retención de reembolsos y así proteger las ganancias a corto plazo.

Objeciones al "modelo de perjuicio del mercado"

Durante los años que utilicé este modelo, escuché algunas objeciones con respecto a su validez, en las siguientes líneas de pensamiento:

- **"Los clientes no hacen lo que manifiestan en las encuestas que van a hacer".** De hecho, British Airways, Delta Airlines, American Express, y varias automotrices llevaron a cabo estudios longitudinales que demuestran que los clientes realmente hacen lo que dicen que harán. En un caso, pudimos confirmar que cerca del 60 por ciento de los viajeros frecuentes que manifestaron que iban a cambiar de aerolínea, redujeron sus viajes de forma significativa el año siguiente.
- **"Los clientes más valiosos son los que se quejan, y nosotros los satisfacemos cuando se quejan".** Según la información de TARP con respecto a varios mercados (inclusive de inversores de alto patrimonio y compradores de aviones), el 20 al 60 por ciento de los clientes simplemente no se queja, ni siquiera por problemas que perjudican la lealtad. El comportamiento de los clientes valiosos es muy similar al de los clientes promedio.
- **"No nos daremos cuenta de los beneficios proyectados que el modelo promete".** Según las encuestas, cuando las empresas miden la lealtad de base y luego implementan mejoras, ven aumentos inmediatos en la lealtad. Esto permite rastrear de cerca un comportamiento de compras futuras, en especial si analiza al menos un ciclo de compra completo. Lo principal es medir el verdadero comportamiento de los clientes que han recibido un servicio mejor o han tenido una experiencia más satisfactoria.
- **"Aun cuando el sistema de atención aumenta X la lealtad, no hay garantía de que las ventas suban Y".** Puede ser cierto, porque hay otros factores del mercado además de la atención que pueden repercutir en los clientes y las compras. No obstante, las ventas seguirán siendo proporcionalmente superiores a lo que habrían sido si la lealtad no hubiese aumentado en X.

En efecto, hay muchísimos escépticos, lo cual es bueno, porque garantiza que los análisis se hagan con rigor, en una función que se beneficia mucho de los análisis. Al elaborar el caso financiero para hacer inversiones en un servicio mejor, es conveniente revisar el modelo con el equipo del gerente financiero con anterioridad. Lograr la participación de finanzas en la determinación original del valor vitalicio de un cliente, calcular los impactos del boca a boca positivo y negativo, y seguir la metodología para recabar datos puede ayudar a obtener su aprobación y aceptación. A su vez, puede reducir el rigor con el cual es necesario elaborar el caso. Recuérdele al gerente financiero su última experiencia negativa con algún servicio de atención y verá cómo se pondrá a trabajar sin más dilación.

UN COMENTARIO SOBRE EL BOCA A BOCA

Dada la importancia del boca a boca como herramienta de marketing (y los efectos adversos del boca a boca negativo), me sorprende que la mayoría de las empresas no haya intentado cuantificar su impacto en las ventas. El surgimiento de teorías nuevas de "marketing viral", libros como el *best seller* de Malcolm Gladwell *The Tipping Point* (La clave del éxito), y firmas dedicadas al "marketing de zumbido" y al "marketing social" no hacen más que comprobar que cada vez se toma más conciencia del poder que tiene.

Las entrevistas de TARP con más de 400 ejecutivos de marketing durante un período de 10 años nos permitieron establecer una suposición conservadora, según la cual es razonable pensar en 1 cliente potencial perdido por cada 50 clientes potenciales que escuchan un boca a boca negativo. Con el avance del marketing viral y el "clic a clic", modificaría nuestros parámetros para suponer de manera **conservadora** que de cada 20 consumidores que escuchan comentarios negativos o positivos, 1 consumidor actúa. Según una investigación reciente de TARP para cinco empresas, de las personas que reciben referencias positivas, al menos 1 de cada 10 actúa. En algunos casos relacionados con productos electrónicos populares, 1 de cada 2 actúa, lo cual demuestra el impacto creciente de las recomendaciones. Los cálculos del boca a boca pueden y deben ser considerados en el "modelo de perjuicio del mercado". De hecho, la cantidad real de mensajes negativos transmitidos por el boca a boca (y de ventas perdidas) puede ser incluida en base a las acciones de los clientes que escucharon comentarios, tal como muestran las encuestas. A modo de ejemplo, una encuesta sobre seguros reveló que dos personas recibieron comentarios positivos por parte de un cliente satisfecho, cuatro recibieron mensajes negativos por parte de un cliente apaciguado, seis recibieron comentarios negativos por parte de un cliente insatisfecho, y dos recibieron mensajes negativos por parte de un cliente que no se quejó. Si luego suma la suposición conservadora sobre la acción tomada, podrá estimar el impacto total del boca a boca sobre las ventas, tal como lo indica la Figura 4-4.

La Figura 4-4 permite ver que el boca a boca negativo es poderoso. En el ejemplo ofrecido, a pesar del elevado 70 % de clientes satisfechos, el 30 % de los clientes insatisfechos genera ingresos negativos netos cada mes, porque los comentarios negativos de los clientes insatisfechos son superiores a los positivos de los clientes satisfechos. Por consiguiente, es fundamental satisfacer a la mayor cantidad posible de clientes insatisfechos, y al mismo tiempo mantener lo más alta posible la tasa de satisfacción. Si considieráramos un tercer y mayor segmento de clientes compuesto por clientes insatisfechos pero que no se quejan (que existe en casi todos los mercados), el impacto neto del boca a boca negativo sería aún mayor.

Figura 4-4. Impacto del boca a boca en las ventas

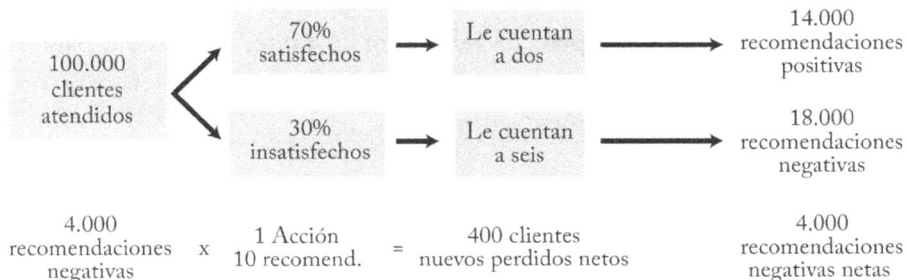

LA CALIDAD Y EL SERVICIO LE PERMITEN OFRECER UN PRECIO DE PRIMERA CALIDAD

Los gerentes financieros siempre presionan a los gerentes de producto para aumentar los márgenes. Pero hay muy pocas formas de aumentar los precios y bajar los costos. TARP es testigo de que empresas como Neiman Marcus, John Deere y Harley Davidson demuestran que se puede establecer un precio alto a cambio de un servicio y una calidad excelentes.

En una serie de estudios, TARP preguntó lo siguiente a los encuestados: "¿Está satisfecho con los precios/tarifas que cobra la empresa ABC?" Luego comparamos la insatisfacción por el precio con las experiencias negativas recientes. Existe una relación, y no me sorprende, entre la experiencia negativa y la sensibilidad a los precios, tal como indica la Figura 4-5.

En este ejemplo, con clientes de bancos de Nueva York, solo el 10 % se mostró insatisfecho con los cargos y precios si no habían tenido un problema con el servicio. De quienes tuvieron algún problema con el servicio, más de la mitad (22 %) se mostró sensible a los precios. Si los problemas fueran frecuentes, los porcentajes se duplicarían nuevamente.

Vimos un caso similar con una aerolínea. De los viajeros frecuentes, solo el 12 % de los encuestados que no tuvieron problemas estaba disconforme con el precio. Si hubiese algún problema, la cifra subiría al 24 %, y a mayor cantidad de problemas, mayor sensibilidad a los precios.

Cuando los clientes reciben un servicio mediocre dicen: "considerando lo que estoy pagando, ¡esto no debería haber pasado!". Si reciben un gran servicio dicen: "¡Es caro, pero lo vale!". Por lo tanto, el mensaje para el departamento financiero y el de marketing es: "¡Si quieren tener márgenes más firmes, deberán tener menos problemas!".

Figura 4-5. Porcentaje de clientes insatisfechos por aumento de precios con cantidad de problemas.

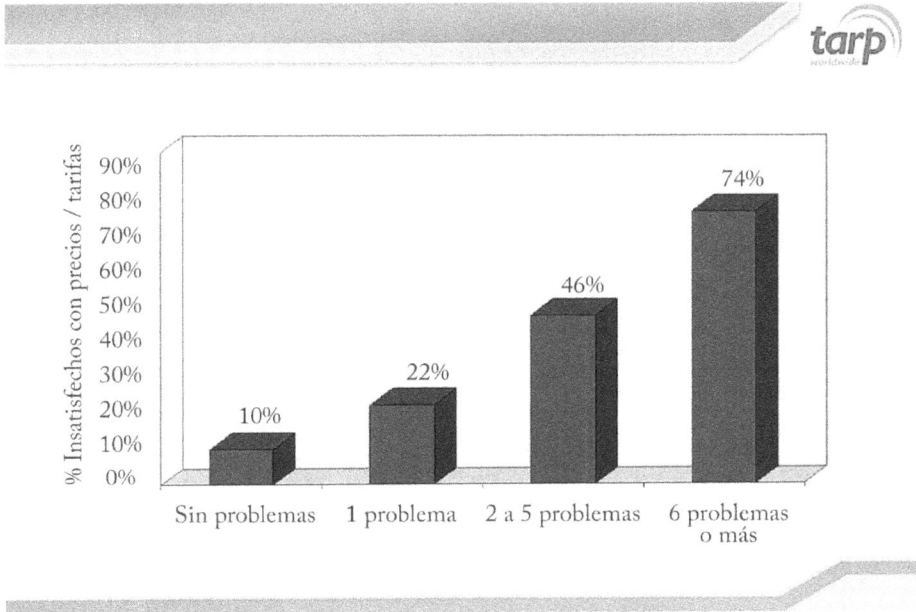

CÁLCULO DEL MERCADO EN RIESGO: CÓMO IDENTIFICAR LOS FOCOS DE MOLESTIA DEL CLIENTE EN TODA LA EXPERIENCIA

La mayoría de los ejecutivos no tiene idea de la cantidad de negocios que pierden en el curso normal de sus operaciones hasta que piensan en términos del "modelo de perjuicio del mercado". Cuando consideran el impacto financiero aún en términos brutos, comienzan a ver el valor estratégico de la atención al cliente en términos de prevención de problemas, accesibilidad al sistema de atención, y una mejor resolución de problemas. Luego, se plantean la siguiente pregunta: "¿Qué problemas específicos debo abordar?" Es ahí donde el cálculo del "mercado en riesgo" entra en juego.

Este cálculo le permite priorizar los problemas a corregir teniendo en cuenta la porción de la cartera de clientes o del mercado que podría perderse o que se está perdiendo por mes.

Por lo general, las empresas saben cuáles son los problemas de sus clientes. Sin embargo, las encuestas no suelen ofrecer los detalles suficientes para detectar los problemas específicos, y a su vez brindan muy poca información sobre el impacto que puede tener un problema en los ingresos. Además, la "desesperanza aprendida" nos dice que los datos de las quejas solo muestran la punta del iceberg.

Por otro lado, si ofrece a sus clientes un listado con los conflictos y problemas y les solicita que indiquen cuáles experimentaron, tal vez recuerden conflictos olvidados con respecto a la venta, alta de la cuenta, instalación, características del producto, uso, mantenimiento, reparación, y facturación. De esta forma, los clientes podrán indicar cuáles fueron los inconvenientes más serios, que perjudicaron la lealtad en mayor medida. Los problemas que uno no tiene presente son los que, en realidad, causan más perjuicio a largo plazo. Por ejemplo, en una empresa de fotocopiadoras, los llamados más desesperados se debían a productos descompuestos; sin embargo, nuestro análisis del perjuicio según el tipo de problema reveló que las promesas no cumplidas de los representantes de ventas con respecto a la instalación eran cuatro veces más perjudiciales, a pesar de que los clientes no se quejaban al respecto de manera frecuente.

En la práctica, la mayoría de las empresas prioriza los problemas en base a la frecuencia (frecuencia con la cual se quejan los clientes) o en base a los conflictos que llegan a los niveles superiores. No obstante, ni la frecuencia ni la elevación a niveles superiores indica los problemas más costosos.

Tal como muestra la Figura 4-6, el cálculo del "mercado en riesgo", realizado sobre cada problema, considera la frecuencia y el daño medido por el impacto sobre la lealtad, el aumento del riesgo, y el boca a boca negativo. Para cada problema, la información necesaria incluye el porcentaje de clientes que padecen el problema, el porcentaje de interacciones en las cuales

Figura 4-6. Cálculo del "mercado en riesgo"

% total que experimenta el problema	X	% de frecuencia problema específico	X	% de clientes sin probabilidades de volver a comprar / no dispuestos a comprar	=	% de clientes en riesgo debido a un problema

sufren el problema, y el porcentaje que expresa que en forma probable o definitiva no va a volver a adquirir el producto o servicio. Esta información se obtiene mediante encuestas, y se verifica o se detalla con los registros internos. El objetivo de este enfoque es permitir a la empresa asignar sus recursos limitados a la reparación de aquellos problemas que tienen el mayor impacto sobre la lealtad, y en consecuencia, sobre los ingresos. Una vez más, como vimos en el Capítulo 1, la mejor forma de medir la lealtad es mediante las intenciones de compra y los comportamientos o la buena voluntad para realizar recomendaciones. Según la Tabla 4-2, estos cálculos estiman el porcentaje de la cartera de clientes en riesgo por un problema específico, y además permite la comparación del impacto relativo de una serie determinada de problemas.

Los datos de la Tabla 4-2 indican que los tres problemas manifestados con más frecuencia en esta empresa son los pedidos pendientes de productos (55 %), el incumplimiento de plazos de entrega (40 %), y la facturación incorrecta (28 %). Sin embargo, si bien los clientes padecen el problema de los pedidos pendientes el doble de veces que el de facturas incorrectas, este último muestra un porcentaje similar de la cartera de clientes en riesgo.

Tabla 4-2. Estimaciones del perjuicio del mercado para los seis problemas más importantes en la Empresa XYZ

Problema experimentado (40%)	Frecuencia problema (%)[1]	Porcentaje que no regresará		% de cartera de clientes potencialmente perdida	
		No lo hará[2]	Probablemente No[3]	Maximo	Minimo
Pedidos pendientes de productos	55	20	45	4,4	9,9
Incumplim. de plazos de entrega	40	20	30	3,5	4,8
Facturación incorrecta	28	40	90	4,5	10,1
Disponibilidad del producto en el plazo deseado	18	5	10	0,4	0,7
Disponibilidad de representantes de ventas para debatir fallas del producto	11	50	80	2,2	3,4
Facilidad para obtener créditos/ajustes	11	20	35	0,9	1,5

El porcentaje de clientes potencialmente perdidos como resultado de pedidos pendientes varía del 4,4 % al 9,9 %, mientras que el porcentaje potencialmente perdido como consecuencia de errores en la facturación varía del 4,5 % al 10,1 %. El segundo problema más frecuente, incumplimiento de plazos de entrega, pone del 3,5 % al 4,8 % en riesgo.

En este caso, el tercer problema más frecuente, errores en las facturas, coloca a la cartera de clientes en riesgo como el problema más frecuente. Sin embargo, al priorizar los problemas también es importante considerar el costo que implica su solución. Podemos deducir que solucionar el problema de los pedidos pendientes mediante la reingeniería del proceso de producción o la ampliación del stock costaría muchísimo más que generar facturas correctas. Por consiguiente, el tercer problema más frecuente (las facturas incorrectas) sería el primero a solucionar.

Al mismo tiempo, debemos considerar otros costos y efectos. Por ejemplo, el incumplimiento de los plazos de entrega podría solucionarse acelerando las entregas, lo cual implicaría una inversión importante de capital, o bien exigiendo a los representantes de ventas que se manejen con plazos de entrega realistas y precisos. Nuestras investigaciones en el entorno de empresas que operan con otras empresas indican que el plazo de entrega confiable se valora más que la velocidad de la entrega. Además, luego de establecer las prioridades, se debe decidir si es conveniente prevenir problemas realizando cambios en el proceso o solicitando la formulación de quejas de manera más activa, y resolver los problemas de manera más eficaz.

El cálculo del "mercado en riesgo" ofrece la mejor manera posible de crear el caso financiero para la atención al cliente. Se aísla el desempeño relativo de varias áreas de la experiencia del cliente y se vinculan los problemas con la lealtad. Este análisis cuantifica la porción de la cartera en riesgo y ofrece una indicación financiera de las prioridades impulsadas por los clientes. Una vez más, como con el "modelo de perjuicio del mercado", podrá calcular el impacto financiero de estas ventas perdidas, en la medida que tenga una estimación conservadora del valor del cliente.

¿QUÉ SUCEDE CON LOS CLIENTES CON POCAS OPCIONES O SIN NINGUNA OPCIÓN?

Al momento de elegir un proveedor, algunos clientes tienen pocas opciones o no tienen ninguna, por lo cual se ven obligados a utilizar determinado servicio. Este es el caso de varios organismos públicos; servicios públicos; monopolios otorgados por el gobierno, tales como ferrocarriles; y departamentos internos de las empresas, tales como Sistemas y Recursos Humanos. Dichos clientes experimentan una "lealtad forzada" porque, en mayor o menor medida, deben continuar con su comportamiento de compra más allá del nivel de satisfacción que tengan. Algunos autores los denominan clientes "cautivos".

En tales situaciones, las expectativas de los clientes pueden ser bajas si las comparamos con quienes sí tienen opciones para elegir. De todas maneras, la mayoría de los clientes espera recibir un servicio básico confiable. Cuando no se cumplen las expectativas (por ejemplo, cuando el servicio eléctrico aumenta diez veces o el paquete se envía una y otra vez a otro domicilio y no al suyo), el cliente hace un reclamo y exige un servicio extra, elevando el problema a los supervisores o encargados, o al ente regulador, lo cual aumenta los costos del proveedor. En una oportunidad, TARP descubrió que atender una queja ante la Comisión de Servicios Públicos le costaba a la empresa 600 veces más que responder una queja común. Además, los reclamos ante entes reguladores pueden tener graves consecuencias legales y de riesgo. Como alternativa, los clientes pueden obtener otros servicios por parte de proveedores independientes, lo cual no solo es más costoso para el cliente, sino que además puede desgastar las economías de escala del proveedor.

Los clientes también tienen la posibilidad de elegir cuando finalmente se presenta tal oportunidad como consecuencia de un cambio en las circunstancias. Por ejemplo, pueden cambiar de gas a electricidad o viceversa para calefaccionarse cuando el mechero se apaga, comprar un auto cuando tengan dinero suficiente y dejar de usar el transporte público, o mudarse a una ciudad que ofrezca mejores servicios por los impuestos cuando decidan comprar una vivienda y dejar de alquilar. TARP observó una situación en un entorno técnico en el cual un vendedor importante ofrecía un servicio relativamente deficiente. Se les advirtió que más de la mitad de sus clientes manifestó que se cambiarían a la competencia en cuanto apareciera un competidor. Dos años más tarde, eso fue exactamente lo que sucedió, lo cual causó un gran perjuicio al líder original del mercado, mientras los clientes cautivos huían contentos. (Esta anécdota puede servir de alerta para Microsoft.)

En el caso de los clientes internos, dentro de una organización, tal como aquellos que dependen del área de Sistemas, las consecuencias sobre los ingresos directos son nulas. Sin embargo, cuando estudiamos los conflictos que fluyen a través de los clientes externos que producen ingresos y el costo de la elevación a los supervisores y el tiempo del personal perdido buscando soluciones provisorias, pudimos calcular un costo muy creíble del servicio deficiente para los clientes internos y para los externos. Aun cuando los cautivos no pueden cambiarse a otra marca, suelen encontrar "soluciones provisorias" costosas. Recuerdo un caso en el cual la unidad operativa de una petrolera no estaba conforme con el área de Sistemas y decidió destinar parte de su presupuesto a contratar sus propios programadores. Finalmente, la unidad recibió un servicio más operativo, aunque la coordinación y la eficacia general dentro de la organización se perjudicaron.

Es posible calcular, o al menos estimar, tales costos con precisión, como también cuantificar el daño creado. Con esta información, la empresa de servicios públicos, el organismo, o el departamento interno con un mercado cautivo, podrá priorizar los problemas e implementar mejoras para aliviar los problemas más apremiantes del cliente y ejercer un mejor control de los costos. Es cierto que ante la falta de una motivación de ganancias, el imperativo económico es menos urgente. No obstante, la experiencia de ciertas empresas de servicios públicos de algunas ciudades de los EE.UU. y de Europa constituye un caso sólido para que la gerencia se concentre en la atención al cliente en estas situaciones.

CONOCIMIENTO DEL IMPACTO

Los impactos financieros descriptos en este capítulo deberían ayudar a la mayoría de los gerentes para que, al menos, revisaran las quejas y los comportamientos de compra de los clientes con problemas. La idea es que los impactos sobre los ingresos y el boca a boca pueden ser cuantificados. Para ello, es necesario contar con una gran cantidad de datos, si bien el retorno sobre esos esfuerzos excede el costo de manera más que significativa.

Con respecto a la información, la atención al cliente, las investigaciones de mercado, y las operaciones, todos tienen archivos de datos, recabados de las interacciones con los clientes y su impacto, que se utilizan poco o no se utilizan. La atención estratégica al cliente exige que toda esa información proveniente de todos los contactos con el cliente sea recabada, consolidada, y analizada, por conflicto si corresponde, y distribuida a las partes correspondientes, no solo cuando surgen inconvenientes sino como parte de la voz del cliente continua.

PRINCIPALES PUNTOS A RECORDAR

1. Hasta las mejores empresas pierden grandes cantidades de ingresos (que pueden estimarse) como resultado de los clientes que no se quejan cuando surgen problemas y se van a la competencia de manera silenciosa.

2. Al calcular los ingresos en riesgo, sea muy conservador para que hasta el gerente financiero le diga que está siendo demasiado conservador.

3. Si no conoce el valor de su cliente, ¿cómo puede decidir cuánto invertir para retenerlo?

4. Calcule cuánto valdría un aumento del 10 por ciento de clientes que se quejan y quedan satisfechos, e intente conseguir el mismo valor dándoles autoridad a los empleados que tienen contacto directo con ellos para resolver más problemas.

5. Estime los niveles actuales del boca a boca positivo y negativo y la recompensa neta. Luego, busque formas de disminuir el boca a boca negativo y aumentar el positivo. Para mejorar más aún, consulte al departamento de marketing cuánto invierten en captar a cada cliente nuevo.

6. Logre que los cálculos tengan mayor credibilidad comparando de forma periódica la intención de compra en virtud de las encuestas con los comportamientos reales según los datos de ventas para esos mismos clientes.

Capítulo 5

Información, por favor

Cómo desarrollar un proceso de voz
del cliente eficaz y viable

Hace poco visité una empresa de telecomunicaciones importante y escuché a un ejecutivo decir: "Sabemos que tenemos problemas de atención, e invertimos más de 8 millones de dólares por año en encuestas, pero sin embargo tenemos poca información utilizable que nos indique a qué asignar los ingresos directamente". En otras palabras, una gran cantidad de encuestas no garantiza un proceso de voz del cliente viable. Si bien las encuestas son importantes, son indicadores rezagados en comparación con los datos obtenidos en los contactos con el cliente y las métricas internas. Estas tres fuentes (encuestas, datos de los contactos y métricas internas) integradas de manera correcta constituyen un proceso de primerísima calidad.

Todos ven a la voz del cliente de diferente manera. Para los ingenieros y los profesionales en calidad, representa un modo de obtener los requisitos de los clientes para lograr el producto ideal. Para el departamento de marketing, es una serie de encuestas y herramientas de investigación que especifican las formas para mejorar el valor y las ventas, no para preservar los ingresos. Para los gerentes de atención al cliente, representa todo lo que describe la experiencia del cliente. Para muchos gerentes, el término simplemente significa "las cosas que los clientes dijeron que deberíamos hacer por ellos". Si bien todos están de acuerdo con su importancia, existe bastante confusión y desacuerdo en la teoría y en la práctica. Sin embargo, todos están de acuerdo con la importancia de tener en cuenta las opiniones de los clientes cuando se toman decisiones que los pueden beneficiar o perjudicar.

Por desgracia, son pocas las firmas que cuentan con programas de voz del cliente eficaces. En enero de 2006, en un estudio de la revista *Six Sigma* titulado "La voz del cliente y cómo conocer al cliente" se publicó que sólo el 27 % de los 1.515 consultados manifestó que su empresa siempre sigue un proceso definido para analizar el *feedback* de los clientes. Esta es una razón importante para los programas de voz del cliente ineficaces, debido a que no se puede actuar sobre datos que no se analizan. Cuando tres cuartos de las empresas no cuentan con un proceso definido para analizar los datos de la voz del cliente, los programas tienen pocas probabilidades de tener éxito, dada la montaña de datos de los clientes disponibles. Esto también coincide con los resultados de un estudio de TARP de 2007, según el cual solo la mitad de las compañías tiene un proceso de voz del cliente coherente, de las cuales más de la mitad no logra de manera coherente que las cuestiones identificadas sean abordadas por los gerentes de forma efectiva. Como ya mencioné, esto significa que tres de cada cuatro empresas no tienen un proceso de voz del cliente realmente eficaz.

Este capítulo lo ayudará a mejorar el proceso de voz del cliente, más allá de su nivel de evolución actual. En primer lugar, examinaré los objetivos apropiados para los programas de voz del cliente y los principales bloques constitutivos: las tres fuentes de datos y una función analítica unificada. Asimismo, exploraré los desafíos de cada grupo de datos que debe ser incluido. Luego, definiré los ocho atributos que debe tener un proceso de voz del cliente eficaz, veremos cómo resolver las dos cuestiones principales al implementar la voz del cliente, y revisaré las formas de juzgar la eficacia de su actual proceso.

EL OBJETIVO DE LA VOZ DEL CLIENTE EFICAZ Y SUS PRINCIPALES BLOQUES CONSTITUTIVOS

El mejor proceso de voz del cliente debe describir la totalidad de los deseos y las experiencias del cliente durante su ciclo de vida, información de marketing y averiguaciones previas a la compra, uso, reparación, y facturación. De esta forma, dicho proceso debe tener como objetivo **guiar a la gerencia con respecto a cómo mejorar y rediseñar la experiencia del cliente de punta a punta**. Se refiere a cómo establecer expectativas de manera correcta, cumplir con ellas, y anticipar y responder las necesidades de los clientes para aumentar la lealtad y el boca a boca. Para ofrecer esta visión completa, una voz del cliente eficaz debe incluir encuestas, datos surgidos de los contactos con el cliente, y métricas internas. Por ejemplo, gracias a las métricas internas, una empresa de repartos sabe antes que el cliente que el envío no llegará en término porque se perdió un vuelo. Luego, cuenta con el llamado del cliente, y finalmente con las encuestas. Estos tres grupos de datos describen el mismo hecho desde diferentes perspectivas.

Cabe aclarar que la voz del cliente se refiere propiamente a los esfuerzos sistemáticos por recabar y analizar datos sobre los deseos y necesidades **existentes** de los clientes, y **además** por traducir los resultados en dos áreas: las medidas a tomar y el cotejo de una mayor rentabilidad. Otro sector de la investigación de mercado se concentra en la captación de clientes nuevos. Sin embargo, muchos gerentes y profesionales consideran a las encuestas de investigación de mercado como el soporte principal del programa de voz del cliente o **como** el programa mismo. Esto no es correcto debido a tres motivos.

Primero, la mayoría de las investigaciones de mercado tienen como objetivo captar nuevos clientes. Por lo tanto, combinar la investigación y la voz del cliente lleva a confundir el estudio de los clientes actuales con el del mercado formado por quienes aún no son clientes, que suele ser mucho mayor. Los clientes brindan una perspectiva más inteligente, íntima e inmediatamente útil sobre su experiencia.

Segundo, las encuestas realizadas días, semanas o meses posteriores a la compra o experiencia brindan indicadores rezagados. Pueden medir la lealtad y el boca a boca, pero los hechos pudieron haber cambiado. Por ejemplo, una empresa de electrónicos con la cual trabajé rechazaba las encuestas de los clientes, sostenía: "Para cuando recibimos los datos de las encuestas, ya no estamos trabajando más con ese modelo ni con el siguiente". Los datos estaban desactualizados.

Por último, las encuestas pueden no ser muy confiables en cuanto a productos y servicios futuros o hipotéticos. A modo de ejemplo, cabe mencionar un caso de falta de confiabilidad de las "voces" de los clientes con respecto a un producto hipotético ocurrido a finales de los años 70. En tal oportunidad, Citibank encuestó clientes sobre los cajeros automáticos, que estaban en desarrollo. Los encuestados rechazaron la idea rotundamente. Sentían que no podrían confiar su dinero a las máquinas, querían interactuar con personas y además temían ser víctimas de robos. Pero una vez que vieron que tenían acceso a su efectivo durante las 24 horas y sin hacer filas, la idea les encantó.

Las encuestas y la mayoría de las herramientas de voz del cliente son más confiables cuando se utilizan para medir las **verdaderas** experiencias y las respuestas a las mismas. Las encuestas, los grupos de discusión, y las conversaciones grabadas también permiten conocer los puntos de vista emocionales y psicológicos del cliente con respecto a un producto o servicio. Muchos programas utilizan esas opciones para tal fin. No obstante, la mayoría se basan en muy pocas encuestas generales que recaban relativamente poca información sobre la experiencia detallada del cliente. Lo que se necesita es una visión panorámica de los clientes, que debe incluir datos provenientes de tres fuentes diferentes.

LAS TRES FUENTES DE INFORMACIÓN DE LA VOZ DEL CLIENTE Y SU APORTE

Cuando miramos un objeto con un ojo cerrado, es difícil discernir su distancia ya que solo tenemos una fuente de información, y por lo tanto, una perspectiva limitada. El segundo ojo proporciona un cuadro más completo de la situación. Así, cuando cuenta con un tipo de información del cliente, su visión puede verse afectada de manera peligrosa. Las tres fuentes de información (métricas internas, contactos con los clientes, y encuestas a clientes) le permitirán percibir la experiencia del cliente correctamente.

Tal como lo indica la Tabla 5-1, cada fuente proporciona diferentes datos y márgenes de tiempo; por tal motivo, es preciso incluir todas estas fuentes para lograr un proceso de voz del cliente sólido.

En realidad, hay una cuarta fuente que resulta útil. Se trata de las contribuciones hechas por los empleados sobre la experiencia del cliente, tema que abordaré en el Capítulo 8.

Métricas internas

Las métricas internas extraídas de las operaciones nos permiten saber qué
está pasando con el cliente, incluso antes que él mismo, y por lo tanto nos
sirven como indicadores adelantados. Retratan la relación entre la causa y el
efecto entre las acciones de la empresa y las reacciones de los clientes. Estos
datos pueden incluir correspondencia que no llegó a destino y se devolvió

Tabla 5-1. Las tres fuentes, su contenido y margen de tiempo

Fuente	Contenido	Margen de tiempo
Métricas internas	• Lo que hizo o hará al cliente • Lo que no hizo para el cliente	Indicadores adelantados Tiempo real o rezagados
Contactos con el cliente	• Contribuciones del cliente • Contribuciones de empleados sobre problemas del cliente	Informes en tiempo real Tiempo real o rezagados
Encuestas	• Encuestas a clientes • Encuestas a empleados sobre la experiencia del cliente	Rezagados Rezagados

al remitente, entregas no realizadas, y cargos por mora evaluados luego del
envío retrasado de los resúmenes de cuenta, todo lo cual le permite predecir respuestas negativas por parte de los clientes. Existen otras métricas
internas útiles, como por ejemplo: devolución de productos, reclamos de
garantía y ajustes en las facturas.

Por lo general, los gerentes de operaciones confían más en este tipo
de información que en los datos provenientes de las encuestas y quejas.
Además, dado que los departamentos de operaciones son los que generan
estos datos, son difíciles de refutar. Sin embargo, no se suelen considerar
a las métricas internas de los informes de excepciones y errores (como los
de plazos de entrega que no se cumplen o los pedidos de productos con
errores), como medidas que afectan al cliente, aun cuando sí lo son, como
por ejemplo en el caso de productos que no están en stock. Si sabe que no
se entregaron pechugas de pollo a su negocio y sabe cuántos clientes las
compran en un día promedio (por ejemplo, 300), puede estimar la cantidad
de clientes insatisfechos cuando no tuvo pechugas para vender durante dos
días (600). Decir que 600 clientes no estuvieron conformes suena mucho

peor que decir que hubo faltante de pechugas por dos días. Además, cuando combina la información de las métricas internas con los datos sobre el comportamiento de los clientes, tales como una menor respuesta en la siguiente venta, puede estimar los ingresos perdidos como resultado de un error logístico "menor".

Datos de los contactos con el cliente

Los datos de los contactos con el cliente se producen en tiempo real y surgen de las interacciones de los clientes con el servicio de atención, más que nada por teléfono, sistemas de respuesta de voz interactiva, y correo electrónico. Tal es el caso, por ejemplo, del cliente que descubre de manera desagradable, cargos imprevistos por mora; o del que está tratando de armar un juguete la noche anterior a navidad y no encuentra el tornillo "H". Al igual que las métricas internas, estos datos son más oportunos que los de las encuestas. A la vez, son más difíciles de interpretar porque solo un pequeño porcentaje de clientes se contactará con respecto a ciertos problemas como los cargos por mora, mientras que varios (aunque no la mayoría) se comunicarán si les falta el tornillo "H". Estos datos tienen un contenido emocional palpable. Por ejemplo, si se pasan grabaciones de quejas de clientes durante una presentación de estadísticas de reclamos ante los gerentes, dichas grabaciones causarán más impresión que las estadísticas solas.

Los datos de los contactos con el cliente de todas las fuentes, entre ellas centros de atención telefónica, internet, y soporte técnico, son la información más sólida sobre la experiencia del cliente. Los representantes de atención se enteran del problema en cuanto el cliente se comunica, lo cual les permite compartir tal conocimiento sin dilación.

Asimismo, los clientes que se quejan identifican focos de molestia experimentados por un múltiplo de su número (recordemos que este multiplicador puede ser de 100 a 1 y en algunos casos 2.000 a 1), mientras brindan pistas valiosas sobre las causas de los problemas, entre ellas sus expectativas y acciones. Todo esto contribuye a prevenir que los problemas se repitan. Observemos este ejemplo: una empresa de comida envasada recibió quejas sobre moho en la salsa de los fideos al muy poco tiempo de haber eliminado los conservantes por razones de marketing y de salud. Los análisis de las charlas con los clientes indicaron que había más quejas cuando los clientes dejaban el frasco abierto en la heladera durante más de dos semanas. Entonces, agregaron en la etiqueta la leyenda: "Una vez abierto, conservar en la heladera hasta siete días", y redujeron los reclamos de manera significativa.

Los datos de los contactos, correctamente extrapolados mediante el multiplicador (porcentaje que se comunica) y el impacto sobre la lealtad, le permitirán medir el perjuicio total en los ingresos y el boca a boca por cada tipo de problema, inclusive para aquellos clientes que no se quejaron. Esto le permite estimar la recompensa potencial de la solución o prevención de problemas. De esta forma, mediante el cálculo de los ingresos ganados o preservados y el costo de las mejoras (como vimos en el Capítulo 4), podrá priorizar las mejoras a realizar en la experiencia del cliente sobre la base de su potencial retorno.

Por todos estos motivos, incluir los datos de la atención en los programas de voz realmente amplifica la voz del cliente.

Datos de encuestas

Tal como vimos, los datos de las encuestas son valiosos pero tienen sus limitaciones. De todas formas, constituyen la mejor fuente del impacto de la satisfacción, lealtad, y boca a boca de un producto o servicio o de las interacciones con su empresa. Asimismo, si los datos se basan en muestras estadísticamente sólidas, pueden llegar a ser más representativos de las necesidades y experiencias del cliente que los datos provenientes de las quejas y de los contactos. Simplemente tenga en cuenta que los datos de las encuestas pueden tener desventajas, como por ejemplo la posibilidad de ser parciales según el diseño de la encuesta, la administración y las técnicas de muestreo. A su vez, el costo varía de U\$S20 a U\$S200 ó más por encuesta completa.

En realidad, todas las fuentes de información sobre la experiencia del cliente tienen sus pro y sus contra; resumiré las más importantes en la Tabla 5-2. Las fortalezas y debilidades de cada fuente de información representan los mejores argumentos para recabar y consolidar los datos provenientes de las tres fuentes en su programa. Tenga presente que estos datos provienen de diferentes partes de la organización: los internos provienen de las operaciones, los de los contactos provienen de los centros de contactos y de llamados, y los de las encuestas provienen del área de marketing. Por consiguiente, es necesario contar con una función que combine y analice los datos, y conforme un panorama unificado, con implicancias financieras creíbles. Como vimos en el estudio de la revista *Six Sigma* mencionado en este capítulo, la falta de dicha función es uno de los motivos principales por los cuales pocas empresas cuentan con un proceso de voz del cliente sólido.

Tabla 5-2. Fortalezas y debilidades de las fuentes de información

Fuente	Fortalezas	Debilidades
Métricas internas	Creíbles para la gerencia y útiles en la resolución de problemas (en la medida en que describan los factores importantes para el cliente), ya que son datos provenientes de las operaciones.	Ofrecen una visión limitada de la experiencia del cliente basada solo en aspectos operativos medidos por la gerencia (ejemplo: errores en facturación, entregas con demoras, etc.)
Contactos con los clientes	Muy oportunos y descriptivos de la experiencia real del cliente	Puede no ser exactamente lo que usted desea. Los datos pueden extrapolarse a la cartera de clientes.
Encuestas	Los datos pueden proyectarse a la cartera de clientes y mercados (mediante el muestreo adecuado), yes posible realizar medidas comparables.	Mucho más costosas y menos oportunas que los datos provenientes de las métricas internas y los contactos con el cliente.

Esta actividad analítica de la voz del cliente se ve fragmentada entre las mejoras en las operaciones, los informes de los centros telefónicos, y los servicios de marketing. Los datos de las operaciones internas se toman de manera rutinaria y por lo tanto están disponibles sin costo o a un pequeño costo extra. Los datos de la atención al cliente son un producto auxiliar de la gestión de contactos y se recaban a un pequeño costo extra. Los datos de las encuestas son los más costosos, porque implican investigar y diseñar el cuestionario, desarrollar la muestra, llevar el estudio al campo de acción y analizarlos. Irónicamente, los datos llamados "voz del cliente" (datos de las encuestas) son los menos oportunos y los más costosos, mientras que los datos más útiles sobre los clientes están a su disposición en su misma empresa si sabe dónde buscar.

Por ejemplo, un banco de Midwest (en los EE.UU.), recibió 16 quejas en un mes de clientes que no habían recibido su resumen de la cuenta corriente. Los gerentes se preguntaron si se debía a un problema grave o si solo el correo había extraviado algunos sobres. Entonces, le pregunté al supervisor de la sala de correspondencia si él recibía la correspondencia de vuelta cuando no había sido entregada al destinatario, y respondió: "sí, muchísima, todos los días". Le pregunté: "¿Esa correspondencia incluye resúmenes de cuentas corrientes?". El supervisor me dio un informe y me dijo: "El mes pasado recibimos 3.463 resúmenes de cuenta de vuelta por errores en el domicilio". "¿Y qué hace usted cuando sucede eso?", le pregunté, a lo cual me respondió: "Enviamos una carta a ese domicilio preguntando si hay algún error en el domicilio". (¡Observe la eficacia de esa medida!). Le pregunté si había enviado algún informe a la unidad de calidad, quejas o de voz del cliente. Me contestó: "No. Nadie nunca me lo solicitó". Los gerentes estaban tratando de decidir si 16 quejas eran indicio de un problema grave cuando una persona, en el sótano, sabía cuál era la dimensión exacta del problema, y nadie más lo sabía.

Para escuchar la voz del cliente, debe consultar a quienes participan en los procesos que influyen en la experiencia del cliente. Los análisis completos de tales experiencias también demuestran que el **mejor vaticinador** de la lealtad es si el cliente tuvo o no algún problema y cómo se manejó el mismo. Por lo tanto, los datos recabados por la atención al cliente que describen problemas deben encontrar la forma de incorporarse al programa de voz del cliente digno de su nombre. Como vimos, por cada consulta o inquietud, solo un porcentaje de clientes se comunica con la empresa. Entonces, es importante extrapolar la información de los contactos con la cartera de clientes y el mercado para que se pueda vincular con los datos de las encuestas y de las operaciones (como veremos más adelante, en este capítulo). En resumen, los factores que crean o erosionan la satisfacción y lealtad del cliente son complejos, y por ende, no se pueden obtener con un único método. Además, cada fuente de datos tiene sus fortalezas y sus debilidades. Es por ello que toda empresa que tenga por objetivo crear y mantener la satisfacción y lealtad de sus clientes, necesita contar con un proceso de voz eficaz que recurra a varias fuentes de información.

ATRIBUTOS DEL PROCESO DE VOZ DEL CLIENTE EFICAZ

Los siguientes ocho atributos están asociados con los procesos de voz del cliente realmente eficaces:

- Gestión unificada del programa.
- Estrategia unificada de recolección de datos.
- Análisis integrado de datos.
- Distribución proactiva del análisis.
- Evaluación de las implicancias y prioridades financieras.
- Definición de los objetivos de las mejoras.
- Seguimiento del impacto de las medidas.
- Conexión de los incentivos con el programa de voz del cliente.

Gestión unificada del programa

Los datos que alimentan la mayoría de los programas no con compatibles entre sí. Dado el libre albedrío, cada área funcional recaba información y utiliza los formatos de la manera que le resulta más simple y útil. Cuando esto sucede, los datos no ofrecen un panorama coherente. Literalmente, en algunas empresas descubrí hasta siete "propietarios" del programa de voz del cliente.

La solución es nombrar a un ejecutivo que esté a cargo del tema, o al menos que presida un comité que garantice la compatibilidad. Esta función suele estar a cargo del gerente de experiencias del cliente, en el caso de existir tal cargo (ver Capítulo 12). Si no, pregunto: "¿A quién le preocupan más los clientes?". La respuesta varía, pero suele ser el jefe de calidad o el gerente de marketing. Si es así, el programa de voz del cliente debe depender de uno de ellos o, en varios casos, del gerente de operaciones. También he visto jefes de servicio asumir esta responsabilidad, con buenos resultados, si tienen la capacidad o la influencia para racionalizar el proceso.

Estrategia unificada de recolección de datos

No digo que todos los datos de la voz del cliente deban ser recabados en un punto. Eso sería imposible en una empresa de grandes dimensiones. Lo que quiero decir es que los datos deben ser recabados de forma tal que puedan ser coherentes entre sí y se puedan conciliar. Al menos a nivel macro, los

esquemas de clasificación deben estar unificados o por lo menos coordinados. En una automotriz, los ingenieros de la fábrica, los departamentos de ventas y marketing, y los técnicos de las concesionarias utilizaban diferentes métodos para describir los problemas de los clientes. Los ingenieros hablaban de fallas de "subensamble" y "abuso de los clientes", mientras que los técnicos hablaban de "síntomas" como "pulsación de los frenos" y "vacilación del motor". Toda perspectiva multifuncional exige un enfoque de recolección de datos con un esquema de clasificación de problemas y experiencias compatible. De esta forma, es posible construir un panorama único, claro y completo de la experiencia del cliente, y de las brechas y necesidades implícitas.

Recuerde que todas las empresas tienen puntos ciegos. La mayoría no tiene datos sobre la efectividad de la gestión de las averiguaciones previas a la compra, que son realmente importantes, dado que se puede perder al cliente si no se gestionan de manera correcta. En un banco, los clientes tenían que llamar un promedio de tres veces para obtener la información suficiente sobre los servicios de gestión de efectivo para tomar una decisión de compra. Mientras tanto, los gerentes de relaciones estaban ocupados persiguiendo nuevos clientes.

Análisis integrado de datos

Es importante combinar y conciliar los datos provenientes de todas las fuentes y canales para crear un panorama correcto de las expectativas incumplidas del cliente, las fuentes de la insatisfacción resultante, y el impacto de esta última.

Existen dos desafíos: primero, los datos deben ser compatibles en términos de categorización de expectativas, problemas, causas e impactos. Segundo, los datos de los contactos y de las operaciones deben ser extrapolados al mercado para poder ser comparables con los datos de las encuestas, que suelen describir al mercado en conjunto. Al final de este capítulo veremos cómo enfrentar estos desafíos.

Distribución proactiva del análisis

Uno de los hechos más desalentadores que puede ocurrir en una empresa es enterarse de que se podría haber evitado un problema si el área de diseño del producto, marketing, producción, ventas, o simplemente alguien hubiese tenido la información que otra persona dentro de la organización ya tenía. Los empleados necesitan contar con la información adecuada para hacer su trabajo. Teniendo en cuenta la carga de trabajo y el ritmo empresarial, esto significa distribuir de manera proactiva no solo los datos sino también los análisis viables que "conectan los puntos" a quienes los necesitan. Las partes interesadas deben poder obtener los datos, pero lo más importante es poner tales datos y puntos conectados a disponibilidad de quienes los puedan necesitar. Esto no significa que haya que distribuir todos los datos a todos. Una sobrecarga de datos crea más problemas que los que resuelve. Quienes estén a cargo del programa de voz del cliente deben saber quién necesita cuál información, tomar el riesgo de filtrarla y adaptarla según los objetivos y necesidades de los clientes, y distribuir un resumen de manera proactiva.

Evaluación de las implicancias y prioridades financieras

Tal como indicara en el Capítulo 4, las expectativas y los comportamientos de los clientes tienen un impacto en los ingresos y las ganancias. Evaluar tal impacto y evaluar su gestión (**y el impacto de la inacción que permite que continúe el statu quo**) transforman los datos inertes en información viable. Debido a que las decisiones que mejor se toman se basan en información financiera, las implicancias que los datos de los clientes tienen respecto a la satisfacción, la lealtad, y el boca a boca deben traducirse al menos en impactos financieros generales. A menos que el imperativo económico para actuar esté resaltado en la primera página, la voz del cliente será simplemente un ejercicio para sentirse bien o mal que no estimulará medida alguna.

La debilidad más importante en esta área es que la mayoría de los análisis esbozan los costos de los problemas, tales como los de garantía. Esto significa que si pudiéramos reducir las quejas, bajarían los costos y mejorarían los resultados finales. De hecho, el perjuicio a los ingresos es probablemente diez a veinte veces mayor que el posible ahorro de costos; la clave es estimar las implicancias de los ingresos y el boca a boca para cada conflicto y oportunidad.

Definición de los objetivos de las mejoras

Una vez que haya definido cuál es el conflicto y haya calculado el costo de la inacción, hay otros dos impedimentos estándar que obstaculizan la resolución del conflicto. En primer lugar, se le solicita al gerente a cargo del tema que lo resuelva, pero debe empezar de cero y al mismo tiempo no descuidar su trabajo diario. En segundo lugar, al gerente pocas veces le informan cuál sería un resultado exitoso, porque la eliminación total del conflicto, por lo general, no es posible. Por lo tanto, el proceso de voz del cliente debe ofrecer sugerencias y objetivos que se puedan alcanzar para mejorar. Algunos analistas de la voz del cliente temen violar las prerrogativas de los gerentes; pero de acuerdo a mi experiencia, ellos agradecen los puntos de partida y los objetivos sugeridos.

Con respecto a los objetivos, uno de los ejercicios más ridículos que observé en varias empresas es el "plan de satisfacción" para el año siguiente. En este ejercicio, una compañía que está al nivel del 76 por ciento establece como objetivo un nivel del 80 por ciento para el año siguiente. ¿Por qué 80 por ciento? Porque es mayor que 76. Esta forma de establecer objetivos es irracional. Lo conveniente es utilizar el análisis de "mercado en riesgo" para definir qué mejoras realizar, asignar la responsabilidad para la implementación, y sugerir el aumento esperado en la lealtad y satisfacción junto con los costos y el retorno sobre la inversión estimados. Dicho análisis permite implementar el tipo de toma de decisiones explicado en el Capítulo 4 y le ofrece a la gerencia planes racionales para comenzar a proceder y alcanzar los objetivos de satisfacción y lealtad.

Seguimiento del impacto de las medidas

Una vez asignadas las medidas para mejorar la experiencia del cliente y el desempeño financiero de la empresa, debe haber un proceso mediante el cual se garantice que los problemas realmente sean solucionados. En la mayoría de las firmas, una vez presentado el plan de acción, ya no hay nada más que hacer. Nadie controla si los cambios comienzan a producirse. Es preciso contar con procesos de seguimiento para medir el porcentaje de temas planteados por el proceso de voz del cliente que realmente se atienden. Tal información debe, luego, ser enviada al departamento financiero y a la gerencia superior; de otra forma, el proceso de voz del cliente tendrá poco o nada de impacto. En los Capítulos 10 y 12, indicaré cuáles son los métodos para implementar estos procesos.

Conexión de los incentivos con el programa de voz del cliente

Si acepta que la voz del cliente tiene por objetivo responder las necesidades de los clientes y aumentar su lealtad de manera proactiva, entonces está de acuerdo con que el proceso de voz del cliente debe estar vinculado a la toma de decisiones estratégica y a la toma de decisiones del día a día. Esta conexión se da cuando la plana mayor de gerentes reconoce la importancia estratégica de la voz del cliente, vincula los incentivos con las medidas sugeridas, y libera fondos para tales incentivos. Asimismo, el gerente de la voz del cliente debe ocupar un lugar en la mesa de toma de decisiones y lograr la aceptación por parte de los demás ejecutivos. Considero que para que la voz del cliente logre un efecto positivo (es decir, que la gerencia aborde la mayoría de los temas planteados), se debe ofrecer al menos un 20 por ciento en incentivos para lo que se refiera a las iniciativas de la voz del cliente identificadas.

LOS DOS DESAFÍOS PRINCIPALES AL USAR LA INFORMACIÓN DEL CONTACTO CON LOS CLIENTES EN LOS PROGRAMAS DE VOZ AL CLIENTE

Considerando que está de acuerdo con la necesidad de contar con un proceso de voz del cliente basado en datos consolidados, generados por su sistema de atención al cliente, las métricas internas y las encuestas, los siguientes dos desafíos son los más difíciles que tendrá que enfrentar: desarrollar un esquema de clasificación de datos unificado y viable, y extrapolar los datos de los contactos a la cartera de clientes para que puedan ser integrados a los otros tipos de datos.

Cómo desarrollar un esquema de clasificación de datos unificado y viable

En una ocasión, tuve un encuentro con el vicepresidente ejecutivo de una importante empresa de comunicaciones que me dijo: "Todos los meses recibo siete informes sobre calidad, tres dicen que está todo perfecto, tres dicen que las cosas están bien, y uno indica que la situación es desastrosa. ¿Cuál dice la verdad?". ¿Cuántas veces le pasó de asistir a una reunión en las cual alguien menciona que la firma tiene un problema y presenta los datos que sustentan su declaración, para que luego otra persona diga: "Está mezclando manzanas con naranjas. ¿Los datos no son comparables?". La información proveniente de las interacciones con los clientes, las encuestas y las métricas internas debe ser codificada de manera uniforme para que pueda ser utilizada por varias funciones. Si los datos provenientes de diferentes fuentes son codificados de diferente manera por diferentes funciones, ni las funciones ni la gerencia podrán combinar, analizar, ni actuar según esos los datos, y sólo conseguirá informes contradictorios.

En la medida de lo posible, los datos deben describir el síntoma, problema, expectativa, causa, e impacto para cada experiencia de manera uniforme. También resulta útil contar con los datos sobre el producto en cuestión, el tipo de cliente y la ubicación geográfica. En el caso en que se haya prolongado el contacto con el cliente o la investigación, también es posible codificar la información sobre las causas raíz potenciales del problema, las medidas tomadas para solucionarlo, la satisfacción resultante o impacto sobre la lealtad, las oportunidades para mejorar y los resultados de los contactos.

Un esquema de clasificación universal debe permitir describir el problema y su causa, de una manera que todos puedan comprender y utilizar, para resolver la cuestión. Si bien cada organización deberá adaptar el siguiente esquema de clasificación, el mismo contiene los tipos de categorías básicas para cualquier esquema viable:

- **Motivo del contacto/síntoma.** Es el problema o síntoma desde el punto de vista del cliente, pero en términos útiles para la empresa.
- **Causa general.** ¿El conflicto surgió de un error del cliente o sus expectativas, o de fallas en el producto, políticas o procesos? (Esta información surge idealmente de los representantes de atención al cliente.)
- **Causa raíz.** Se refiere al error específico, comunicación de marketing, o falla en el proceso que desencadenó el problema. Por lo general, no se llega a conocer la causa porque no tiene sentido económico investigar las causas de todos los conflictos. Concéntrese en aquellos que son importantes.
- **Código de autoridad.** Si la queja fue recibida en las oficinas centrales, ¿por qué no se ocuparon en la oficina local? Si el problema

se elevó a un gerente, ¿lo podría haber resuelto algún representante de atención al cliente? Las respuestas apuntan a cuestiones de comunicación o autoridad.

- **Descripción específica del producto o servicio.** Consiste en los detalles específicos del producto, como por ejemplo modelo, número de serie, canal de ventas y fecha de compra.
- **Ubicación o unidad geográfica.** Ayuda a identificar la gerencia local y las influencias geográficas.
- **Medidas tomadas para la resolución.** Revisar las medidas tomadas proporciona una perspectiva diferente a la percepción del problema por parte del cliente.
- **Resultado.** Indica la satisfacción resultante y el impacto en la lealtad, de acuerdo con el registro de los contactos y las encuestas de seguimiento.

Cada elemento de la información debe estar codificado numéricamente para permitir el procesamiento y análisis de los datos. Por ejemplo, la causa general (segundo punto) guía a los representantes hacia la respuesta adecuada, y al proceso de análisis preventivo hacia la medidas correctivas correspondientes. El resultado (último punto) comprende las inquietudes y problemas que no pueden resolverse sistemáticamente. De todas maneras, no es necesario recabar todos estos datos en todos los contactos. Los datos sobre las causas raíz de los defectos deber ser brindados por una unidad de investigación o un analista del área funcional. Los datos de las encuestas de seguimiento pueden provenir de otra función de investigación, o de una empresa contratada. En las compañías grandes, completar los datos de cada ítem puede ser demasiado costoso; en tal caso se puede codificar un subgrupo de contactos para ofrecer una muestra válida de la población pertinente.

Los códigos deben ser viables para ser útiles. Para ser viable, la clasificación debe ser completa, específica, y mutuamente excluyente. Además, se debe organizar de manera jerárquica, tal como explico a continuación:

- **Completa.** Debe abarcar la totalidad de los conflictos en la experiencia del cliente; además, el sistema debe permitir que se agreguen o se eliminen categorías.

- **Específica.** Los datos viables provienen de la especificidad y diferenciación entre los síntomas, problemas, causas generales y causas raíz. Evite las generalidades que no ayudan, como decir que un alimento "no tiene buen sabor" en vez de decir que es muy salado o es amargo.

- **Mutuamente excluyente.** Las categorías superpuestas, o que no se definieron correctamente, generan datos confusos o inútiles. Por ejemplo, "objeto extraño en el producto" no es lo suficientemente preciso; ¿tiene grava, semillas o vidrio? Una empresa de servicios públicos utiliza las categorías "servicio deficiente" e "incumplimiento de fecha" de forma separada, cuando en realidad, la segunda es parte de la primera.

- **Organizada jerárquicamente.** Un esquema jerárquico otorga flexibilidad y organización lógica. Por ejemplo, aunque dos niveles suelen ser suficientes, aún las líneas de productos, las operaciones y las carteras de clientes complejas pueden ser incorporadas con un menú de hasta tres niveles. En tales casos, considere emplear de cinco a siete categorías de Nivel 1, cinco a siete categorías de Nivel 2 bajo el Nivel 1, y otras cinco a siete categorías de Nivel 3 bajo el Nivel 2. Esto permite de 125 a más de 300 códigos fácilmente diferenciables.

En la práctica, no es necesario que los representantes memoricen los códigos, sí deberán seleccionarlos de menúes desplegables cortos, con no más de 10 subcategorías. Es decir, si el representante selecciona el código para "resumen bancario", el Nivel 2 puede tener hasta siete subcategorías, entre ellas "no recibió resumen", "recibió resumen con demora", "resumen extraviado", y "dificultad para comprender resumen".

Cómo extrapolar información a la cartera de clientes

El segundo desafío importante consiste en extrapolar los datos de los contactos a toda la cartera de clientes. La clave es saber qué porcentaje de clientes que tienen un problema se dirigen a un determinado punto de contacto. Según un estudio de TARP, cerca del 20 por ciento de los clientes que consideran que el empleado asignado a la puerta de embarque no tenía buenos modales, presenta una queja ante un punto de contacto de la aerolínea, pero no todos al mismo punto. La mayoría se queja ante un empleado en el aeropuerto, quien pocas veces registra tal situación. Cerca del 4 por ciento (ó 4 de cada 100) se comunica con el número de atención gratuita de reservas, el 1 por ciento llama al número para viajeros frecuentes, y solo 2 décimas del 1 por ciento envía un correo electrónico a las oficinas centrales. Tales estadísticas permiten estimar la cantidad de incidentes que perjudican a su cartera de clientes, tal como se indica en la Tabla 5-3. La forma exacta en que combine las estimaciones puede ser ponderada por la calidad relativa de la estimación o por un promedio simple, como se observa la Tabla 5-3.

Una vez que cuente con el esquema de clasificación unificado para todas las fuentes de información y tenga la capacidad para estimar la cantidad de clientes que tienen el problema, podrá estimar el impacto en los ingresos con el "modelo de perjuicio del mercado" presentado en el Capítulo 4. Por ejemplo, si una experiencia con un empleado que no tuvo buenos modales perjudica la lealtad en un 22 % y el cliente representa U$S2.000 por año, podríamos decir que 6.000 clientes que atraviesan la misma situación (como observamos en la Tabla 5-3) le costará a la aerolínea U$S2,64 millones por mes (6.000 X 0,22 X U$S2.000). Cuando logra demostrar el impacto en los ingresos de manera explícita, tiene en sus manos la información que motivará a la gerencia a actuar.

PRIMERO PASOS PARA MEJORAR SU PROGRAMA DE VOZ AL CLIENTE

Todo programa de voz del cliente efectivo y eficaz requiere una cantidad de bloques constitutivos y pasos de proceso. El primer paso consiste en un examen de los materiales disponibles.

Tabla 5-3. Extrapolación de los puntos de contacto por quejas a la cartera de clientes

Punto de contacto	Porcentaje de clientes que se contactan	Multiplicador (Inverso del porcentaje que se contacta)	Cantidad de contactos	Estimación de incidentes en cartera clientes
Número gratuito para reservas	4	25	200	5.000
Número para viajeros frecuentes	1	100	70	7.000
Queja ejecutiva	0,2	500	8	4.000
Encuesta reciente sobre empleados asignados a la puerta con malos modales				8.000
Mejor estimación de las instancias reales por mes				6.000 instancias (promedio directo de

Elija su encuesta y fuentes de reclamos más detalladas, y uno o dos informes de operaciones, y conéctelos a un problema que está perjudicando a los clientes desde hace meses o años. Con este ejercicio, podrá actuar mejor sobre el conflicto, ver si sus datos y los esquemas de clasificación están fragmentados, y analizar oportunidades para obtener soluciones rápidas.

Una vez realizada esta prueba piloto, podrá seguir los siguientes siete pasos para mejorar su programa de voz del cliente sistemáticamente:

Coordine los esquemas de clasificación de su principal servicio o proceso de gestión de reclamos con los de su principal proceso de encuestas que miden la lealtad del cliente.

1. Mejore sus encuestas para medir problemas, tasas de quejas, e impacto del boca a boca.

2. Identifique los cinco problemas más importantes según los procesos de reclamos y encuestas.

3. Trabaje con alguien de finanzas para estimar el perjuicio a los ingresos de esos cinco problemas; luego sugiera solucionar los dos principales según el impacto en los ingresos.

4. Obtenga datos de operaciones (inclusive anecdóticos) que describan las mismas experiencias del cliente desde varias perspectivas de la empresa para reforzar la validez de su análisis.

5. Adopte un enfoque viable para mitigar el problema y estimar su recompensa.

6. Elija a un ejecutivo que tenga una visión a largo plazo y muéstrele su análisis, para lograr una aprobación rápida, que se tomen medidas, y ¡ojalá!, obtener así su primer éxito en el logro de un apoyo mayor a la voz del cliente.

Si implementa estos siete pasos, tendrá una base sobre la cual construir un proceso de voz del cliente realmente efectivo y eficaz, y capaz de solventarse a sí mismo.

PRINCIPALES PUNTOS A RECORDAR

1. La voz del cliente debe incluir datos de encuestas, contactos con los clientes y datos operativos internos para ofrecer información por adelantado, en tiempo real y rezagada de la experiencia del cliente.
2. Los datos deben ser coherentes entre sí. La clave para lograrlo consiste en crear un esquema de clasificación comparable a través de las fuentes de datos, y extrapolar los contactos de los clientes a la cantidad de clientes afectados por el conflicto.
3. Alguien debe coordinar, o al menos facilitar la recolección de datos, el análisis, y la selección de prioridades en base al impacto económico. Caso contrario, la voz del cliente tendrá muy poco efecto sobre la empresa y sus clientes.
4. Si bien la recolección de datos más eficaz en función de los costos suele estar descentralizada, el análisis de datos más eficaz suele estar centralizado, en especial cuando lo llevan a cabo analistas de alto rango con experiencia en operaciones.
5. La voz del cliente debe estar liderada por quien tenga mayor preocupación por los clientes. Puede ser el gerente de calidad o marketing, el gerente de operaciones, o el gerente de experiencia del cliente.

Parte 3

**Cómo responder
las consultas y abordar
los problemas de los clientes**

140

Capítulo 6

Cómo definir los procesos que les sirven a los clientes

Cómo utilizar la estructura de ocho puntos de TARP para la prestación de servicios

Hace poco, hablando con el jefe de calidad de servicio de una importante empresa de computadoras, le pregunté sobre el análisis de los tipos de consultas y reclamos evitables. Me respondió: "Estamos tan ocupados contestando el teléfono de manera eficaz en función de los costos que no analizamos el contenido de los llamados". Dado que se puede evitar entre el 20 y 40 % de los llamados, la falta de foco estratégico de esta compañía la estaba llevando a gestionar millones de llamados innecesarios por año.

Anteriormente mencioné que los sistemas de atención al cliente cambiaron de modo radical a partir de los departamentos de quejas, años atrás. Algunos cambios fueron forjados por la tecnología. Otros, por el aumento del tamaño y el alcance de las empresas de hoy en día. Y otros, por métodos innovadores para gestionar y aumentar las relaciones con los clientes. Estos factores (tecnología, tamaño y alcance de la organización, y relaciones con los clientes) exigen un enfoque sistemático para ofrecer un servicio estratégico y táctico de manera que se puedan alcanzar los cuatro objetivos principales de la atención al cliente, a saber: satisfacer a los clientes para los cuales la empresa no hizo las cosas bien la primera vez; capacitar y comunicar proactivamente; realizar ventas cruzadas; y recabar los datos necesarios para alimentar la voz del cliente, prevenir problemas y apoyar los esfuerzos para hacer las cosas bien la primera vez.

En la mayoría de las compañías, la atención al cliente se sigue definiendo como un servicio táctico o de gestión de reclamos. Esto refuerza la condición de "hijastro" del servicio, que lleva a los ejecutivos a considerar a la atención al cliente como una función de retención, "limpieza", o mantenimiento, y no como un recurso estratégico proactivo. Algunos ejecutivos la consideran solo como el "centro de atención telefónica" y de esta forma extrapolan la metáfora del "departamento de quejas" a la actualidad. Todos estos pensamientos limitan los aportes de la atención a la empresa. La atención al cliente solo podrá ampliar su contribución a los objetivos estratégicos cuando el proceso sea correctamente concebido, diseñado, construido, provisto de personal, y administrado. En este capítulo se presenta una estructura para la concepción y el diseño de tal proceso. (El Capítulo 7 se refiere a la relación entre la tecnología y el usuario, y el Capítulo 8 se ocupa de los aspectos de recursos humanos del proceso.)

CÓMO ESTRUCTURAR EL TRABAJO

Considerando que la atención al cliente es un proceso, puede definirse lógicamente y enfocarse logísticamente. En TARP, definimos y esquematizamos ocho funciones (cuatro tácticas y cuatro estratégicas) formadas por diferentes actividades.

Las funciones tácticas comprenden las tareas de procedimiento diarias llevadas a cabo al recibir y responder a los clientes que interactúan con la función de atención: funciones de entrada, respuesta, salida, y control que tratan directamente con el cliente en el momento y en el punto del contacto. Las funciones tácticas garantizan que los representantes de atención al cliente:

1. Recaben la información necesaria para clasificar y resolver los problemas de los clientes y respondan sus consultas, y de ser necesario, los dirijan al mejor punto de resolución.
2. Brinden respuestas seguras y satisfactorias a los clientes durante el contacto inicial o rápidamente luego del mismo.
3. Almacenen la información de los resultados con respecto a las operaciones, problemas, respuestas y soluciones, y la distribuyan a las personas que analizarán la frecuencia del problema y los costos, y eliminarán las causas raíz.

Las funciones estratégicas (análisis, evaluación e incentivos, gestión del personal, y conocimiento) incluyen las actividades que permiten a la empresa mejorar la experiencia de la mayoría de los clientes. Así, se logra: analizar y apalancar toda la información disponible sobre el cliente, mejorar las políticas y procedimientos de la gestión de los contactos; prevenir contactos innecesarios; estimular a los clientes a formular reclamos, capacitar y deleitar a los clientes; y seleccionar, administrar y motivar al personal.

Las funciones estratégicas garantizan que:

1. Los contactos y pedidos de los clientes sean manejados de forma tal que se maximicen el valor de la experiencia del cliente y los ingresos.
2. Los representantes de atención al cliente reciban el soporte adecuado de las funciones internas, tales como Sistemas y Departamento de Legales.
3. Los datos de la atención al cliente sean utilizados para analizar las causas raíz de los problemas y, cuando tenga sentido económico, corregirlas.
4. Las comunicaciones fomenten una relación bilateral sólida con los clientes.

La Tabla 6-1 organiza las 21 actividades tácticas y estratégicas en 8 funciones y las organiza en una estructura.

Como toda estructura, la de la Tabla 6-1 define y organiza los elementos de un proceso, en este caso de tratamiento de los contactos con el cliente a nivel táctico y el manejo de la información, los flujos de trabajo, y los recursos humanos a nivel estratégico. Las funciones originales en la estructura de la gestión de quejas provienen del análisis de más de 500 empresas y de la extensa investigación realizada con el auspicio de la Casa Blanca y National Science Foundation.[1] Esta estructura resiste el paso del tiempo y, con pequeñas modificaciones, permite incorporar desarrollos nuevos, tales como los mecanismos de quejas basados en la web o en el correo electrónico y las estrategias de gestión de las relaciones con el cliente (CRM), en el proceso de atención al cliente.

Tabla 6-1. Estructura para organizar las actividades de la atención al cliente por función

Funciones tácticas

Entrada	Respuesta	Salida	Control
• Selección • Registro de datos del contacto • Clasificación de contactos	• Investigación para la rta. • Formulación de la rta. • Producción de la rta	• Coordinación • Almacenamiento, recuperación, y distribución	• Seguimiento interno • Seguimiento de referencias

Funciones estratégicas

Análisis	Evaluación e incentivos	Administración del personal	Conocimiento
• Generación estadística • Análisis de oportunidades • Aporte a la organización	• Evaluación • Incentivos • Responsabilidad	• Selección • Capacitación • Supervisión y programación	• Solicitud de contactos • Comunicaciones proactivas

En este capítulo, estudiaremos las actividades incluidas en esta estructura y cómo se conjugan, y también las prácticas. Si bien una lista de 21 actividades puede parecer extensa, ésta es una lista de verificación completa para lograr un proceso de atención al cliente estratégica de primera calidad. En las siguientes dos secciones ofreceré una descripción breve de cada actividad.

FUNCIONES TÁCTICAS

Las cuatro funciones tácticas siguen el plan de un proceso estándar: entrada, respuesta, salida y control de las operaciones, para garantizar que nada se pierda en el camino.

Entrada

- La **selección:** separa los contactos por tipo y los envía al canal correspondiente según la necesidad.
- Los **registros de los datos de los contactos:** guardan una descripción del reclamo o averiguación de forma electrónica o en papel.

- La **clasificación de los contactos:** codifica a cada contacto de acuerdo a un esquema predeterminado.

Respuesta
- La **investigación para la respuesta:** considera las solicitudes individuales de los clientes y determina cuáles son los hechos necesarios para decidir cómo abordar el problema o responder a la inquietud del cliente.
- La **formulación de la respuesta:** utiliza los hallazgos de la investigación y los lineamientos de respuestas para desarrollar la respuesta adecuada al reclamo del cliente. Tales lineamientos son flexibles y facultan a los empleados a brindar la respuesta óptima que dejará al cliente la sensación de que fue tratado de manera justa según las circunstancias.
- La **producción de la respuesta:** transmite el contenido de la respuesta al cliente por medio de: voz, correo electrónico, carta, texto, u otra forma de comunicación.

Salida
- La **coordinación:** garantiza que se les informe a todos los grupos pertinentes en la empresa sobre los conflictos de los clientes y las medidas correspondientes.
- El **almacenamiento, la recuperación y la distribución:** almacenan los archivos de las quejas en un lugar central y garantizan su disponibilidad para usos posteriores. Estos usos pueden ser anticipar cuando el cliente recibirá con agrado un ofrecimiento de asistencia o analizar los datos para detectar productos con defectos.

Control
- El **seguimiento interno:** monitorea el estado y la disposición de las quejas gestionadas en la compañía mediante técnicas de monitoreo definidas.
- El **seguimiento de las referencias:** monitorea las quejas manejadas por otras áreas u oficinas en las oficinas centrales y locales, o en otras empresas, tales como centros de reparación tercerizados.

FUNCIONES ESTRATÉGICAS

Las funciones estratégicas utilizan los datos de los contactos para mejorar el resto de la experiencia del cliente y ayudar a los empleados de la atención a lograr el éxito.

Análisis

- La **generación estadística:** agrega datos sobre los reclamos recibidos y tratados. Anteriormente, se conocía como "elaboración de informes estadísticos", pero observamos que tales informes eran distribuidos como análisis **sin** análisis ni interpretación alguna. Esta función alimenta al análisis.
- El **análisis de las oportunidades:** define los problemas sistémicos que perjudican la lealtad, junto con las oportunidades para mejorar los productos y servicios, y el marketing. Incluye el análisis de las cuentas de los clientes para encontrar la forma de ofrecer más valor a clientes específicos.
- El **aporte a la organización:** da a los hallazgos analíticos y las recomendaciones de políticas su forma final y los presenta ante los altos ejecutivos y demás partes interesadas.

Evaluación e incentivos

- La **evaluación:** evalúa de forma periódica el desempeño de quienes gestionan los reclamos y la eficacia de los procesos de gestión de reclamos y de voz del cliente. La mayor parte del tiempo es destinada a concentrarse en la eficacia y en los resultados del proceso de respuesta, las reglas de respuestas, y la realización de informes de la voz del cliente, ya que la mayoría del personal sigue protocolos.
- Los **incentivos:** brindan a los representantes de atención al cliente beneficios para alentarlos a prevenir problemas y gestionar las quejas de manera eficaz.
- La **responsabilidad:** asigna las responsabilidades de la gestión de las quejas y de la prevención de problemas a oficinas y personas específicas, algunas en el área de servicio, pero otras en áreas de marketing y calidad. Además, evalúa su desempeño.

Administración del personal

- La **selección:** se encarga de seleccionar a los empleados indicados, y que formen una buena combinación considerados en conjunto. Puede haber representantes que trabajan por hora y desde su hogar, como también trabajadores de 8 horas que buscan progresar en la organización.
- La **capacitación:** se refiere a la capacitación inicial, transitoria, de reforzamiento habitual, o correctiva, según corresponda. El personal se capacita mediante el relato de anécdotas y juegos de roles que demuestran soluciones flexibles, tal como describiera en el Capítulo 3. Además, algunos empleados reciben un entrenamiento especializado que les permite llegar a ser expertos en la materia.
- La **supervisión y la programación:** adaptan el esquema del personal a la carga de trabajo y los trabajadores para beneficio del personal y a la empresa.

Conocimiento

- La **solicitud de contactos:** les informa a los clientes que usted quiere escuchar las quejas, y los capacita con respecto a la disponibilidad y uso de los canales de comunicación.
- La **comunicación proactiva:** capacita a los clientes de forma preventiva acerca de cómo evitar problemas y cómo obtener el mayor valor de sus compras, haciéndoles llegar el mensaje cuando lo necesitan.

Antes de ver cómo estas funciones condicen con el sistema de atención, observemos los beneficios de esta estructura.

¿POR QUÉ UTILIZAR LA ESTRUCTURA DE PRESTACIÓN DE SERVICIOS?

Existen muchas estructuras, ¿cuál es el uso práctico de ésta? En mi opinión, son cuatro los usos. Primero, ofrece una lista de verificación para garantizar que está haciendo todo lo necesario para alcanzar los cuatro objetivos principales de la atención al cliente planteados al comienzo del capítulo. Segundo, actúa como soporte de la administración y el mejoramiento del proceso. Tercero, respalda la aplicación de la tecnología en todos los aspectos de la atención. Y cuarto, permite ver al personal de atención al cliente y de otros departamentos cómo su trabajo ayuda u obstaculiza la experiencia del cliente y cómo su proceso puede ayudar a mejorar el servicio.

Si realiza una comparación rápida de sus actividades con las 21 incluidas en la Tabla 6-1, probablemente encuentre situaciones en las cuales:

- Ni siquiera está llevando a cabo aspectos de ciertas funciones, como por ejemplo la capacitación habitual de refuerzo o la clasificación de los contactos, para que se puedan vincular con las evaluaciones del personal.
- No cuenta con métricas para medir la calidad de la actividad, por ejemplo para saber si los clientes resultaron verdaderamente satisfechos o sólo se dieron por vencidos y siguieron insatisfechos.
- No tiene a las personas indicadas realizando las actividades adecuadas. Por ejemplo, asigna supervisores de línea para realizar el análisis de las oportunidades en vez de tener un analista de 8 horas, y que los supervisores puedan seguir entrenando a su personal.

Vista de esta manera, la estructura puede servir como base de una auditoría a usted mismo. También le permite visualizar actividades y distinguir las que no agregan valor alguno, concluyendo en un mapeo de todo el proceso. Puede establecer métricas de calidad y productividad para cada actividad, rastrear demoras y encontrar cuellos de botella. Este enfoque está firmemente basado en los métodos de mejoramiento de calidad. Cuando los profesionales en mejoramiento de procesos comienzan a trabajar en un área, lo primero que hacen es un mapeo de los procesos. Hay muy pocas empresas de servicios que cuentan con mapeos rigurosos de sus sistemas de atención.

La mayoría de los sistemas de software de CRM al menos conoce de vista a esta estructura, la cual ofrece una guía para los profesionales que diseñan, implementan y mantienen los Sistemas de informática que son soporte de la atención al cliente. Según mi experiencia, el personal de Sistemas prefiere ver la estructura presentada como flujograma (Figura 6-1) porque es el método que se suele utilizar para representar los sistemas. De hecho, varios grupos de Sistemas adoptaron esta estructura cuando ayudaban a sus organizaciones internas de soporte a implementarla para la atención al cliente. Reconocen que el soporte de Sistemas es una función interna para el cliente que tiene los mismos objetivos que la atención al cliente.

Por último, la estructura permite a su personal y a sus socios de ventas externos ver cómo se ubican dentro de la operación total. Los empleados pueden ver, por ejemplo, que el registro y la clasificación contribuyen con el análisis que previene los llamados más difíciles de manejar.

Figura 6-1. Flujograma de la gestión de contactos

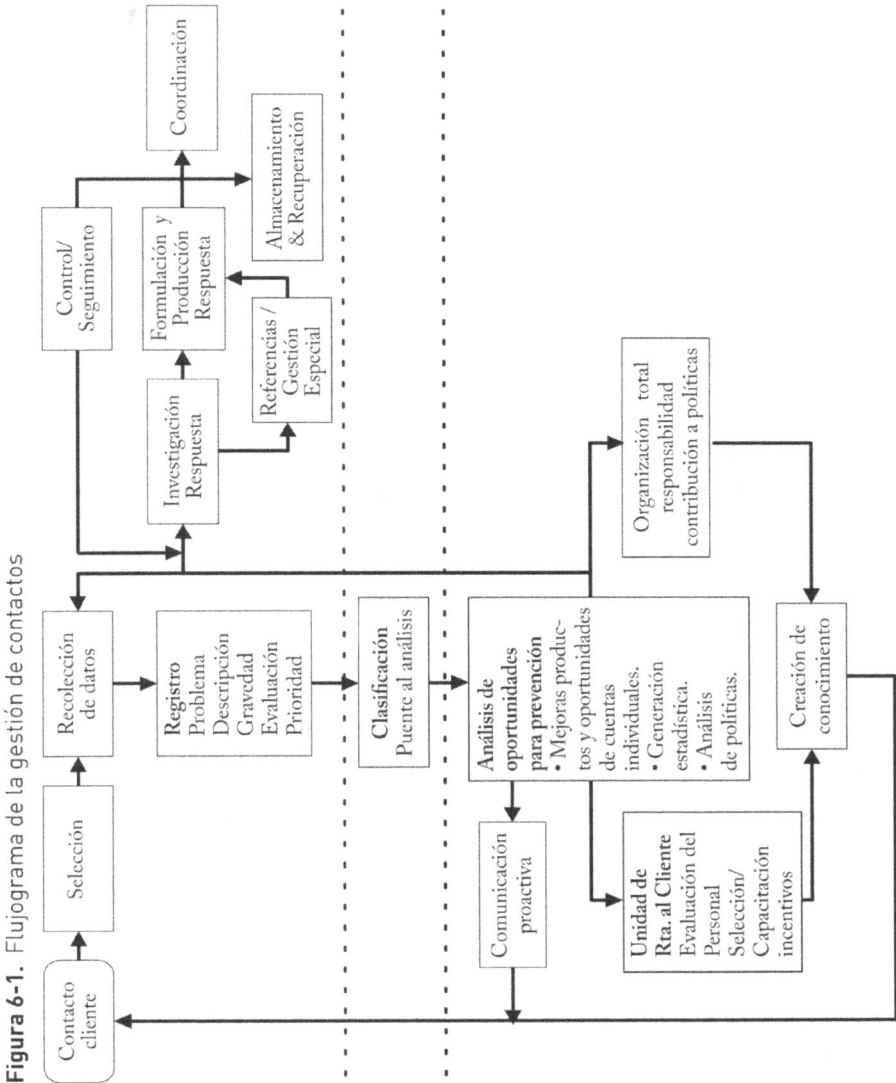

149

Sus socios se dan cuenta de que si les notifican los efectos de las demoras rápidamente, se puede mejorar el servicio. En resumen, la estructura permite conocer su papel y el de los demás a quienes directa o indirectamente benefician o perjudican a sus clientes en la creación de la experiencia desde el punto de vista de la atención.

EL FLUJOGRAMA DE LA ESTRUCTURA

El flujograma de la Figura 6-1 organiza las actividades en la estructura de un proceso con tres capas:

1. La primera capa (superior) abarca las funciones necesarias en la interacción con los clientes y en la formulación y entrega de la respuesta.
2. La segunda capa (media), (clasificación de la operación, averiguación o problema, utilizando un esquema como el incluido en el Capítulo 5), forma el puente de información hacia la tercera capa.
3. La tercera capa (inferior) incluye las funciones implícitas en el mejoramiento de la experiencia del cliente mediante la prevención de problemas, la comunicación proactiva, y la correcta administración y contratación del personal.

Algunas actividades de la estructura están incluidas en otras para simplificar las cosas. Por ejemplo, la actividad Control/Seguimiento en la capa superior incluye el seguimiento interno y el de las referencias. Asimismo, se agregan otras actividades para lograr claridad, tales como Contacto Cliente, el cual incluye el primer contacto del cliente (por teléfono, correo electrónico, carta, o mediante contacto personal). A excepción de estos puntos, el flujograma, como debe ser, se explica por sí mismo. No obstante, es importante tener en cuenta los puntos que detallo a continuación.

Colocamos "Creación de conocimiento" (de la función de atención al cliente entre los clientes) en la parte inferior porque el paso de la solicitud de la formulación de quejas no debería darse hasta que no se haya desarrollado la habilidad para manejar las interacciones con el servicio, de manera que un alto porcentaje de clientes quede satisfecho en el contacto inicial.

Crear conocimiento de un sistema de atención que genera más insatisfacción solo contribuirá a una mayor erosión de la lealtad.

Cuando diseña o mejora un sistema, no debe dejar afuera ninguna función y cada una se debe ubicar en algún nivel. Si tiene un sistema de atención al cliente, incluya a cada una de estas funciones en el sistema. En realidad, es probable que la mayoría de estas actividades ya se lleven a cabo en su empresa. La pregunta es: ¿quiénes las realizan, y con qué nivel de eficacia y eficiencia? Además, tenga estos puntos en cuenta si terceriza la función del servicio o el centro de atención telefónica. Hay funciones importantes como el "Análisis de las oportunidades" que se pierden en el esfuerzo por reducir los costos u obtener niveles superiores de atención con un vendedor o socio.

Debe haber alguien responsable de cada una de estas funciones. Los representantes de atención al cliente pueden desarrollar múltiples funciones, pero cada responsabilidad (registro de los datos del contacto, clasificación de los contactos, investigación de la respuesta, y generación estadística) debe ser explícita. Cada una debe estar identificada como una actividad que se llevará a cabo de acuerdo a ciertos estándares. Se debe entrenar a los empleados para realizar las tareas, y se deben recabar los datos para medir su desempeño mediante métricas claras, justas y predeterminadas.

Cuando surgen problemas en el sistema, un recorrido por este flujograma lo puede ayudar a detectar las fallas. Por ejemplo, una recolección de datos deficiente o un registro incorrecto perjudican la clasificación y el análisis preventivo, como también la calidad de la respuesta. En general, como ya vimos, la forma más rápida de mejorar la atención y cosechar las recompensas subsiguientes es, casi siempre, mejorar la respuesta a los clientes a nivel táctico. Cuando esto sucede, la satisfacción y la lealtad comienzan a mejorar a partir del siguiente llamado.

Las funciones incluidas se extienden más allá de la atención al cliente. Por ejemplo, el análisis de las oportunidades obtiene datos y utiliza recursos externos a la atención al cliente, como es el caso de los reclamos de garantía, registros de reparaciones, datos sobre los cargos por mora, y los hallazgos de las encuestas de investigación de mercado. Toda esta información alimenta el análisis que tiene por objetivo mejorar los productos, servicios, y prácticas de operaciones, y por consiguiente la experiencia del cliente. (Este análisis también debe utilizar el "modelo de perjuicio del mercado" y los cálculos del "mercado en riesgo" para estimar el impacto de los problemas sobre el desempeño financiero.) Al mismo tiempo, el análisis de las oportunidades y la contribución a la empresa podrían alimentar hallazgos y recomendaciones a todos los departamentos, porque todos cumplen con una función para que las cosas se hagan bien la primera vez.

Para que el sistema tenga éxito, se deben implementar todas las funciones con un alto nivel, tal como se recomienda en la siguiente sección.

PRÁCTICAS ÓPTIMAS PARA MEJORAR FUNCIONES Y ACTIVIDADES ESPECÍFICAS

Con el fin de gestionar los problemas de los clientes, mejorar su experiencia, capacitarlos proactivamente, y aplicar técnicas de venta cruzada cuando corresponda, a continuación haré un recorrido por unas prácticas que son óptimas para las funciones más destacadas. Son, por necesidad, recomendaciones un tanto amplias, pero aplicables a cualquier tipo de empresa y a diferentes modos de gestión de quejas (por teléfono, basadas en la web, correspondencia, y personalmente). A medida que las lea, piense cómo estas actividades están estructuradas y desarrolladas en su sistema de atención al cliente.

Actividades dentro de las funciones tácticas

Las funciones tácticas de entrada, respuesta, salida y control incluyen las siguientes actividades (Tabla 6-1).

Selección. Esta actividad debe ubicar al cliente en el lugar adecuado en un solo paso (dos como máximo). Comienza con comunicarle los canales de contacto, el horario de atención, y detalles como el menú telefónico de opciones y las instrucciones del sitio web.

Prácticas óptimas. Al publicitar sus menúes telefónicos, incluya las opciones siempre que conste la línea 0-800 para que los clientes sepan qué presionar antes de marcar el número. Esto aumenta la satisfacción en un 20 por ciento y disminuye el uso de la opción para hablar con un representante. En el caso de los mecanismos de contacto basados en la web, ofrezca *links* claros para los tipos de conflictos superiores, para ayudar a los clientes a llegar a las áreas correctas. Además, lleve un registro de los contactos mal direccionados para que puedan ser eliminados. La capacitación es otro punto importante para la selección y dirección adecuadas, esenciales para resolver los conflictos en el primer contacto.

Registro de los datos de los contactos. Esta actividad crea un registro del reclamo y de toda la información pertinente. Los representantes necesitan las herramientas y la capacitación adecuadas para recabar los datos necesarios de manera eficaz y oportuna durante el contacto con el cliente.

Prácticas óptimas. Solicite a los clientes ingresar datos en el sitio web de modo que sean coherentes con los lineamientos seguidos por los representantes durante los contactos telefónicos. Solo basta con incluir una plantilla con algunos datos para completar antes de acceder a la sección de reclamos. Intente alentar a los clientes a utilizar la web, y brinde un servicio más veloz como incentivo.

Clasificación de los contactos. Esta actividad asigna el reclamo a una categoría para que el problema pueda ser analizado y los representantes obtengan la guía de cómo responder. Recuerde que la clasificación es el puente entre la atención táctica y la estratégica, es decir, entre atender un reclamo específico de un cliente y eliminar el problema para todos los demás.

Prácticas óptimas. Es necesario que los representantes puedan ingresar el código general en el sistema y obtener los subcódigos correspondientes automáticamente para permitir una codificación granular rápida. Esta codificación jerárquica produce mayor precisión y eficacia que la codificación en listas que se desplazan hacia abajo.

Como vimos en el Capítulo 5, conviene usar un esquema de clasificación viable. Verifique que el método de clasificación permita una rápida resolución del problema. Asimismo, revise el esquema y los problemas de forma periódica para garantizar que las categorías se estén utilizando correctamente y que no más del 2 por ciento esté codificado como "otros".

Investigación para la respuesta. Esta actividad recaba toda la información necesaria para brindar una respuesta sólida al cliente, así como una solución del problema y de la causa raíz. La investigación debe ser llevada a cabo por los representantes de atención al cliente, un especialista, o una persona del área en donde se originó el inconveniente. La misma es posible gracias a los datos ingresados por los representantes y el código de clasificación.

Prácticas óptimas. En base a la identidad del cliente y el código del problema, la computadora debe, automáticamente, brindar al empleado el correspondiente historial del cliente y toda la información necesaria para tomar una decisión. Por ejemplo, si un cliente apela un reclamo, la empresa debe lograr que el sistema envíe al representante toda la información sobre el motivo del rechazo (inclusive, por ejemplo, imágenes de la historia clínica), junto con una guía para saber si la apelación puede ser aceptada. De esta forma, el representante no tiene que consultar 10 bases de datos. El investigador debe tener acceso a toda la información pertinente, y los empleados deben estar autorizados para investigar la mayoría de casos posibles, teniendo en cuenta los recursos disponibles, el tipo de negocio y la complejidad de los problemas.

Formulación de la respuesta. Mediante esta actividad, se llega a una decisión y se elabora la respuesta. Esta última debe incluir el motivo en forma clara, y debe ser transmitida con empatía y con la certidumbre de que el cliente fue tratado de manera justa.

Prácticas óptimas. Según el código del problema y el valor del cliente, los representantes deben tener de 2 a 5 respuestas (las cuales incluyen una razón creíble) que ofrezcan un "espacio de solución flexible", tal como se explicó en el Capítulo 3. Dichos espacios deben permitir una solución el 95 al 98 por ciento de las veces sin recurrir a un supervisor. La resolución debe transmitir a los clientes que fueron tratados en forma justa, más allá del resultado.

Producción de la respuesta. Esta actividad ofrece la decisión al cliente de forma oportuna, con la fundamentación y una disculpa, pero sin aceptar la culpa.

Prácticas óptimas. Debe transmitir la respuesta mediante el canal de comunicación preferido por el cliente. Tal vez puede enviar una confirmación por correo electrónico si ese no fue el canal utilizado para la respuesta. Si la decisión no puede ser tomada de forma inmediata, establezca una expectativa específica sobre el tiempo que tomará, y mantenga informado al cliente en caso de demoras.

Almacenamiento, recuperación y distribución. Esta actividad rastrea los casos y provee al menos un resumen para que se pueda acceder electrónicamente para referencias futuras y análisis.

Prácticas óptimas. Verifique que el código de clasificación de los problemas conduzca la distribución automática de los datos a las partes correspondientes. Por ejemplo, la información brindada debe llegar a la unidad responsable del análisis de la causa del problema, es decir, los datos sobre las expectativas erróneas de los clientes deben llegar a ventas, los de calidad inferior del producto a fabricación, y las acciones de terceros a la gerencia del canal. La información sobre los problemas también debe incluir la cantidad de acontecimientos, tipos de resolución, y satisfacción de los clientes con respecto a la resolución para que pueda llevar a cabo los cálculos del "modelo de perjuicio del mercado" y los de "mercado en riesgo". La distribución implica informar a la empresa sobre los conflictos provenientes de su área, tales como los departamentos de marketing o ventas que crean malentendidos como resultado de mensajes confusos o exageraciones.

Seguimiento interno y de las referencias. Garantiza que los problemas que los representantes refieren a los analistas, u otras partes, se gestionen correctamente.

Prácticas óptimas. Realice un seguimiento de todos los casos referidos e informe a los representantes cuando los problemas son resueltos para que éstos puedan transmitir confianza en el proceso de referencias a los clientes. Dicha confianza reduce los llamados de los clientes para confirmar que la operación fue realizada o que el técnico llegará a horario. El proceso de seguimiento debe informar las soluciones a los representantes del servicio de atención de manera proactiva para que éstos no tengan que verificar el estado de los casos constantemente.

Actividades dentro de las funciones estratégicas

Las funciones estratégicas incluyen las siguientes actividades.

Análisis. Esta actividad permite el uso estratégico de los datos recabados por las funciones tácticas.

La generación estadística genera datos sobre los problemas, la resolución y la satisfacción de los clientes. El análisis de las oportunidades identifica las formas de eliminar los problemas, aumentar la satisfacción y el deleite, y reducir la carga de trabajo. Las contribuciones a la organización brindan el análisis que obliga a la gerencia a actuar para mejorar la atención táctica y la estratégica teniendo en cuenta el costo financiero de la inacción.

Prácticas óptimas. Sugiero crear una función analítica independiente, sólida y creíble; integrada por profesionales con al menos cinco años de experiencia que puedan desempeñarse como consultores internos. Su análisis debe incluir recomendaciones para eliminar las causas de los problemas y el costo mensual de la inacción (en ingresos perdidos como consecuencia de una menor lealtad y un boca a boca negativo). Es preciso adaptar los informes de la voz del cliente a cada interlocutor ejecutivo en lugar de enviar un solo informe a una gran cantidad de personas.

Evaluación e incentivos. Para esta actividad, se necesitan métricas que capten la disposición del cliente, con y sin problemas, para recomendar su empresa, por tipo de conflicto y por representante. Los beneficios deben incluir 20 por ciento de los incentivos a riesgo y también ascensos para los empleados. Asimismo, los beneficios deben concentrar la atención de todo el personal en la prevención de problemas y el mejoramiento de la experiencia del cliente, y no en la productividad.

Prácticas óptimas. Realice un seguimiento por conflicto y resalte aquellos que producen una insatisfacción sistemática. Haga más hincapié en la capacitación de los clientes, las soluciones de los procesos y de las reglas de respuesta, y no tanto en los representantes individuales. Vincule al menos el 25 % de los salarios de los gerentes y de los empleados que tienen contacto directo con el cliente, con la prevención de problemas, además de la calidad, productividad, satisfacción, y lealtad. Recalque el reconocimiento positivo de los pares, mediante el relato de situaciones de logros obtenidos en reuniones grupales semanales. Asimismo, elimine aquellas métricas de productividad que motiven comportamientos que desgasten la satisfacción y la lealtad. Los incentivos para crear una gran experiencia del cliente deben aplicarse en toda la organización. Por ejemplo, en una empresa de productos envasados, el departamento de atención le cobra a la gerencia del departamento de producto los llamados recibidos como consecuencia de mensajes de marketing con errores.

Capacitación. Esta actividad brinda al personal el entrenamiento para adquirir habilidades básicas de comunicación y de resolución de problemas (habilidades "blandas"), así como herramientas flexibles para conflictos específicos. Debe ofrecer refuerzos mensuales de los principales módulos.

Prácticas óptimas. Explique siempre los motivos fundamentales de las políticas y procedimientos que involucran a los clientes, en especial aquellos que puedan no ser del agrado de estos últimos. Prepare a los representantes de atención al cliente para enfrentar los desafíos que los clientes puedan plantear luego de que se les haya brindado la explicación estándar. Utilice el juego de roles para desarrollar habilidades, y el relato de historias para representar situaciones posibles y para demostrar las mejores formas de resolverlas. Además, lleve a cabo "turnos de alardeo" para celebrar el desempeño excelente de los empleados que resuelven situaciones con clientes o problemas difíciles, de modo que los demás puedan tener en cuenta enfoques alternativos.

Creación de conocimiento y solicitud de quejas. El objetivo de esta actividad es alentar a los clientes a que realicen quejas. Muchos ejecutivos consideran que esta recomendación es terca pero, como ya lo mencioné, solo podrá resolver los problemas que conoce. Además, debe recibir los reclamos positivamente y agradecérselos a los clientes de manera sincera.

Prácticas óptimas. En el envase de su producto, las cartas de bienvenida, las facturas mensuales, las gacetillas, y los mensajes por correo electrónico, exhiba de forma clara su número de teléfono, el sitio web, y (si está disponible) la dirección de correo electrónico. John Deere y Polaroid estamparon su número de atención telefónica gratuita en sus productos (en el caso de Deere, en el tablero del tractor). Esto da la pauta de que la empresa quiere escuchar a su cliente. Si tiene sentido, incluya una dirección física, aunque hoy en día, muy pocos clientes se comunican por carta. La idea es facilitar el contacto de quienes tienen una inquietud o un reclamo.

Comunicación proactiva. Mediante esta actividad, se establecen las expectativas correctas con respecto al funcionamiento del producto y se advierte a los clientes sobre los problemas posibles antes de que surjan, o antes de que empeoren.

Prácticas óptimas. Señale en los kits de bienvenida y en otras comunicaciones las limitaciones comunes del producto o los errores de los clientes y explique cómo evitarlos. Los representantes de atención al cliente deben sugerir estrategias para evitar problemas y métodos de autoservicio de manera proactiva. Por otro lado, deben recibir la capacitación para reconocer oportunidades potenciales de venta cruzada y dirigida, y para comprender que la venta cruzada adecuada genera deleite porque está resolviendo una necesidad del cliente. Cuando el cliente demuestra interés, el representante debe comenzar la venta o derivarlo a un vendedor.

El detalle de las actividades del proceso y la consideración de estas prácticas le permitirán comenzar a mejorar automáticamente, no sólo la atención al cliente, sino también la experiencia total del mismo.

CÓMO IMPLEMENTAR LA ESTRUCTURA

Para aprovechar el uso de esta estructura, comience con las funciones tácticas y ponga su empresa en orden antes de actuar en las otras áreas. Si puede demostrar una mejora en las operaciones y en los resultados, podrá acumular recursos para construir una función analítica sólida e impactante, la cual será su mejor carta de presentación para el resto de la empresa.

Dentro de las funciones tácticas, empiece mejorando el proceso de gestión de reclamos. Tal proceso se centra en el cliente y debe ser comprendido por todos los empleados. Produce las métricas para medir el desarrollo frente a estándares claros, ligados a la operación central. En las compañías que no cuentan con un proceso bien diseñado y administrado, las quejas, por lo general, no son seleccionadas, registradas ni clasificadas de manera eficaz. Por lo tanto, el primer paso consiste en examinar su definición de queja y ampliarla para que la misma incluya cualquier inquietud del cliente que concierna su experiencia, por ejemplo: "¿a qué se debe este cargo que imputaron en mi factura?" no es una pregunta, sino una queja expresada de manera apacible.

Luego, utilice la estructura y las prácticas incluidas en la sección anterior para:

- Realizar un mapeo del proceso de atención táctica con herramientas visuales.
- Utilizar las contribuciones de los empleados y clientes para rediseñar el proceso.
- Adaptar la tecnología para mejorar la atención táctica.
- Crear o fortalecer las funciones analíticas.
- Mejorar la atención estratégica en toda la empresa.
- Mejorar continuamente.

Haga un mapeo del proceso de la atención táctica con herramientas visuales

Hacer un mapeo de un proceso mediante flujogramas, mapeos u otras herramientas visuales ayuda a comprender cuáles son las tareas que deben desarrollar los involucrados en el sistema del servicio. Con un flujograma, se ven las funciones y las actividades individuales, y cómo se relacionan entre ellas; y también cómo el trabajo y la función de cada uno contribuyen a la satisfacción del cliente. He visto muchas empresas beneficiarse en gran medida por el simple hecho de llevar a cabo una reunión para diseñar un flujograma. Hasta los más sencillos son muy útiles. Por lo general, se diseñan gráficos más complejos para desarrollar una visión clara del proceso de atención al cliente.

Utilice las contribuciones de los empleados y clientes para rediseñar el proceso

Los mejores consultores para asesorarse cómo mejorar la atención estratégica son sus clientes y empleados. Formule solo dos preguntas a cada grupo: "¿Cuáles son las tres peores frustraciones que tiene al recibir o proveer un servicio?", y "¿cómo las cambiaría?", y luego le pido que se siente a escuchar las respuestas.

Adapte la tecnología para mejorar la atención táctica

Si cree que necesita introducir grandes cambios en la tecnología para mejorar la atención al cliente, no hay nada que hacer. Eso no sucederá, a menos que su gerente general se convierta en un fanático, algo de lo que probablemente no pueda depender. Por consiguiente, le recomiendo definir cuáles serían los pequeños ajustes que puedan producir resultados visibles y ahorre los cambios tecnológicos importantes para el esfuerzo estratégico.

Cree o fortalezca las funciones analíticas

La información es el poder para persuadir. Es necesario fortalecer la actividad analítica para crear el caso de negocio y mejorar las actividades de la atención estratégica. Logrará que otras áreas funcionales se "suban a su tren" si apela a sus intereses; si mejora estas actividades, logrará un éxito mayor y la compañía generará más ingresos.

Mejore la atención estratégica en toda la empresa

La estructura, sustentada por el análisis recién mencionado, puede establecer una visión común del sistema de atención cuando interactúa con marketing, ventas, operaciones, finanzas o sistemas, y con la gerencia superior. Si hoy en día tiene un sistema puramente táctico que se limita a responder al cliente y nada más, podrá advertir cuáles son los elementos estratégicos necesarios y comenzar a desarrollarlos.

Mejore continuamente

Mejorar continuamente significa no quedar nunca conforme con los niveles de satisfacción, lealtad del cliente y boca a boca. Las mejores compañías, que gozan de más del 90 por ciento de satisfacción, reconocen que cada punto extra de porcentaje representa decenas de millones en ingresos. En estos casos, la plana mayor de la gerencia controla las medidas importantes de desempeño e insiste en la búsqueda continua de las causas de insatisfacción y de los problemas. Premia las mejoras y ve al sistema de la experiencia del cliente como una curva, con el cliente al principio y al final, y los procesos de la empresa en el medio. Solo el *feedback* continuo de los clientes y los empleados, y la medición constante de la satisfacción y la lealtad, pueden garantizar las mejoras continuas.

ESTRUCTURE LA ATENCIÓN

La presente estructura para desarrollar la atención táctica y estratégica se utiliza en empresas regionales, nacionales y de todo el mundo para planear nuevos sistemas de atención al cliente y mejorar los ya existentes. También es útil en el diseño de plataformas de tecnología como soporte para la gestión de contactos y de CRM, y en el establecimiento de sistemas tercerizados o ubicados en otros países.

Cada función dentro del proceso debe ser correctamente comprendida, equipada de personal y recursos, medida y administrada si se quiere que todo el sistema de atención al cliente táctica y estratégica funcione de manera eficaz y efectiva. En los próximos dos capítulos, indicaré cómo garantizar que la interfaz tecnológica y los recursos humanos que sostienen el trabajo del proceso funcionen en favor suyo.

PRINCIPALES PUNTOS A RECORDAR

1. La clave para brindar una respuesta eficaz es hacer una investigación adecuada de los conflictos, seguida por una respuesta flexible con una explicación clara del resultado, garantizando que los clientes fueron tratados de manera justa.

2. Una vez que el sistema logre resolver al menos el 75 por ciento de las quejas en el primer contacto, podrá solicitar la formulación de reclamos de manera proactiva.

3. La clasificación es el puente entre la atención táctica y la estratégica. Si el sistema de clasificación tiene errores, los análisis y las

respuestas estratégicas se van a perjudicar seriamente.

4. El análisis se debe enfocar en las operaciones del centro de contactos y el desempeño de los empleados del servicio de atención; también debe erradicar las reglas y procesos de respuestas ineficaces, responsables de alrededor del 60 por ciento de la insatisfacción.

5. La evaluación y los incentivos deben ser positivos en al menos el 80 por ciento para confirmar que todos satisfacen al cliente, y para premiar a los empleados que detecten oportunidades para mejorar.

NOTAS

1. *'Serving the American Public: Best Practices in Resolving Cus- tomer Complaints"* (Al servicio del público estadounidense: prácticas óptimas para la resolución de los reclamos), *Federal Benchmarking Consortium,* Informe, marzo de 1996; *"Increasing Customer Satisfaction"* (Cómo aumentar la satisfacción de los clientes), *U.S. Office of Consumer Affairs,* 1984.

Capítulo 7

La tecnología y la interfaz del cliente

Cómo crear sistemas para que los clientes utilicen y disfruten

Hace poco, tuve dos experiencias con United Airlines que me demostraron que no comprenden absolutamente nada de cómo utilizar la tecnología para mejorar la experiencia del cliente. Primero, cada vez que llamo al número de atención al cliente *Premier Executive* (la empresa sabe que acumulo al menos 50.000 millas por año por United y que soy miembro del programa para viajeros frecuentes *Million-Mile*), tengo que escuchar mensajes dirigidos a "Doña Rosa" (que viaja una vez al año) sobre la anticipación con la cual es necesario llegar al aeropuerto, los límites de equipaje, etc. Segundo, me invitan a dar mi opinión por correo electrónico, solicitan mi número de viajero frecuente y jamás envían una respuesta o reconocimiento por mis correos electrónicos.

Tal vez este capítulo debería haberse llamado "La tecnología es la interfaz del cliente", ya que en la práctica eso es lo que sucede casi siempre. Cada vez que el cliente levanta el teléfono, envía un correo electrónico, o visita el sitio web de una empresa, la calidad de la experiencia y de la satisfacción estará determinada, en gran medida, por el diseño de la interfaz de la tecnología y el proceso entre el cliente y la organización. Por lo general, los clientes **sólo** interactúan con la tecnología (en un sitio web o un sistema de respuesta de voz interactiva), pero aun así están interactuando con su empresa. Juzgarán a la compañía y a su experiencia en base a la calidad de tal interacción, la cual está, en gran medida, determinada por la forma en que se utiliza la tecnología.

Los clientes tienen opiniones diferentes sobre la tecnología. Para la mayoría, genera molestias e indica que la empresa no se interesa por los clientes, y que preferiría no contratar personas para ahorra dinero. Al mismo tiempo, a la mayoría le gusta imprimir el pasaje de avión con anticipación, recibir un correo electrónico en el cual se confirma que el regalo de cumpleaños fue enviado en la fecha convenida, y utilizar los cajeros automáticos en vez de hacer filas. ¿Por qué esta contradicción? Se debe a cómo y cuándo se utiliza la tecnología.

Más allá de la interfaz (el lado del cliente, para ser preciso), se encuentra la tecnología que genera y dirige el flujo de la información necesaria a nivel táctico y estratégico. A nivel táctico, dicha información le permite a la empresa ofrecer un gran servicio a los clientes individualmente; a nivel estratégico, la ayuda a detectar, prevenir, y resolver problemas para todos los clientes. A su vez, la tecnología proporciona las métricas necesarias para controlar el desempeño del personal y de los procesos del sistema de atención.

En este capítulo, comienzo explicando por qué los clientes aman y odian a la tecnología, y qué los saca de sus casillas por la tecnología. Luego, me concentro en los roles adecuados de la tecnología en la atención táctica y en la estratégica. También, brindo algunas sugerencias para que pueda estimular a los clientes a utilizarla con entusiasmo (y hasta felicidad), y no de mala gana. Por último, me refiero a las nueve tecnologías que deberá aplicar y, sin entrar en demasiados detalles, sugiero cómo aplicarlas con éxito y evitar las dificultades más comunes.

POR QUÉ LOS CLIENTES AMAN Y ODIAN LA TECNOLOGÍA

Si los clientes están encantados con su experiencia, amarán la tecnología; y si no, la odiarán. Es la experiencia, no la tecnología, la que provoca el amor o el odio. Es decir, no aman ni odian la tecnología en sí; sino que aman u odian lo que esta hace o no por ellos para lograr sus objetivos.

Cuándo los clientes odian la tecnología

Los clientes quedan desquiciados por la tecnología y la culpan por perjudicar su experiencia principalmente cuando la perciben y tienen que lidiar con ella. Se enojan muchísimo cuando ésta:

- Prolonga el tiempo normal de la interacción, y además les hace perder tiempo solicitándoles realizar tareas que no suman (como por ejemplo, registrarse cuando sólo quieren hacer una consulta sencilla).
- Parece inflexible, como en el caso en el que ofrece sólo una respuesta cuando en realidad hay varias soluciones posibles.
- Menciona reglas que sólo los usuarios experimentados pueden llegar a conocer, para demostrar superioridad.
- Beneficia a la empresa a costa del cliente, o no lo beneficia.
- Aparenta ser insensible a la situación. Por ejemplo, cuando la empresa incluye mensajes de marketing en la línea de atención para reclamos de equipajes perdidos.
- Brinda respuestas incorrectas o indescifrables a preguntas tales como por qué se encendió la "luz del motor" en el tablero del auto, lo cual puede significar un detalle sin importancia o un desastre inminente.
- No les permite comunicarse con una persona y los "pasea" por el sistema de respuesta de voz interactiva de forma interminable.

Usted mismo podría buscar específicamente estos ítems en los contactos con sus clientes… se va a sorprender de lo que encuentre.

Cuándo los clientes aman la tecnología

Casi siempre, los clientes aman la tecnología por los mismos motivos que usted. Porque genera operaciones, respuestas y soluciones más rápidas y precisas. A nivel estratégico, permite ofrecer soluciones e informar a los clientes sobre alguna oportunidad antes de que ellos mismos sepan que tienen un problema o necesidad. Imagínese que tocan el timbre de su casa y en la puerta se encuentra un muchacho con una pizza y le dice: "Aquí está la pizza que usted **estaba por** pedir". A esto llamo la "pizza adivina". Los clientes se benefician con la tecnología y consideran que mejora su experiencia cuando ésta:

- Permite un proceso más conveniente y veloz para obtener una respuesta o solución en el primer contacto.
- Anticipa la respuesta necesaria y ofrece la próxima respuesta que necesitarán de manera proactiva.
- Los libera del servicio de atención gracias a las comunicaciones

proactivas. Como el ex vicepresidente de atención al cliente de Amazon, Bill Price, sostiene: "El mejor servicio es no prestar ningún servicio", es decir, no es necesario siquiera que el cliente interactúe con la atención al cliente.

- Brinda un valor agregado; por ejemplo al ofrecer consejos útiles, más opciones de envío, capacitación o antecedentes a su medida, o al avisarle que debe inflar la rueda izquierda de atrás de su auto.

Tanto los clientes como la empresa se benefician con el uso eficaz de la tecnología. Los primeros quieren que las interacciones con la atención al cliente sean lo más efectivas y eficaces posibles, al igual que usted. No quieren pensar en la tecnología; ni siquiera la quieren mencionar, al punto que ésta sea transparente y que no evoque reacción alguna salvo algún breve "¡Qué ingenioso!"

Ahora trate de ponerse en el lugar del cliente y recuerde la última vez que se tuvo que contactar con algún centro de atención al cliente. ¿La tecnología facilitó o entorpeció la respuesta o solución? ¿Aceleró o demoró la interacción? ¿Aclaró la situación o generó confusión?

Asimismo, la personalidad y situación particular del cliente pueden determinar roles muy diferentes. Si se trata de una persona sociable, ésta valorará enormemente a la empleada de la cafetería que le pregunta por sus hijos y su perro y trata de socializar, salvo cuando sólo quiere un café y ya está llegando tarde a una reunión con su jefe. En ese caso el cliente dirá: "¿Me trae el café y la cuenta?, estoy muy apurado". De igual manera, cuando la respuesta de voz interactiva le informa al cliente que su vuelo fue cancelado, lo único que éste quiere es hablar con una persona para reprogramar su vuelo, y que su condición de viajero frecuente le permita ubicarse al inicio de la fila.

CÓMO LOGRAR UNA INTERFAZ CLIENTE-TECNOLOGÍA CORRECTA

Si quiere ofrecer un servicio con un soporte de tecnología que sus clientes disfruten, deberá lograr una interfaz correcta. Por consiguiente, los primeros objetivos consisten en incluir las características que los clientes aman y excluir las que odian. Pero, ¿cómo lo puede lograr? Deberá enfrentar los siguientes desafíos principales:

- Crear un sistema que le permita ahorrar tiempo al cliente y dinero a su empresa.
- Capacitar a los clientes y alentarlos a adoptar la tecnología con una actitud positiva.
- Comenzar con pocas funciones para garantizar el éxito.

Implemente un sistema intuitivo para inexpertos y expertos

Aquí es posible aplicar la analogía entre el viajero frecuente y "Doña Rosa". Existen clientes inexpertos y expertos; la tecnología debe ajustarse a ambos tipos. Por lo tanto, prevea las situaciones en las cuales los clientes se comunicarán, las inquietudes y problemas que tendrán, la información con la que contarán y la que solicitarán, y las formas en que utilizarán el sistema. Por ejemplo, las compañías que permiten a sus clientes identificarse mediante su principal número de teléfono en lugar de un número de cuenta o de confirmación, están en el camino acertado. También lo están aquellas que perciben que algunos clientes tendrán problemas al utilizar el producto, o querrán retroceder un paso (o dos) y no empezar desde el principio, o no querrán que el representante les corte si le piden que aguarde un momento para obtener cierta información que no tienen a mano.

Pruebe el sistema con usuarios en vivo. Considere invitar a su principal cartera de clientes a grupos de discusión, prototipos, y pruebas limitadas para garantizar el funcionamiento del sistema con personas antes de lanzarlo de manera amplia. Algunas empresas no usan sólo a sus mejores clientes para probar los sistemas, sino que hacen participar a aquellos que hicieron cosas ridículas con otros productos. Según esta teoría, los clientes menos sofisticados son ideales para probar si el producto realmente es prueba de torpes. Si los inexpertos tienen una mala experiencia, nunca se convertirán en expertos y recurrirán al centro de atención una y otra vez.

Cree un sistema que le permita ahorrar tiempo al cliente y dinero a su empresa

En primer lugar, deberá analizar sus procesos para detectar las operaciones que demoran. No tenga duda de que las que demoren generarán el contacto de los clientes para averiguar si ya se completaron. Tome el ejemplo del representante de atención al cliente de American Express cuando dice: "Ya se realizó, la podrá ver en el próximo resumen de cuenta o en internet dentro de cinco minutos". Utilice el "modelo de perjuicio del mercado" y el cálculo del "mercado en riesgo" para definir qué operaciones podrían beneficiarse con la automatización.

No imponga cargos extra a los pagos realizados por internet y no por correo. Aunque la intención de los clientes sea evitar cargos por mora, permítales hacer dicho pago sin cargos extra con tarjeta de crédito. Mejor aún, ofrézcales la opción de realizar pagos en línea de forma habitual. Además, esta forma de pago es más segura y menos costosa de procesar para su empresa.

Capacite y motive a los clientes a adoptar la tecnología con una actitud positiva

Si los clientes no adoptan la tecnología o la utilizan bajo presión (por ejemplo, para evitar los cargos extra de hablar con una persona), el objetivo del sistema no se cumplió. Con respecto a la tecnología en la atención al cliente, las investigaciones de TARP indican que, por lo general, los clientes pueden ser clasificados en tres categorías de aproximadamente el mismo tamaño cada una: aquellos que la utilizarán sin dificultad, aquellos que la usarán en algunos casos según le encuentren sentido, y los que ni siquiera intentarán usarla. Este último grupo, cita tres razones:

1. Me cuesta hacer lo que quiero.
2. Si tengo algún problema al usarla, tendré que llamar, de todas maneras.
3. No es tan personal.

La capacitación eficaz al cliente es la clave para combatir la primera razón. Es preciso demostrar la variedad de tareas que los clientes pueden realizar, o aún mejor, las tres que más les interesa. Por ejemplo, AOL les hace realizar a sus clientes un par de tareas simples y luego el avatar "Irene" les muestra cómo hacer otras actividades mientras obtienen experiencia, lo cual sería una versión de la capacitación justo a tiempo. Debe **mostrarles** a los clientes que pueden hacer lo que desean. Los representantes de atención al cliente del Key Bank de Cleveland ofrecieron una capacitación a los clientes acerca de la respuesta de voz interactiva; los invitaron a participar de una conferencia y les permitieron presionar los botones. HP alentó a sus representantes a mostrar a los clientes cómo funciona el autoservicio en línea. Como resultado, hasta la mitad de los clientes que fueron capacitados comenzaron a utilizarlo. También es importante contar con un mapa claro del sitio.

Con respecto al miedo de los usuarios a tener inconvenientes y tener que comunicarse de todos modos, tenga la certeza de que éstos sepan a qué número comunicarse si necesitan asistencia o desean hablar con una persona: consigne los datos de contacto correspondientes en la parte superior de cada página o en un menú telefónico de opciones donde sea posible. Los mejores sitios web son aquellos que ofrecen a los clientes todos los canales de soporte, y no los mantienen cautivos en internet.

Si los clientes consideran que una política o requisito es inusual o inconveniente, explique por qué fueron establecidos, o al menos incluya un enlace en su página que diga: "¿Por qué tenemos esta política?". El mero hecho de incluir tal enlace hará sentir mejor a los clientes, porque demuestra que la empresa está reconociendo que dicha política puede causar molestias. Lo mismo ocurre cuando, por ejemplo, el piloto se disculpa por los 12 aviones que están esperando despegar antes que el nuestro. Además, quienes tienen una opinión muy firme con respecto al tema harán clic en el enlace y se convencerán, o al menos lo comprenderán mejor. En muchos casos, TARP notó que explicar las políticas puede aumentar la lealtad del 20 al 30 por ciento en relación al perjuicio posible si no estuviese la explicación.

Algunas empresas crearon interfaces más personales mediante la incorporación de un toque cuasi humano. A modo de ejemplo, podría mencionar la caricatura "Claire" de Sprint, muy reconocida por ser personal. Los clientes hasta la podían invitar a salir, y ella fruncía el ceño y decía: "No salgo con clientes". Este humor implícito sirve muchísimo para humanizar las interacciones y una minoría importante de la población lo agradece. Evite los términos burocráticos y opte por un estilo personal y frases como: "Estamos haciendo esto porque. . ." y "Ya verá que podrá. . ." para que los usuarios se sientan más cómodos. También es posible personalizar las experiencias permitiendo a los clientes contar con espacios personales, como "mi Eddie Bauer" y "mi lista" de Netflix, o incluyendo un avatar con la apariencia del cliente para probarse prendas en el sitio Lands' End.

Los clientes utilizarán la tecnología si ésta los beneficia de forma inmediata. En un grupo de discusión de personas mayores sobre sistemas de respuesta automática y cajeros automáticos, el moderador desató una tormenta cuando expresó: "Sé que a las personas mayores no les gusta la tecnología". Apretando los dientes, uno de los participantes le respondió: "Nosotros podemos presionar botones como cualquier persona, siempre que sea algo que nos interese".

No conviene solo llevar al caballo a tomar agua; también hay que darle el primer trago. Allstate realizó una guía didáctica de dos minutos mostrando qué hay dentro del *firewall* para motivar a sus clientes a utilizar su sitio web. Es importante ayudar al cliente a ascender en la curva de aprendizaje. Los vendedores de Union Pacific mostraron a los clientes cómo realizar el seguimiento de los envíos por internet, lo cual duplicó el uso de su sitio. Sharp cuenta con sitios "Mi Sharp" adaptados a los equipos que el cliente adquirió; allí se incluyen guías didácticas y sugerencias para encontrar problemas por orden de frecuencia de uso. Los vendedores deberían informar a los usuarios finales cómo resolver problemas mediante los sitios web; esto redunda en mayor satisfacción, menos costos de soporte, y menos reclamos. Este último punto debería motivar a los empleados a dedicar más tiempo a la capacitación.

Comience con pocas funciones para garantizar el éxito

Para aumentar las posibilidades de lograr el éxito, es importante concentrarse en pocas funciones del interés de la mayoría de los clientes e implementarlas de forma correcta, y luego agregar otras, sin apresurarse. Los clientes y los representantes de atención al cliente pueden absorber sólo una pequeña cantidad de funciones nuevas por vez; y además, necesitan una serie de logros para ir adquiriendo confianza. Recuerde la primera vez que utilizó su celular o iPhone. Piense también en la guía rápida de inicio incluida en la mayoría de los productos tecnológicos. Solo se concentra en dos o tres puntos; así deben ser todas sus puestas en práctica.

¿Qué tecnología debe aplicar?

Todas, con el debido cuidado. Según algunas investigaciones de TARP para una automotriz de vanguardia enfocada a clientes de entre 16 a 30 años, si **no** se utiliza la tecnología de manera relativamente sofisticada, estos clientes ni siquiera considerarán a su empresa. Si no tiene en cuenta a su público, puede arruinar cualquier tecnología.

En la siguiente sección, pasaré a analizar nueve de las tecnologías más importantes, su aplicación en la atención táctica y estratégica, y los errores a evitar.

NUEVE APLICACIONES TECNOLÓGICAS

Es probable que ya está familiarizado con la mayoría de estas tecnologías, o con todas ellas. No obstante, hacer un repaso lo puede ayudar a considerar nuevas aplicaciones y formas para mejorar las actuales.

Estas son las nueve tecnologías que debería aplicar, o al menos considerar:

1. Respuesta de voz interactiva.
2. Correo electrónico y chat.
3. Sitios web.
4. Videos en línea.
5. Autoservicio por internet automatizado.
6. Grabación de las interacciones.
7. Comunicaciones móviles.
8. CRM y minería de datos.
9. Comunicaciones entre máquinas.

Respuesta de voz interactiva

Se suele denominar "menú telefónico de opciones". Esta tecnología es, probablemente, la más utilizada y a la vez la más criticada ya que puede ser compleja y confusa. Esto es tan común que en una ocasión le hice una entrevista a Tom Peters a la cual titulamos: "¡Presione uno, presione dos, presione al cliente hasta llegar al límite!"

Usos tácticos. Este sistema es ideal para brindar respuestas y datos simples, tales como el estado del envío, el saldo de una cuenta o información sobre vuelos. Los problemas pueden surgir en cuanto el cliente marca el número. ¿Qué opción quiere elegir? ¿Por qué tiene que escuchar opciones con tanta rapidez que lo pueden confundir? (¿Esto es lo que quiero o habrá una mejor opción? ¿Era la opción dos o la tres?). Incluya las opciones de la respuesta de voz interactiva donde figure el número de teléfono en la folletería o en el sitio web, para que el cliente pueda decidir con anticipación qué opción elegir. En una empresa tecnológica, TARP observó que incluir el menú en el interior de la tapa de la guía para el usuario redujo la mala derivación de los llamados en un 20 % y aumentó la tasa de cumplimiento en un 15 %. Las financieras o las firmas que se preocupan por la privacidad no deberían formular todas las preguntas de seguridad de entrada si, digamos, el 40 % de las averiguaciones no requiere acceder a los datos de la cuenta. Si lo hace, perderán tiempo tanto usted como el cliente.

Esta tecnología también le permite brindar información más detallada, como por ejemplo sobre los últimos cinco cheques cobrados. Sin embargo, no obligue a los clientes a escuchar tal información antes de que tengan la opción de hablar con una persona. Asimismo, cuando el sistema brinda una respuesta que puede ser insatisfactoria ("No hemos enviado su paquete"), debe ofrecer la posibilidad de transferir el llamado a un representante. ¿Por qué hacer que el cliente vuelva a llamar y a ingresar el número de seguimiento?

Usos estratégicos. Si analiza los datos obtenidos mediante la respuesta de voz interactiva para conocer las consultas más frecuentes y los problemas evitables, podrá enviar las respuestas y soluciones al cliente y así evitar su llamado y al mismo tiempo deleitarlo. Esta tecnología también puede ser utilizada con un sistema de reconocimiento de voz para obtener las direcciones de correo electrónico y que los clientes las puedan actualizar. Por ejemplo: "Usted verificó los envíos seis veces en este último mes. Si nos deja su correo electrónico, le podremos enviar el estado actualizado del envío todas las mañanas que tenga paquetes en tránsito". Esto evita que el cliente tenga que conectarse y responder preguntas de seguridad. Por último, puede llamar a los clientes o enviarles un mensaje de texto para evitar crear molestias más adelante. Por ejemplo, CIT Finance llama o envía mensajes de texto a sus clientes para informar que hay un pago por vencer y que para evitar cargos por mora, pueden presionar el 1 para abonar con tarjeta de crédito en ese momento. (CIT utiliza el sistema de cobro revertido para que el cliente no tenga que pagar el mensaje de texto).

Cómo evitar problemas. No incluya más de cinco opciones en el menú. Entre ellas deberá figurar la opción para hablar con una persona. Procure no cambiar el menú todos los meses para que el cliente pueda conocer bien el sistema (¿Es necesario cambiar el menú tantas veces?). Las introducciones no deben durar más de 18 segundos. De ser posible, evite aburrir a los clientes habituales con información para clientes sin experiencia, por ejemplo en una línea telefónica para viajeros frecuentes.

Correo electrónico y chat

Estas aplicaciones permiten enviar respuestas y datos más complejos, tales como instrucciones de uso, detalles de una garantía y políticas de devoluciones. Por lo general, se cree que el correo electrónico es más económico que el teléfono, pero en definitiva, termina siendo más costoso ya requiere varias interacciones de ida y vuelta. Si no está implementado de manera correcta, puede costar cinco veces más que un llamado similar. Asimismo, presenta limitaciones en comparación con el teléfono porque no es posible escuchar el tono de voz del cliente y discernir si está satisfecho con la respuesta o simplemente calmado. Por lo general, observamos que ante la misma respuesta brindada por problemas similares, por correo electrónico la satisfacción disminuye del 5 al 15 %.

Usos tácticos. El uso del correo electrónico es ideal para los casos que requieren explicaciones más extensas o algún tipo de investigación. En su sitio web puede incluir información sencilla e indicar a los clientes que la extraigan ellos mismos. Solicíteles que obtengan el código del conflicto de una lista de no más de 15 códigos. También averigüe la urgencia con la que necesitan la respuesta e incluya una serie de categorías con respuestas cerradas y un plazo de dos horas a dos días. Si el cliente necesita la respuesta en dos horas, al menos usted conoce sus expectativas y puede organizarse con las prioridades para cumplir con dicho plazo, o bien informarle el plazo con el cual le puede responder. Si bien el plazo preferido del cliente puede no gustarle, al menos conoce la urgencia con la cual éste ve al problema y, de ser necesario, puede ajustar sus expectativas o las de la empresa.

Usos estratégicos. Considere las situaciones en las cuales el correo electrónico o el chat pueden reemplazar al teléfono y viceversa. Recuerdo una oportunidad en la cual escuché en el centro de atención telefónica de Hershey a un cliente que estaba preparando una cobertura de chocolate pedirle al representante que aguarde cinco minutos hasta que la cobertura espesara. Justo para el uso del correo electrónico o el chat. A la inversa, si se trata de una cuestión emocional o que requiere una medida inmediata, derive al cliente a una línea telefónica atendida por un representante. En una automotriz, recomendamos que si el cliente codificaba un problema de reparación como grave, la respuesta automática diría: "Nos preocupa su problema, el cual puede ser grave. Comuníquese a la brevedad al teléfono. . ."para hablar con una persona.

El chat también puede ser útil cuando el cliente está "trabado" en el sitio web. Por ejemplo, un minorista cuenta con un sistema que identifica cuando el cliente ha permanecido inactivo durante más de un minuto y le envía el siguiente mensaje: "Hola, me llamo Manuel. ¿Lo puedo ayudar en algo?" Si el cliente responde de forma afirmativa, se lo deriva a una persona para que lo atienda. Hasta es posible programar la intervención de manera automática sólo si el cliente acepta hablar con una persona.

Cómo evitar problemas. Intervenga cuando el cliente parece estar estancado en una página. Tanto Lands' End como una importante empresa de envíos cuentan con representantes que intervienen luego de 60 segundos de inactividad del cliente. Esto reduce la sensación de abandono y frustración. En cuanto a las respuestas, lo ideal es que ocupen un renglón; AOL trata de que el texto no continúe en el renglón siguiente. Anticipe las próximas preguntas para evitar idas y vueltas costosas. De todas maneras, evite un vaciamiento de datos. No utilice correos electrónicos reformulados con trivialidades mezcladas en la respuesta que el cliente quiere. Los correos electrónicos deben ser concisos, pero claros y fáciles de leer. Los párrafos no deben superar los cinco renglones, ni la respuesta exceder los veinte en total. Recuerde que estas comunicaciones serán leídas, principalmente, en una pantalla.

Sitios web

Los sitios web son muy convenientes para los clientes y las organizaciones (desde el punto de vista económico) para transmitir mensajes de marketing, indicar la ubicación y cómo llegar, y publicar información sobre productos y garantías. Tal como sucede con la respuesta de voz interactiva, debe saber por qué determinados clientes visitan su sitio y ofrecerles el envío de información por correo electrónico para que puedan evitar conectarse al sitio. Esto también garantiza contar con una dirección de correo electrónico actualizada.

Usos tácticos. Millones de personas se sienten cómodas al utilizar la red para verificar el estado de un envío, el desempeño de los valores en cartera, la disponibilidad de asientos en el avión, etc. A su vez, internet les permite conocer nuevos productos y hasta los últimos desarrollos. Por ejemplo, en el sitio de un laboratorio, los médicos pueden acceder a fragmentos de investigaciones recientes y conectarse con institutos para seguir capacitándose. Anticipe las preguntas posibles en su página de inicio y anuncie los temas nuevos con algún título como "noticias útiles".

Usos estratégicos. Utilice su sitio para capacitar a los clientes acerca de sus productos y servicios, para guiarlos hacia las opciones correctas. Permítales administrar su relación con la empresa al dejarles elegir su canal de comunicación preferido, por ejemplo. Considere incluir enlaces a otros sitios, optimización de buscadores, socios y otras herramientas de marketing en línea para aumentar el conocimiento en el mercado y su accesibilidad. Si corresponde en su tipo de empresa, contemple incluir grupos afiliados auspiciados y comunidades de usuarios, los cuales han sido bastante exitosos para los laboratorios que se dirigen a personas que padecen enfermedades específicas.

Cómo evitar problemas. No incluya demasiadas introducciones, y permita a los usuarios expertos saltearlas e ir a su operación favorita con un clic. Incluya las cinco preguntas más frecuentes de forma visible en la página de inicio, y actualice la lista todas las semanas en base a los llamados y los correos electrónicos. No obligue a los clientes a registrarse cuando sólo intentan realizar una pregunta simple. Implemente un mecanismo sencillo para obtener nombres de usuarios y contraseñas olvidados, siempre garantizando la seguridad. Si bien Sistemas prefiere las contraseñas complejas, conviene dejar la elección de las mismas en manos de los clientes. Por ejemplo, mi esposa tuvo que hacer una lista de tres páginas con las contraseñas de sus diferentes cuentas profesionales y personales, lo cual le molesta cuando no tiene esa lista a mano. Ofrezca un mapa del sitio organizado según los intereses del cliente y no según su estructura interna. Si es necesario, elabore un segundo mapa del sitio para los empleados.

Videos en línea

Gracias a los videos en línea, los productos cobran vida, en especial aquellos que tienen un componente visual importante. Obviamente, la industria del entretenimiento audiovisual se beneficia con el marketing por internet, pero eso difiere de las verdaderas aplicaciones para la atención al cliente, las cuales aún se encuentran en su etapa inicial. A medida que las tecnologías de producción y las conexiones de alta velocidad mejoren y se multipliquen, habrá más aplicaciones para los servicios.

Usos tácticos. Los videos son útiles cuando son breves (segmentos de menos de 30 segundos). Se pueden utilizar para demostraciones de productos, instrucciones de armado y para capacitar a los clientes. En el caso de tareas complejas, opte por seis videos cortos en lugar de uno largo.

Usos estratégicos. Los videos que incluyen mensajes del fundador de la empresa pueden ofrecer un toque humano, pero deben ser utilizados con cuidado. La industria del entretenimiento y las compañías de productos orientados a los jóvenes (tales como bebidas energizantes, indumentaria, y equipamiento para deportes extremos) utilizan esta tecnología para generar zumbido. A medida que los videos del estilo de YouTube se incorporan a nuestra cultura, parecería que será necesario comunicarse de esta forma con los clientes o con determinados segmentos.

Cómo evitar problemas. En primer lugar, adquiera los conocimientos básicos de la atención por internet o por correo electrónico, luego estudie las posibilidades de esta aplicación. No utilice los videos para impresionar dejando de lado la información útil. No incluya aperturas de 45 segundos cuando alguien visita su sitio por primera vez; aunque ofrezca la opción de saltear el video se crea una barrera y aumentan las tasas de abandono. Los videos en internet deben ser **breves**. Incluya los valores de producción y los mensajes adecuados (que pueden no ser los más sofisticados), o el resultado será vergonzoso.

Autoservicio por internet automatizado

Existen diferencias entre el autoservicio por internet, los sitios web y los videos en línea, ya que en el primer caso el cliente visita el sitio en búsqueda de un tipo particular de asistencia o información. Para que el sistema de autoservicio en línea sea exitoso, el mismo debe ofrecer una búsqueda fácil y permitir a los clientes encontrar lo que desean, pagar las compras, y obtener un recibo de pago sin intervención de personas. El cliente se ve beneficiado por el servicio más rápido. La mayoría de las funciones de autoservicio no prosperan porque cuentan con mecanismos de búsqueda inadecuados, la ejecución de las operaciones es demasiado compleja, y es imposible acceder al personal cuando se necesita una atención más personalizada. Si bien algunos de estos puntos pueden parecer obvios, menos de un tercio de las organizaciones que intentan implementar estas funciones logra el éxito, y muy pocas persiguen iniciativas estratégicas.

Usos tácticos. Permita a los clientes realizar operaciones y conocer en qué estado están, y obtener respuestas a preguntas simples. Además, un buen proceso de autoservicio puede gestionar una búsqueda más sofisticada de problemas dirigida por una función de búsqueda adaptada a descripciones sencillas de los conflictos. Si la respuesta no va a ser satisfactoria, ofrezca enlaces a "¿Por qué tenemos esta política?" como también la posibilidad de hablar con una persona, tal vez mediante el chat. Luego de responder la pregunta, averigüe si realmente fue contestada mediante las opciones "sí", "no", y "en cierto modo". Si la respuesta es afirmativa, ofrezca una conexión con un representante.

Usos estratégicos. Permita a los clientes conocer los productos nuevos e inclusive los de última generación. Anticipe las 10 preguntas más frecuentes en su página de inicio y señale los conflictos que están experimentando los clientes con el título "noticias de último momento". Asimismo, los sistemas de autoservicio automatizados, cuyos objetivos principales pueden ser facilitar la ejecución de operaciones u ofrecer respuestas y soluciones, pueden generar una gran cantidad de datos que se pueden analizar para ver cómo mejorar la experiencia del cliente, tanto en el autoservicio como en otras funciones.

Cómo evitar problemas. Evite listados de más de siete ítems. Si hay más categorías, agrúpelas y permita a los usuarios ver las subcategorías pasando el cursor sobre ellas. Pruebe prototipos con usuarios. Si es posible, ofrezca a los clientes la opción de comunicarse por teléfono o con un representante para ayudarlos. Los clientes sentirán que pueden obtener asistencia de forma rápida si incluye un botón visible que diga "llámeme" o un enlace de fácil acceso al correo electrónico. Por último, diseñe un sistema para registrar gran cantidad de datos desde el comienzo, aunque no lo utilice de inmediato.

Grabación de las interacciones

La mayoría de las operaciones de atención pueden grabar (y en realidad graban) las interacciones telefónicas y las del correo electrónico. Casi todas las grabaciones se realizan en forma digital. Algunos sistemas ofrecen la posibilidad de ver la pulsación de teclas, lo cual es mucho más costoso. La mayoría de las empresas tienen programas para escuchar las interacciones en tiempo real y las grabadas. Éstos son utilizados por los gerentes para garantizar la calidad, evaluar el desempeño y también durante la capacitación. Sin embargo, muy pocas veces se revisa la información para extraer los datos más importantes, es decir, aquellos que permiten medir la satisfacción y utilizar los resultados para analizar la lealtad y el boca a boca probable.

Usos tácticos. Utilice las grabaciones para mejorar la mejorar la experiencia del cliente, no sólo para evaluar si los empleados cumplen con los procedimientos. En la actualidad, la tecnología de reconocimiento de voz permite identificar enunciados como "muy disconforme" o "mi abogado" en las conversaciones. También puede utilizar un sistema de voz a texto para categorizar el llamado e ingresar los parámetros principales en el archivo del cliente, tales como tipo de problema y nivel de satisfacción con respecto a la solución, lo cual llevaría mucho más trabajo de lograr con otro método. Además, si conecta los datos del llamado con el resto de los datos del CRM, como por ejemplo valor del cliente, podrá automatizar las reglas de decisiones para determinar si es conveniente volver a llamar al cliente y cómo calmarlo o satisfacerlo.

Usos estratégicos. Escuche los llamados para ver cuáles implican insatisfacción aun cuando el empleado haya otorgado la respuesta "correcta". Esto le indicará qué reglas o procesos de respuesta debe corregir. Si tiene un sistema de conversión de voz a texto, podrá analizar los tipos de llamados recibidos. También podrá "humanizar" los datos de la voz del cliente presentando muestras de las grabaciones que revelan las emociones del caso junto con hallazgos importantes.

Cómo evitar problemas. De ser posible, brinde *feedback* a los representantes dentro de las 24 horas. Si lo hace semanas después del llamado, la efectividad de la capacitación disminuye de forma drástica. Realice cuatro comentarios positivos por cada negativo. La mayoría de las grabaciones se utiliza para detectar errores, lo cual es muy desalentador. Resulta mucho más efectivo si los representantes esperan con ansiedad recibir comentarios por lo general positivos y algún reconocimiento.

Comunicaciones móviles

Para hacer consultas y expresar inconvenientes, los clientes con celulares y asistentes personales digitales pueden utilizar internet y las funciones telefónicas tales como mensajes de texto y Twitter (una aplicación de internet en donde los usuarios pueden escribir textos abreviados y, si tiene suerte y es considerado importante, podrá ser aceptado por el usuario). Las organizaciones pueden responder por los mismos medios. No obstante, si utiliza estos medios para enviar mensajes proactivos (en especial promociones), tenga presente que los clientes podrán considerarlos egoístas o calificarlo como "correo no deseado".

Usos tácticos. Como ocurre con los correos electrónicos y los videos, si incluye información irrelevante, los mensajes serán borrados e ignorados. Envíe sólo información importante o del interés del cliente. Hoy en día, estos medios son más valiosos para los jóvenes y adolescentes; sin embargo, cada día se suman usuarios de mayor edad. Las comunicaciones móviles constituyen un buen método para enviar noticias y oportunidades reales; por ejemplo, para informar la posibilidad de reprogramar un turno para una resonancia magnética debido a una cancelación o para informar sobre un asiento disponible en un vuelo, es decir, mensajes que serán agradecidos. Envíe la información urgente por correo electrónico con una notificación por texto.

Usos estratégicos. Una vez más, registre y explore los datos sobre las preferencias y comportamientos de los clientes, tales como qué mensajes generan una respuesta, y solicite a los clientes actualizar los datos de contacto.

Cómo evitar problemas. Envíe sólo mensajes importantes por correo electrónico y texto a celulares y a asistentes personales digitales. No trate de comunicar demasiado ni de iniciar ningún tema complejo por estos medios.

CRM y minería de datos

Una base de datos de clientes consolidada y que comprenda a toda la organización (con información sobre compras, actividad de la cuenta, problemas, reclamos por garantía, experiencia con las reparaciones, y satisfacción y lealtad) puede ser la herramienta más poderosa para mejorar la experiencia del cliente a nivel táctico y estratégico. En el mejor de los casos, esta función unifica los antecedentes del cliente con información sobre su valor y posición en el ciclo de vida del mismo. La mayoría de las empresas grandes ya cuenta con muchos de estos datos o la tiene la capacidad para obtenerlos; lo que se necesita son los recursos para explorarlos y analizarlos, y para aplicar los hallazgos.

Usos tácticos. Los datos del CRM permiten a los representantes de atención al cliente brindar respuestas flexibles a la medida del cliente y de las circunstancias. También los ayuda a anticipar necesidades y por lo tanto, detectar situaciones posibles de venta y formas de comunicarse de forma proactiva para deleitar. Una vez ingresado el código para identificar al cliente y el motivo del contacto, el sistema podrá guiar a la empresa hacia una respuesta flexible acorde a las circunstancias. Esto reduce el tiempo de capacitación de manera significativa. Del mismo modo, el sistema de CRM lo ayuda a personalizar la interfaz ofrecida al cliente en base a sus visitas anteriores.

Usos estratégicos. Vaya más allá de lo básico e identifique servicios y acciones capaces de aumentar el valor de su empresa. Pruebe incluir la venta cruzada, capacitar sobre los problemas o crear una conexión emocional. Recuerdo un almuerzo con el gerente general de una organización sin fines de lucro de Washington, D.C. en el cual me comentó todas las actividades que su organización llevaba a cabo. Gracias a la conexión creada, la donación fue mayor. Una empresa de seguros identificó consultorios médicos que presentaban una gran cantidad de reclamos rechazados que luego eran apelados. El equipo de capacitación se reunió con los encargados administrativos de esos consultorios para revisar los procesos de presentación y ayudarlos a eliminar los motivos que generaban rechazos y muchísimos gastos para la empresa.

Cómo evitar problemas. No se esfuerce demasiado por personalizar todo ni anticipar todo. Amazon tuvo algunos problemas cuando ofrecía a quienes habían comprado un libro sobre algún tema polémico otras obras que implicaban una postura política en particular que no era la de los clientes. Tampoco "bombardee" a sus clientes externos con demasiadas ofertas ni a sus clientes internos con datos que no sugieren una acción inmediata. Diseñe estrategias de comunicación capaces de "aprender" de los problemas y logros, y modifíquelas de manera paulatina para que lleguen a ser más sofisticadas y precisas.

Comunicaciones entre máquinas

Los productos sofisticados, como los autos de alta gama y algunas impresoras multifunción de lujo, pueden notificar al fabricante sobre accidentes o desperfectos mecánicos y "llamar al hogar para ofrecer asistencia" o para programar el servicio necesario. Ya existen productos capaces de realizar un autodiagnóstico y de informar inconvenientes; de esta forma se puede evitar que los problemas se agraven. Entre ellos, cabe mencionar a las impresoras de red y fotocopiadoras; y pronto observaremos las mismas funciones en electrodomésticos como heladeras y lavarropas. Estos diagnósticos también garantizan que los técnicos tengan los repuestos correspondientes al momento de brindar el servicio. En un futuro no muy lejano, la heladera le informará cuando se le esté por terminar la leche y enviará un correo electrónico al supermercado para agregarla a su próximo envío.

Usos tácticos. Las máquinas que se comunican con el hogar permiten a casi cualquier empresa entrar en la categoría de la "pizza adivina". En estos casos, la empresa sabe que el cliente tiene un problema antes que éste. Considere las opciones de las comunicaciones "a bordo" para vehículos, artículos electrónicos, y computadoras y periféricos de lujo. Por ejemplo, el sistema

On Star de General Motors se comunica con un centro de atención en caso de que sufra un accidente. Tales sistemas de seguridad se asemejan al Centro de Respuestas de GE, un servicio que "se convirtió en un producto" y una póliza que las personas adquirirán.

Usos estratégicos. Los informes enviados por las máquinas pueden ser extremadamente específicos, lo cual permite al personal encargado de las garantías contar con datos más oportunos y mejores que los brindados por un departamento de servicios o comerciante. Es posible obtener información sobre temas menores que los clientes ni se molestarán en informar o tal vez ni noten. Esta tecnología también resuelve otro problema que por lo general pasa desapercibido: los técnicos a veces no advierten si el cliente hizo algo para causar el desperfecto, ya que si lo hizo la garantía no cubrirá los costos de la reparación. Las máquinas envían datos sin emociones de por medio y sin "culpar" al cliente.

Cómo evitar problemas. Trate de no dar mensajes confusos ni ambiguos. Por ejemplo: ¿la "luz del motor" encendida en su tablero significa que la mezcla de aire es un poco anormal y debe ser verificada a las 2.000 millas? O ¿significa que necesita aceite y que se está por producir un gripado de los pistones? Por lo general, las automotrices reciben quejas de clientes furiosos que reciben mensajes engañosos que los hacen ir de inmediato a la concesionaria, donde les informan que no es nada grave.

ALGUNAS PALABRAS SOBRE COMUNICACIONES DE EMPUJE

Tal como hago con mis clientes, en este libro recomiendo enviar comunicaciones proactivas o "de empuje". Incluyen paquetes de bienvenida, mensajes vitales, noticias reales, mensajes promocionales, resultados de encuestas, "noticias útiles", y cambios en algún canal de comunicación. Este tipo de comunicación puede ocurrir durante un llamado, en respuesta a un correo electrónico enviado por el cliente, o en un llamado hecho por la empresa, en un correo electrónico individual o general, o en la correspondencia enviada en forma masiva o a cierto grupo.

Sin importar el medio utilizado, tenga en cuenta las siguientes claves para lograr comunicaciones de empuje eficaces:

- Permita al cliente decidir qué tipo de información le gustaría recibir. Una forma muy buena de obtener permiso para enviar correos electrónicos es realizar el pedido en cuatro partes: ¿puedo enviarle pedidos de *feedback* con respecto a lo que compró?, ¿puedo enviarle información sobre lo que ya compró?, ¿puedo enviarle información acerca de temas sobre los cuales dijo estar interesado? Y, por último, ¿puedo enviarle información sobre otras oportunidades? Con las primeras tres preguntas, se suelen obtener respuestas positivas.

- Las comunicaciones informativas no deben contener promociones. En otras palabras, evite vender cuando está enviando información. - Utilice sólo el canal de comunicación preferido del cliente.

- Brinde un medio para obtener *feedback* cuando corresponda (como "Gracias por la ayuda", "No fue realmente útil", o "Fue una pérdida de tiempo"). De vez en cuando, realice encuestas, breves y directas, con el fin de "brindar una mejor atención" con no más de cuatro preguntas. Ofrezca a los clientes la posibilidad de participar en paneles consultores, de garantía de calidad y de nuevos productos en aras de enriquecer su programa de voz del cliente. Si lo hace, recuerde enviarles sus comentarios sobre lo que se está haciendo con respecto a sus aportes (no de modo individual, sino grupal).

La forma más rápida de destruir el valor de este tipo de comunicaciones es enviando material no deseado. Por lo tanto, utilice un sistema de segmentación sofisticado; de lo contrario, tendrá el rechazo de dos tercios de los receptores, quienes luego borrarán el siguiente mensaje que les hubiese otorgado valor.

La aplicación exitosa de la tecnología (con excepción de algunos casos en los cuales la tecnología es el producto, como por ejemplo en el sistema Wii) depende de comprender que la misma ayuda a lograr la satisfacción en la experiencia del cliente. Hágala proactiva y fácil de utilizar, y así los clientes disfrutarán al usar su tecnología, de verdad.

A pesar de la importancia de la tecnología, son los empleados los que principalmente determinan la calidad de la experiencia del cliente en casi todas las interacciones más básicas. También son ellos quienes brindan la conexión humana, que logra un impacto 20 veces mayor que el de una operación electrónica. Por consiguiente, voy a referirme a los recursos humanos de la atención al cliente en el Capítulo 8.

PRINCIPALES PUNTOS A RECORDAR

1. La tecnología le permite a su empresa ser proactiva, ya sea interviniendo en el chat o comunicándose por teléfono para ofrecer asistencia ante el primer indicio de un problema.

2. La tecnología debe facilitar la operación, completando la historia y gestionando la mayor parte de la misma sin que el cliente lo solicite.

3. Es importante guiar al cliente hacia la nueva tecnología y garantizar que el primer intento sea exitoso. Si lo logra, la inversión en la capacitación generará una recompensa diez veces mayor gracias a los menores gastos en atención y al aumento de la satisfacción.

4. No complique demasiado, ni estructure por demás, ni exagere las aplicaciones: un sistema de respuesta de voz interactiva que hace 3 cosas muy bien es mejor que uno que hace 23 de forma adecuada; y un video de 30 segundos es siempre mejor que uno de 3 minutos.

5. Adapte la tecnología para que pueda responder a varios segmentos, desde personas que visitan su sitio por primera vez e inexpertos hasta expertos. Hágala intuitiva para cada segmento.

Capítulo 8

Las personas siguen siendo lo más importante

Los cuatro factores para crear un éxito sostenido en la atención al cliente

Si en alguna oportunidad compró una computadora nueva y se comunicó con el soporte técnico, seguramente tuvo que estar en la línea los dos minutos estándar que el representante se toma para decidir si merece que le dé soporte (le pide número de serie, fecha de compra, número del contrato de la garantía extendida, y/o número de tarjeta de crédito), más otros dos minutos apresurados en los cuales escuchó "pruebe esto y esto y si no funciona vuelva a llamarnos". Así no se fomenta el boca a boca positivo. Por otro lado, otra empresa de computadoras dejó de seleccionar a quienes merecen soporte y de imponer límites de tiempo, y decidió alentar a los representantes de atención al cliente a llevar a los clientes al sitio web para mostrarles cómo utilizar el autoservicio en el futuro. La sorpresa es que el último enfoque es menos costoso que el primero.

El presente capítulo no será uno estándar en el cual hablaré de cómo un gran líder puede crear una cultura orientada a las personas en la cual todos satisfacen a los clientes y hay un recambio de personal mínimo. No niego que un líder talentoso pueda fomentar tal cultura. Sin embargo, los análisis de TARP sobre empresas que prestan un servicio excelente indican la presencia de cuatro factores en cada una de ellas: las personas correctas con las herramientas, la capacitación y la motivación adecuadas. Es muy bueno tener un líder carismático que crea una cultura enfocada en el cliente. Pero aún sin tal líder, es posible brindar un servicio excelente si compara lo que ofrece hoy en día con lo que describo aquí, e implementa las recomendaciones de manera gradual.

Este capítulo presenta un enfoque práctico que le permitirá crear un personal de atención al cliente capaz de brindar una excelente atención táctica y estratégica. Se basa en un solo principio simple: **Es más económico (y más rentable) brindar un servicio con éxito la primera vez que hacerlo y luego tener que volver a hacerlo.** La clave es situar a los empleados de atención en una posición en la cual pueda abordar al menos el 90 % de las consultas y problemas de forma satisfactoria en el primer contacto, y facilitar la resolución de la mayoría del otro 10 % sin la intervención de los gerentes. Ese es el componente de la atención táctica. Los componentes estratégicos requieren que los empleados cuenten con canales eficaces para comunicar oportunidades para mejorar el proceso de la atención, y un entorno en el cual puedan innovar.

La inversión necesaria para lograrlo es económicamente viable ya que la alternativa, que puede implicar una menor lealtad y un mayor boca a boca negativo sumado a la necesidad de contar con personal más costoso, cuesta aún más, siempre que se hagan todas las cuentas de forma completa y honesta. Además, no lograr el éxito en el primer contacto desalienta a los empleados, los cuales expresan: "No me pagan lo suficiente como para complicarme tanto". Y por último, la elevación de reclamos a los niveles superiores aumenta los costos legales, administrativos y de riesgo de forma directa. No obstante, es muy común que las empresas adopten un enfoque muy diferente de contratación de personal de atención al cliente, que se basa, en realidad, en mucho recambio de personal.

LA MENTALIDAD DEL RECAMBIO ELEVADO DE PERSONAL Y SUS COSTOS

Muchos gerentes piensan "de manera estratégica" en los representantes de atención al cliente, pero de forma perversa. En lugar de verlos como empleados calificados que llevan a cabo la estrategia de la atención para los clientes, los ven como un recurso fungible e intercambiable, en el cual no es necesario invertir. Además, están de acuerdo con el recambio cada seis a nueve meses. Como es natural, esta visión proviene de ver a la atención al cliente como un centro de costos y una "molestia necesaria" y no como una función estratégica a la par de marketing y ventas. Las empresas con esta visión no sólo aceptan el recambio elevado, sino que en realidad lo incorporan a su "estrategia" de atención.

Aunque es muy frecuente que las empresas estén a favor del alto nivel del recambio de personal, esta mentalidad presenta muchísimas fallas porque no cuantifica estos tres costos:

- El perjuicio a la lealtad y al boca a boca como consecuencia de contar con empleados sin experiencia y con salarios bajos.
- Los costos directos de la tasa elevada de recambio, es decir el dinero invertido en avisos de empleo, entrevistas, y procesamiento y capacitación de los empleados nuevos (normalmente el 20 % del salario completo del primer año).
- La pérdida del servicio como una justificación para tener márgenes mayores, diferenciarse en el mercado y construir la marca. Las personas que atienden con una calidad de segunda o tercera destruyen las estrategias de marketing y ventas de forma activa, agrandando el orificio en el "balde" que marketing necesita llenar.

En otras palabras, la decisión de una empresa de aceptar o alentar el recambio elevado de los representantes de atención al cliente para minimizar los costos de la atención es, para la mayoría de ellas una estrategia obstinada, aún para aquellas que quieran ser líderes como proveedores con bajos costos.

La alternativa al recambio elevado de personal

La alternativa a este enfoque, y la clave para obtener la satisfacción del cliente y de los empleados, consiste en lograr que estos últimos tengan interacciones exitosas con los clientes de manera uniforme. Esto es posible si la función de atención cuenta con las adecuadas:

- Personas (actitudes positivas y prácticas sólidas de contratación).
- Herramientas (información, autoridad para actuar, y canales de *feedback*).

-   Capacitación (inicial, correctiva, de desarrollo y continua).
-   Motivación (remuneración, supervisión, evaluación y posibilidades de ascender).

Ya que definitivamente prefiero los pequeños éxitos a los grandes desastres, le sugiero una serie de medidas para aumentar las posibilidades de que la mayoría de sus empleados logre el éxito en la mayor cantidad de situaciones posible. En el resto del capítulo voy a analizar estos cuatro factores para alcanzar el éxito.

FACTOR 1: CÓMO CONTRATAR A LAS PERSONAS ADECUADAS

Esto es posible si emplea personas con las actitudes correctas y utiliza la combinación adecuada de personal de jornadas de 8 horas y por hora.

Las actitudes positivas marcan la diferencia

Tal como dice un representante de Giant Food en Washington, D.C.: "Contratamos personas sociables en vez de tratar de enseñarles a serlo". La mejor forma de encontrar tales personas es viéndolas en acción. Muchos ejecutivos a los cuales entrevisté sostienen que la mejor manera de encontrar las personas indicadas consiste en darles a los empleados tarjetas de los gerentes o del personal de Recursos Humanos para que entreguen a aquellas personas que ven que ofrecen un servicio excelente fuera de la empresa. Este es uno de los métodos más efectivos para encontrar y seleccionar a las personas indicadas. Los empleados reciben un pequeño incentivo monetario por cada nuevo contratado que haya sido contactado por ellos.

Las entrevistas también sirven para evaluar las actitudes de los candidatos. Durante las mismas, deberá preguntar qué tipo de interacciones les gusta y qué tipo no. Si los candidatos no mencionan interactuar con clientes difíciles, o dicen que no les gusta hacerlo, es probable que no sean una buena opción. Asimismo, podrá detectar a quienes les gusta correr riesgos si pregunta si se sienten cómodos en situaciones poco claras o que involucran emociones. Si no se sienten cómodos, no serán tan eficaces para calmar a un cliente enojado o para aplicar los principios de soluciones flexibles.

Es esencial contar con la formación de adecuada del personal

Casi todas las empresas de servicios poseen cargas de trabajo variables. Los empleados que cumplen con jornadas de 8 horas tradicionales pueden formar el núcleo del personal, pero si tenemos en cuenta las expectativas de los clientes de una atención 24 horas y los costos de movilidad de los empleados, los modelos tradicionales de contratación de personal no suelen ser suficientes. Considere contar con personas que trabajen por hora o desde sus hogares.

Principalmente como resultado de la demanda reprimida durante el fin de semana, muchos más clientes se comunican con el centro de atención los lunes, a pesar de que el servicio 24 horas suaviza este pico de manera significativa (tal como lo demostró el Centro de Respuestas de GE hace veinte años). Sin tales medidas, la carga de trabajo de los lunes en muchas compañías es del 30 al 40 % mayor que la de los jueves, mientras que los viernes puede o no haber un aumento porque los clientes se preparan para el fin de semana. El punto es que tratar de administrar ciertos patrones de cargas de trabajo con un personal que trabaja 8 horas por día / 40 horas por semana puede significar tener personal de más en ciertos momentos y una crisis los lunes. Un personal abrumado genera errores y tiempos de espera excesivos, como también más clientes enojados capaces de frustrar aún más hasta a los mejores empleados. De hecho, hacer coincidir el personal con la carga laboral mejora las actitudes de los empleados.

Existen al menos tres grandes fuentes de trabajadores por hora en aumento (y por lo general que trabajan desde su hogar): jubilados, estudiantes universitarios, y padres que se quedan en sus casas. Por lo general, este tipo de trabajadores tiene otras responsabilidades, como por ejemplo estudiar o cuidar a los hijos; sin embargo, valoran los ingresos recibidos y tienden a ser estables. Los estudiantes universitarios son leales durante su temporada de 4 años en el área. En cuanto a los representantes que trabajan desde su hogar, éstos suelen ser hasta más productivos que los de 8 horas. Según empresas como HP, JetBlue, y 1-800- Flowers, son del 15 al 20 % más productivos que el personal de la oficina, muchas veces porque están agradecidos de que pueden trabajar en pijama desde su casa y quieren dejar en claro que son muy productivos. Veremos más sobre este tipo de representantes en el Capítulo 11.

Existen demasiadas empresas que ignoran otra inversión potencialmente valiosa en la formación del personal: los analistas de las causas raíz. Ellos pueden descubrir los problemas y trabajar fuera del área de atención al cliente, por ejemplo en garantía de calidad. Los especialistas en atención al cliente también pueden desempeñar este rol. Su tarea es reconocer las tendencias nuevas, investigar las causas de los problemas y desarrollar formas para prevenir problemas o brindar soluciones. El analista de las causas raíz debe tener la capacidad de investigar y analizar, siendo relevante poseer excelentes habilidades de comunicación (para convencer a los representantes de atención al cliente de tomarse el tiempo para comunicar las tendencias nuevas y para convencer a la gerencia de que los conflictos son reales). Además debe ser detallista y enfocarse en el seguimiento.

FACTOR 2: CÓMO BRINDAR LAS HERRAMIENTAS CORRECTAS

Todos los empleados necesitan contar con las herramientas correctas. En el caso de la atención al cliente, hablamos de información, autoridad para actuar y canales de *feedback*.

Brinde a los empleados la información que necesitan

Casi nadie disfruta ser desagradable con un cliente o cortarle el teléfono. Piense en la última vez que regañó a un empleado o inclusive a su pareja. ¿No fue porque se sintió frustrado, insensato o impotente? Les pedí a algunos empleados que describieran la última vez que "sacaron volando a un cliente" o le cortaron a alguien; casi todas las respuestas apuntaron a la falta de información o de autoridad. Una empleada de una aerolínea dijo que le había gritado a un cliente porque éste quería saber cuánto demoraría la reparación y nadie en la empresa se lo podía informar a ella. Me reconoció: "Sentí vergüenza porque yo debía haber tenido esa información".

Por lo general, cuanta más información se brinda a los representantes o recepcionistas con anticipación, mejor. A diferencia del ejemplo anterior, en una oportunidad trabajamos con Amtrak para crear un proceso que permitiera a los conductores contar con la información sobre la causa y duración estimada de las demoras en cuanto éstas se presentaran.

Los empleados necesitan contar con la siguiente información:

- Los antecedentes del cliente y su valor (o valor potencial) para la empresa, los cuales deberían estar disponibles rápidamente dada la tecnología de hoy en día. Con respecto a los antecedentes, los clientes no deberían tener que volver a relatar problemas anteriores ni volver a mencionar sus preferencias. El valor del cliente debe incluir el valor en cuanto a los ingresos y al boca a boca, y debe estar codificado en grupos de clientes A, B, y C. Contar con más de tres categorías no suele ser muy efectivo en función de los costos.
- La situación específica del cliente, sus deseos o necesidades, y los antecedentes tales como en el ejemplo de Amtrak. Los deseos o necesidades deben provenir del cliente de forma directa o indirecta, por ejemplo, de la información brindada por el cliente mediante la respuesta de voz interactiva u otro medio electrónico.
- La variedad de medidas que los empleados pueden tomar como respuesta. Éstas deben surgir de la capacitación y de los principios de respuestas, como también de las fuentes de tiempo real. Por ejemplo, en el caso de un vuelo demorado, la información necesaria debería incluir la disponibilidad de conexiones de reserva al destino final, y cómo responder a los posibles pedidos de cambio a una mejor clase.

Brinde la autorización para actuar

Una vez que los empleados conocen el valor, antecedentes y necesidades del cliente, deben estar capacitados para tomar las medidas correspondientes. Si no tienen la autoridad para hacerlo, deberán derivar el tema a un empleado de nivel superior, al cual el cliente tendrá que volver a relatar su historia. Si no, el empleado deberá consultar él mismo al empleado de nivel superior, relatarle los hechos y pedir autorización para actuar mientras el cliente aguarda. Para los empleados, ninguna de estas situaciones implica un logro, y ambas deben evitarse en la medida que sea posible.

¿Por qué no autorizamos **siempre** a los empleados a satisfacer a los clientes? Hay sólo dos razones posibles, ninguna de las cuales tiene mucho sentido desde una perspectiva estratégica: primero, no confiamos en los clientes; y segundo, no confiamos en los empleados. La primera razón proviene de una mentalidad auditora o controladora según la cual se teme que el cliente le gane al sistema para obtener un reembolso no cubierto por la garantía o un servicio gratuito. La segunda surge del temor de que el empleado entregue todo el negocio.

Como ya mencioné, menos del 2 % de los clientes son deshonestos. El jefe de experiencias del cliente de American Express, Jim Blann, sostiene: "Suponemos que el cliente es honesto hasta que se demuestre lo contrario. ¿Por qué pasar al 98 % por los molinetes para atrapar al 2 %?" Starbucks y Bean comparten este enfoque. Mientras pueda identificar quién obtiene qué, podrá detectar a los pocos que se aprovechan del sistema con rapidez. **Nunca** vimos situaciones en las cuales el porcentaje de este tipo de clientes supere el 2 %.

Por la misma razón, observamos supervisores que rechazan o invalidan soluciones de los empleados que atienden directamente al cliente en el 2 al 10 % de los casos. ¿Por qué duplicar los costos de la empresa y la frustración de los clientes para el otro 90 al 98 % de las situaciones en las cuales el representante podría haber actuado de forma inmediata?

En una ocasión, el contralor de una empresa de tarjetas de crédito me comentó que permitía a los empleados gastar hasta U$S 25 para satisfacer a los clientes con un valor promedio de U$S 1.500 en ingresos brutos. Los empleados que querían gastar más o perdonar aranceles superiores necesitaban el permiso de la oficina del contralor. Así que le pregunté: "¿Qué pasa si como empleado quiero decir 'No' o hasta 'De ninguna manera'? ¿Necesito pedir permiso?" Me contestó: "¡Oh, no!; los empleados nunca necesitan pedir permiso para decir que no". Para aclarar el tema, le dije: "Entonces puedo alejar a un cliente de U$S 1.500 por mi propia decisión, pero necesito autorización para gastar U$S 100 para retenerlo, ¿no?" El contralor se mostró afligido y dijo: "Tiene razón, ¡no tiene sentido!" Así que modificó la política para que los empleados pudieran gastar lo necesario (pero debían explicar los importes superiores a U$S 200) y para que solicitaran autorización para rechazar un pedido.

Los empleados deberían estar capacitados para resolver las 10 situaciones más frecuentes (más allá de las averiguaciones y operaciones básicas) dentro de los espacios de solución flexibles. Dichos espacios ofrecen dos a cinco medidas correspondientes en base a las circunstancias más usuales. Por ejemplo, el cliente de categoría "oro" podrá reprogramar su vuelo no reembolsable sin cargos extra mientras que el cliente común con dos meses de demora en sus pagos deberá abonar el importe completo. Si da los primeros pasos, todo empleado inteligente podrá tomar las decisiones correctas sin recurrir a los supervisores.

Utilice canales de feedback

Los empleados necesitan sentir que tienen control sobre su entorno. Esta sensación de control disminuye cuando son emboscados por ofertas de marketing confusas o promesas hechas por otros departamentos. Le puedo garantizar que si sigue los consejos de los empleados que tienen contacto directo con el cliente sobre la concepción, el desarrollo y la entrega de productos, tendrá un mejor producto y mayores márgenes. De hecho, una empresa de viajes y turismo organizaba reuniones semanales para los empleados y los altos ejecutivos para compartir comentarios y opiniones sobre partes específicas de las operaciones. Los empleados mencionaban ejemplos de sus pares para demostrar cómo las promociones o las políticas provocaban la insatisfacción de los clientes. Los ejecutivos apreciaban el *feedback* verdadero. Uno de ellos expresó al respecto: "¡Saco más provecho de esta reunión de 30 minutos con los representantes de atención al cliente que de todos los memos que recibo de todo el mundo!"

FACTOR 3: CÓMO OFRECER LA CAPACITACIÓN ADECUADA

Si bien la capacitación correcta es costosa, no llevarla a cabo es aún más costoso. La capacitación de alta calidad ayuda a atraer y retener empleados de excelente nivel, a medida que éstos desarrollan su capacidad, amplían sus conocimientos y mejoran su desempeño y resultados. Estas prácticas generan recompensas financieras. A modo de ejemplo, Motorola informó que logró un rédito de U$S 12 sobre cada dólar invertido en la capacitación.

Los cuatro tipos de capacitación

Recomiendo invertir en cuatro tipos de capacitación: inicial, correctiva, para el desarrollo, y continua.

Capacitación inicial: cómo orientar a los empleados nuevos. El personal que tiene contacto directo con el cliente debe estar capacitado para hacerse cargo de los 10 conflictos complejos más frecuentes. Brinde entre dos a cinco soluciones posibles (acciones y las expresiones generales para explicar los motivos fundamentales de tales acciones) para cada uno de estos conflictos y realice juegos de roles para cada opción. El objetivo es preparar a los empleados nuevos para que solucionen los problemas de los clientes y defiendan las políticas de la empresa sin sonar como robots.

Los mejores sistemas ofrecen una capacitación formal dictada en clases y también práctica, todo en un entorno protegido. La mejor forma de llevar a cabo la capacitación es brindando la lógica y luego anécdotas que ilustran la resolución. La capacitación típica de los empleados nuevos (anterior a la capacitación en el puesto de trabajo) debe abarcar, de manera pareja, las siguientes cinco áreas:

1. Orientación general de la empresa (promesa de marca, productos, servicios y políticas) y el papel estratégico del cargo.
2. Capacitación específica sobre los productos y servicios, y venta cruzada o el reconocimiento de oportunidades de ventas posibles.
3. Capacitación orientada a los conflictos teniendo en cuenta las dos a cinco respuestas más apropiadas para cada uno de los 10 conflictos más frecuentes. Esto permite a los representantes aplicar su criterio según las circunstancias del caso.
4. Uso de los sistemas telefónicos, informáticos y de internet.
5. Habilidades "blandas" de atención al cliente, tales como comunicarse, escuchar, resolver problemas y tratar con clientes enfadados.

El quinto punto suele ser el más crítico. La experiencia de TARP me indica que, en realidad, las técnicas para disuadir el enfado pueden disminuir el costo de abordar los problemas de los clientes (como indica la Figura 8-1). Los clientes racionales, cuyo enfado ha sido apaciguado mediante la empatía, aceptan una solución inferior en comparación con los clientes enfadados. La disminución de la ira de TARP y la capacitación para resolver problemas llamada IdENA (Identificación, Evaluación, Negociación y Acción) enseña al personal a controlar a los clientes enfadados mediante técnicas para disminuir la ira y un enfoque lógico de resolución de problemas. Este proceso permite a los representantes averiguar todos los hechos relevantes para resolver el conflicto, y permite al especialista considerar los aspectos principales del reclamo antes de buscar una solución. El objetivo, siempre que sea factible, es que tanto el cliente como la empresa ganen. No obstante, cuando es imposible satisfacer al cliente, el proceso ofrece recomendaciones sobre cómo decir que no, maximizando la posibilidad de retener la lealtad a la marca.

Figura 8-1. La ira derrota la resolución

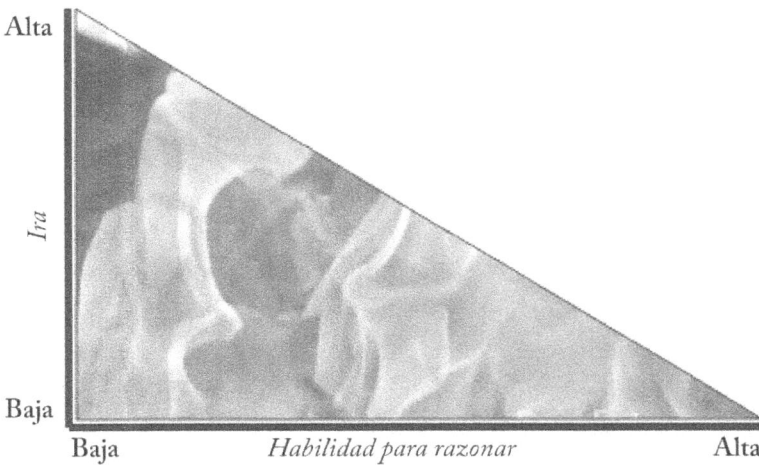

Capacitación correctiva: **cómo *hacer las cosas bien la próxima vez.*** Cuando las evaluaciones de desempeño indican que un representante necesita mejorar en un área específica, tal empleado debe volver a ser capacitado, evaluado, y luego re-evaluado en forma periódica. Este tipo de capacitación se concentra en temas tales como ofrecer respuestas positivas, mantener la organización, o hacer seguimientos. Por lo tanto, este tipo de capacitación implica un cambio en el comportamiento y en la práctica de las habilidades, lo cual puede llevar tiempo y depende de la motivación del empleado.

Capacitación de desarrollo: cómo preparar a los empleados para rendir más. Este tipo de capacitación tiene por objetivo preparar al empleado para enfrentar situaciones especiales o asumir responsabilidades nuevas, tales como la venta cruzada o dirigida, o un cargo nuevo, como por ejemplo el de especialista en atención al cliente o supervisor. También puede incluir una capacitación para desempeñarse en otro sector, como por ejemplo en gestión de productos o de servicios externos. Es importante tener en cuenta los objetivos profesionales del empleado y las responsabilidades deseadas, los conocimientos y habilidades necesarios para alcanzar tales objetivos y responsabilidades, y, por supuesto, las necesidades de la empresa.

Capacitación continua: cómo mantener actualizados a los empleados. Este tipo de capacitación es crítica pero puede ser peligrosa. Hace poco le pregunté a un técnico externo sobre la capacitación recibida y me respondió: "Nos mostraron el video de atención al cliente, **de nuevo**". Cuando dijo "**de nuevo**" le pregunté: "¿Qué hizo mientras lo veía?", a lo cual contestó: "Mi lista del supermercado". Este tipo de capacitación sirve para refrescar el material visto en la capacitación inicial, y también para familiarizar a los trabajadores sobre productos nuevos y reglas de respuesta actuales. ¡La capacitación debe ser algo novedoso! Luego de repasar los temas básicos, los empleados deben contar cómo aplicaron los principios. Los relatos nuevos aportan frescura. Por ejemplo, Toyota dicta uno de sus módulos sobre cómo tratar a un cliente difícil durante una hora todos los meses de manera continua, y en cada ocasión los empleados dan ejemplos de llamados recientes. Los mejores centros de contacto ofrecen un 70 por ciento más de capacitación continua que otros centros (una media de 68 horas por año versus menos de 40 horas por cada representante).

Si bien los supervisores deben ser responsables por la preparación de los empleados, la capacitación formal debe estar a cargo de profesionales en la materia. Muchas empresas cometen el error de encomendarle la capacitación a cualquier supervisor o representante disponible. Esto genera incoherencias significativas en la comprensión y ejecución de las políticas y procedimientos, como también en las expectativas de los empleados. De hecho, el objetivo principal debe ser generar coherencia y precisión en todas esas áreas, lo cual sólo se consigue con una capacitación a cargo de profesionales.

FACTOR 4: CÓMO BRINDAR LA MOTIVACIÓN ADECUADA

Es posible motivar a los empleados mediante un nivel salarial competitivo, supervisión, reconocimiento y evaluación por parte de los supervisores, todo a un excelente nivel, y con posibilidades de avanzar. Gallup publicó una investigación precisa según la cual la mayoría de las personas renuncia a causa del supervisor inmediato. Coincido en que el supervisor puede lograr el éxito o fracaso de la atención táctica y estratégica. Por desgracia, la mayoría de los supervisores no reúne los requisitos necesarios para evaluar ni capacitar a los empleados, o no dedican el tiempo suficiente para hacerlo de manera correcta. Uno de los motivos es que tienen que realizar todas las demás actividades que les exigen durante su horario de trabajo. En la sección sobre supervisión, luego de la siguiente sección, propongo un esquema de distribución del tiempo que suele ser muy eficaz.

Nivel salarial competitivo

En la mayoría de los casos, uno obtiene lo que paga, y esto es muy cierto en el caso de los representantes de atención al cliente. Las empresas líderes les ofrecen salarios superiores al promedio. A modo de ejemplo, podemos citar a Ritz-Carlton, quienes ofrecen un sueldo de al menos 20 por ciento por encima del promedio para atraer y retener mejores empleados. Tenga presente que para los empleados motivados, la "remuneración total" incluye las posibilidades de ascenso, lo cual significa que están motivados por la posibilidad de ganar más en el futuro y también por la ganancia "mental" de sentirse exitosos.

Supervisión superior

Los supervisores excelentes:

- Saben que su función es lograr que los empleados estén bien, se sientan realizados, y con posibilidades de ascender.
- Poseen una gran capacidad para supervisar y para mejorar la calidad.
- Utilizan sistemas actualizados de gestión de llamados, información, y monitoreo.
- Capacitan a su personal de forma positiva y no negativa, por ejemplo: hacen cuatro comentarios positivos por cada negativo. Los representantes deben esperar la próxima evaluación con gusto y no con temor.

- Dedican al menos el 50 por ciento de su tiempo controlando y capacitando a su personal.

Muchas empresas no contratan la cantidad suficiente de supervisores. Los mejores centros de contacto poseen una relación supervisor/empleado de entre 1:15 y 1:8. Además, especifican que los supervisores deben dedicar la mayor parte de su tiempo controlando y capacitando a los empleados. La mejor relación supervisor/empleado depende de la complejidad de las llamadas, la experiencia de los representantes, y la habilidad de estos últimos para realizar tareas administrativas.

La Tabla 8-1 sugiere cómo los supervisores deben distribuir su tiempo.[1]

La supervisión adecuada constituye un factor clave en la atención al cliente, y su retorno sobre la inversión es más que significativo.

Tabla 8-1. Distribución sugerida del tiempo de supervisión

Tarea de supervisión	Porcentaje de tiempo
Monitoreo de llamadas, capacitación, desarrollo de los representantes	50–60%
Análisis preventivo, desarrollo de respuestas mejores	20–30%
Administración (programación de proyectos especiales, etc.)	10–20%
Gestión de llamadas derivadas	5%

Evaluaciones excelentes

Los empleados son merecedores de evaluaciones justas y objetivas; mientras que la gerencia quiere evaluar el desempeño de los empleados. Cada parte puede lograr exactamente lo que desea. Lo principal es establecer los objetivos del proceso y de resultado tal como se describe en el Capítulo 2 y utilizar una combinación de mediciones para evaluar el progreso y el cumplimiento de tales objetivos. Por consiguiente, los criterios utilizados en las evaluaciones deben:

- Estar vinculados con claridad a la satisfacción del cliente, ya que los empleados se sienten frustrados cuando se les pide invocar políticas u obedecer procedimientos que conducen a la insatisfacción y luego se los responsabiliza.

- Ser objetivos, para que los representantes sepan qué corregir y puedan ver el cambio luego de que lo corrigen.
- Ser calibrados y públicos, para que todos los supervisores realicen evaluaciones coherentes.
- Estar estructurados, para que las evaluaciones internas y externas puedan ser relacionadas y para que la gerencia pueda predecir la satisfacción y lealtad del cliente.

Las evaluaciones se deben concentrar en la eficacia de los procesos y de las reglas para responder, como también en la forma en que las personas las ejecutan. Por ejemplo, si 10 representantes reciben una puntuación baja por contestar llamados relacionados con las reparaciones en garantía de un producto específico, es probable que la capacitación o las respuestas asociadas a tal conflicto sean la causa y no el rendimiento de los empleados.

En general, conviene evaluar a las personas sólo en métricas (1) que llevan al resultado deseado y (2) que los empleados puedan afectar. Como mencionara en el Capítulo 2, las mediciones de los resultados estiman los objetivos que desea cumplir. Por ejemplo, si el objetivo del centro de atención es satisfacer a los clientes y aumentar la lealtad hacia la marca, entonces deberá medir la satisfacción y la lealtad de los clientes que se contactan con el centro de atención. Si el objetivo es aumentar las ventas, deberá medir las ventas atribuibles al centro de atención.

En cambio, las mediciones de los procesos son internas y tienen por objeto conocer cómo las personas realizan una actividad. Deben medir la productividad, habilidad y calidad. El 10 al 20 % corresponde a los aportes para prevenir problemas y mejorar el proceso, y así garantizar una mejor atención estratégica continua.

La Figura 8-2 muestra una visión general de este enfoque equilibrado para las evaluaciones de desempeño y el porcentaje sugerido para aplicar a cada área. Fíjese que las mediciones de los resultados deben constituir cerca de la mitad de la evaluación total.

Es posible medir y cuantificar las mediciones de los resultados al nivel del departamento y de los representantes de atención al cliente (satisfacción, lealtad y venta cruzada) de forma rápida.

Figura 8-2. Visión general de una evaluación equilibrada

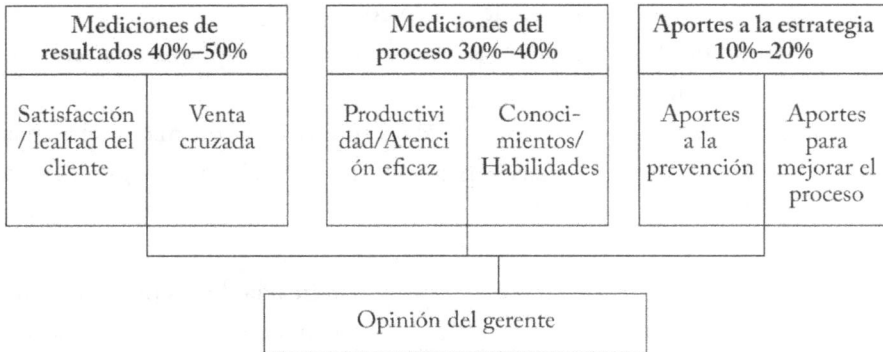

Mediciones de resultados 40%–50%		Mediciones del proceso 30%–40%		Aportes a la estrategia 10%–20%	
Satisfacción / lealtad del cliente	Venta cruzada	Productividad/Atención eficaz	Conocimientos/ Habilidades	Aportes a la prevención	Aportes para mejorar el proceso

Opinión del gerente

Las estimaciones de la satisfacción y la lealtad deben basarse en un índice promedio de tres meses del actual sistema de seguimiento de satisfacción (como se indica en la sección siguiente). La medición de ventas cruzadas más útil es el porcentaje de las oportunidades de venta cruzada convertidas. Esta métrica (al igual que la misma venta cruzada) puede no aplicarse a todas las empresas; en general, el desafío es desarrollar buenas definiciones de oportunidades de venta cruzada.

Las mediciones del proceso en cuanto al departamento y a los representantes (productividad, eficacia y calidad, efectividad) son aún más rápidas de obtener. Las mediciones de productividad se basan en las metas fijadas para el proceso, tal como se describe en el Capítulo 2, en especial aquellas para la accesibilidad, respuesta, cumplimiento, capacitación y prevención de problemas. Algunas mediciones, tales como las metas y las mediciones de accesibilidad al sistema, son aplicables sólo a nivel departamental o empresarial. Otras, como las respuestas y el cumplimiento, pueden medirse y evaluarse en todos los niveles.

Cómo registrar las métricas. Todas estas mediciones pueden ser registradas de una (o más) de las cuatro formas siguientes:

1. Registro automático del sistema.
2. Registros de los representantes de atención al cliente en un sistema de seguimientos de casos.
3. Observación o escucha por un supervisor o inspección de calidad.
4. Encuestas de clientes.

Cada uno de estos métodos tiene sus propios desafíos, así que en las secciones siguientes le ofrezco algunas sugerencias para implementarlos.

Registro automático del sistema. Los sistemas actuales permiten registrar el tipo y duración de las llamadas, como también grabaciones y hasta tecleo para revisiones futuras. El desafío consiste en encontrar patrones significativos en ese corpus de datos, pero es posible obtener herramientas analíticas poderosas. Sin embargo, éstas son muy costosas, salvo para los centros de atención más importantes. Es realmente necesario conocer el tipo y duración de las llamadas por representante para conectar las llamadas con las evaluaciones de observación y encuestas de satisfacción.

Registros de los representantes de atención al cliente en un sistema de seguimiento de casos. Las métricas tales como "porcentaje resuelto en el primer contacto" y las basadas en el "porcentaje de casos registrados" dependen del ingreso de los datos en el sistema. Si bien algunos sostienen que este sistema presenta muchos problemas, TARP observó que muy rara vez es así. La manipulación del sistema por parte de los empleados se hace visible rápidamente cuando los datos son correlacionados con el seguimiento de la satisfacción del cliente o los datos de la inspección de calidad. Se debe capacitar a los representantes para que comprendan el sistema y sus usos, y para que reconozcan la importancia de la precisión de los datos para la empresa y los clientes.

Observación o escucha por un supervisor o inspector de calidad. Si bien algunas capacitaciones e inspecciones se basan en la observación directa de los empleados en el puesto de trabajo, los programas de escuchas son comunes en la mayoría de las funciones de atención de gran tamaño. Los empleados deben comprender los motivos y la naturaleza del sistema de control, y la necesidad de que se utilice al azar. La mejor prueba es que los representantes sientan que la observación es justa y la esperen como una oportunidad para celebrar su buen trabajo y para obtener sugerencias para realizarlo aún mejor. El énfasis debe estar puesto por igual en los representantes y en los procesos de respuestas que necesitan mejorar.

Encuestas de clientes. Las encuestas representan el método más efectivo para medir la satisfacción del cliente con las interacciones con la atención. Éstas se pueden realizar mediante correspondencia directa, correo electrónico, y seguimiento telefónico de muestras al azar o casos específicos. Deben ser breves. Deben medir la razón del llamado, la satisfacción total con el contacto y el resultado, la intención para hacer recomendaciones, y algunas características del proceso de respuesta y el representante.

El *feedback* a los representantes y especialistas debe realizarse de forma rápida; el mismo debe distinguir entre las acciones del empleado y los temas relacionados con las políticas y el proceso.

Cómo evitar los problemas con los incentivos basados en la satisfacción

Para unir los incentivos de los empleados y gerentes con la satisfacción del cliente es necesario contar con datos confiables sobre la satisfacción y utilizarlos de forma correcta; esto evitará los siete errores comunes sobre los que ampliaré a continuación.

Corrupción en la distribución de las encuestas o identificación de la muestra. Si las personas beneficiadas con los incentivos pueden controlar las muestras de las encuestas, excluirán a los clientes que ellos consideran que no quedaron completamente satisfechos. Una empresa de tecnología notó que los puntajes otorgados por las muestras elegidas por Ventas eran cinco a siete puntos superiores al otorgado por muestras elegidas por fuentes independientes. Por lo tanto, el muestreo de las encuestas y la distribución debe realizarse de forma independiente o centralizada.

Fraude, intimidación, y aprovechamiento del sistema. Las personas evaluadas completaron encuestas sobre ellos mismos u ofrecieron sobornos o regalos a cambio de comentarios positivos. Asimismo, los empleados pueden presionar a los clientes al decirles: "Voy a tener problemas si no consigo un puntaje de 5". Es posible luchar contra esta situación si se incluye en la encuesta una pregunta para saber si el cliente fue presionado sobre cómo responder. Si la respuesta es afirmativa, el puntaje será "0".

Baja tasa de respuesta. Por lo general, los clientes ignoran o tiran las encuestas que reciben con un resumen de cuenta, factura o producto. Esto provoca una inclinación a respuestas negativas, como también tasas de respuesta bajas (de un solo dígito). Lo ideal es enviar las encuestas por correo por separado o por correo electrónico; de esta forma los clientes podrán completarlas con cuidado y cuando lo deseen. Las encuestas telefónicas son cada vez más vistas como invasivas y tienen una propensión importante.

Uso incorrecto de las encuestas para evaluar a los representantes de atención al cliente. TARP observó muchos casos en los cuales el supervisor utilizaba tres encuestas recibidas sobre un representante en un mes, una de las cuales era negativa, para justificar una sesión de capacitación. Para tal fin, se deben utilizar al menos 20 encuestas acumuladas a lo largo de un período.

Solicitudes o intentos de excluir encuestas negativas. Los evaluados suelen sostener que determinada encuesta debe ser excluida porque el cliente no fue racional. Dejar de lado encuestas específicas es peligroso, ya que no existe una definición confiable de "irracional". Según las observaciones de TARP, los clientes irracionales son distribuidos al azar para que los puntajes de todos los representantes sean más o menos parejos. Por consiguiente, no debe excluirse a ningún cliente (tal vez con excepción de aquellos en juicio con la empresa), siempre que la muestra de la encuesta se elija al azar.

Comparación de unidades que prestan servicios a poblaciones muy diferentes entre sí. Comparar segmentos de mercados o áreas geográficas diferentes en la medición de la satisfacción es peligroso ya que las expectativas, las definiciones de satisfacción, y los enfoques para brindar *feedback* varían de forma significativa en todo el mundo. Una opción es preguntar sobre la intención para volver a comprar y para recomendar, y no sobre la satisfacción. TARP observó que las mediciones de las intenciones son más estables y comparables entre culturas diferentes. Si bien hay variaciones entre las regiones de EE.UU., tales no son suficientes para evitar este tipo de comparaciones, aunque las realizadas dentro de una misma región son mejores. Dicho lo anterior, puedo agregar que TARP observó en cuatro países diferentes que los clientes de las ciudades son más exigentes que los de los suburbios o zonas rurales; y otorgan puntajes más bajos sobre satisfacción por el mismo servicio.

Recompensas solo por los niveles absolutos de desempeño y no por las mejoras. Si bien es útil premiar a las personas que logran un nivel aceptable de desempeño, puede ser problemático con unidades que están muy por debajo del nivel meta. La baja puntuación puede ser resultado de diferencias regionales, antecedentes de mala administración, o factores de infraestructura, como por ejemplo depósitos o sistemas informáticos más antiguos. Si una unidad obtiene un puntaje de 65 en cuanto a la satisfacción cuando la meta es 85, la mayoría de los gerentes se dan por vencidos y se concentran solo en los objetivos de ingresos y ganancias. TARP observó que crear un incentivo por las mejoras, independientemente del nivel absoluto de satisfacción, genera mejoras y premia el esfuerzo aun cuando no se alcancen las metas de la empresa.

Reconocimiento y avance

El reconocimiento es tan crítico como la remuneración; y para muchos representantes es más importante que obtener un dólar más por hora. Una muy buena opción es organizar "turnos de alardeo", que observé por primera vez en Blue Cross Blue Shield Plan de Midwest, en los EE.UU. Todos los jueves por la mañana en la reunión del equipo, cada representante tenía un minuto para describir la situación más difícil que había resuelto con éxito la semana anterior. Dichas oportunidades de "hacer alarde" contribuyen a la capacitación y al análisis, mientras alientan a los representantes a desenvolverse bien con el próximo cliente difícil que les toque ("Este caso sería muy bueno para mencionar el próximo jueves, si lo puedo manejar con éxito").

En cuanto a las posibilidades de avance, los representantes deben ver un futuro más allá de la atención directa al cliente. Uno de los mejores gerentes que conocí trabajaba en Toyota. Les preguntaba a los representantes dónde querían estar al cabo de cinco años y luego los ayudaba con la capacitación y la exposición que les permitiría llegar a tal meta. Dada la importancia de los clientes para toda empresa, me sorprende que pocos gerentes vean a la atención al cliente como la puerta de entrada que puede y debe ser para los empleados.

LAS PERSONAS SON LA SOLUCIÓN

En definitiva, el desempeño de la atención al cliente depende principalmente de la eficacia con la que la empresa contrata, equipa, capacita, y motiva a las personas que contestan el teléfono y resuelven los problemas de los clientes. Aquí no hay que escatimar; pero debido a que demasiadas organizaciones piensan que aquí sí hay que escatimar, desarrollar tal personal es una de las formas más seguras de obtener una ventaja competitiva y lealtad a largo plazo.

Con la contratación, capacitación y motivación del personal de atención al cliente (y el sistema básico para gestionar los contactos de los clientes), su empresa ya estará lista para lo que llamo atención al cliente proactiva, atención al cliente alineada con la marca, y deleite del cliente, los cuales son los temas incluidos en la Parte 4.

PRINCIPALES PUNTOS A RECORDAR

1. Las prácticas de contratación de personal que contemplan la posibilidad de contratar empleados de modo flexible, ya sea de 8 horas, por hora y que trabajan desde su hogar, son más efectivas y menos costosas.

2. La falta de un analista de causas raíz sentencia a su sistema de atención a apagar incendios para siempre. Un analista por cada 25 empleados de jornadas de 8 horas se debe preguntar por qué se están recibiendo estas llamadas.

3. La autoridad para actuar no debe otorgarse de forma indiscriminada, sino conflicto por conflicto mediante los espacios de solución flexibles.

4. Las evaluaciones deben concentrarse en celebrar los logros alcanzados el 80 al 95 % de las veces; luego se debe proceder a corregir los procesos que los empleados que tienen contacto directo con el cliente deben llevar a cabo. No es conveniente hacer hincapié en encontrar los errores de los representantes.

5. Los incentivos eficaces deben incluir el reconocimiento y oportunidades claras de progreso, más allá del área de la atención.

6. El error más grande de administración en la mayoría de las organi-

zaciones ocurre cuando el supervisor de los empleados que tienen contacto directo con el cliente no dedica el tiempo suficiente para desarrollar al personal y no puede dar un *feedback* constructivo ni celebrar el buen rendimiento.

NOTAS

1. Según las investigaciones, consultas y capacitaciones de TARP.

Parte 4

Cómo pasar
al siguiente nivel

Capítulo 9

La experiencia suprema del cliente

Cómo aumentar los ingresos mediante el deleite

Hace poco, en un almuerzo con un ejecutivo de Chick-fil-A, mencioné a un cliente que prestaba servicios de asistencia en caso de emergencias en la vía pública, y el ejecutivo me comentó que en una ocasión, su esposa había dejado a su niño pequeño encerrado adentro del auto, con el motor en marcha. Desesperada, lo llamó y le pidió que manejara las 40 millas de distancia desde donde estaba a toda velocidad para traerle la otra llave. Antes de comenzar a manejar, llamó a AAA, quienes le dijeron: "Usted es nuestra prioridad. En menos de 20 minutos alguien estará allí para abrir la puerta del auto". AAA cumplió lo prometido, y él dijo: "Voy a ser cliente de AAA de por vida". Un poco de malabarismo para ordenar las prioridades de los llamados por un representante autorizado a hacerlo tuvo un efecto tremendo en la lealtad y el boca a boca.

Una vez que logra cumplir las expectativas básicas establecidas, es momento de comenzar a superar tales expectativas **cuando hacerlo representa algún beneficio económico.** Superar las expectativas crea la respuesta conocida como "deleite del cliente". Dennis Gonier, Gerente General de TARP y ex vicepresidente ejecutivo de AOL, define el deleite como "una sorpresa inteligente o que rompe las reglas, que brinda un valor extra, ya sea espontáneo o bien pensado, sin términos medios". Existen muchas formas de deleitar, y aunque varias son costosas, hacerlo también preserva y genera ganancias. Tiene sentido desde el punto de vista económico cuando los ingresos preservados o generados superan los costos del deleite por un margen razonable.

En casi todas las organizaciones, el deleite ocurre de casualidad, y en muy pocas ocasiones. Cuando sucede, depende de la personalidad del empleado que tiene contacto directo con el cliente. Este último puede reconocer que otro producto puede resolver el problema y se toma el tiempo para capacitar al cliente al respecto. Sin embargo, el deleite no necesariamente puede ocurrir de casualidad. Por el contrario, debe ser creado de manera consciente, sistemática y confiable. De eso se trata este capítulo.

En este capítulo, comienzo con un análisis de los aspectos de la experiencia del cliente que se prestan al deleite y los "elementos esenciales" exigidos. Asimismo, menciono los tipos de actividades en donde el alto desempeño probablemente no genere deleite y por consiguiente, redunde en una recompensa insignificante o nula. Luego, muestro cómo medir la recompensa económica del deleite, ya que no todo deleite genera la misma recompensa ni tiene la misma relación costo/beneficio. También me refiero a los cinco enfoques para crear deleite en la experiencia del cliente. Por último, hablo de la venta cruzada y la venta dirigida, las cuales, sorpresivamente, también pueden ser fuentes de deleite y generar ingresos extra.

Sin embargo, me gustaría primero remarcar que se trata de un tema de nivel avanzado. Este capítulo supone que el servicio de atención gestiona de manera coherente las consultas y reclamos de los clientes según parámetros de desempeño elevados a nivel táctico. Es imposible deleitar a un cliente que no quedó conforme. Este es uno de los problemas más comunes que observo: empresas que quieren exceder las expectativas de los clientes cuando todavía no logran cumplirlas el 20% de las veces. El presente capítulo también supone que sus sistemas de información ofrecen los datos necesarios para apoyar los esfuerzos estratégicos para crear deleite. Es importante proporcionar el deleite de manera inteligente; de lo contrario, se verá ridículo en el mejor de los casos e incompetente en el peor de los casos. Lo ideal es que la información incluya el valor y los antecedentes del cliente. Si cuenta con una base de atención capacitada e información sólida, logrará crear experiencias placenteras y rentables.

¿EN QUÉ CONSISTE EL DELEITE?

Muchos de nosotros experimentamos deleite cuando se superan nuestras expectativas bajas. Tal vez una tarea que lleva entre 10 a 15 minutos (por ejemplo renovar la licencia de conducir o realizar un reclamo de seguros) en realidad llevó ese tiempo, o menos. O tal vez el albañil terminó su trabajo a tiempo. O el mecánico dijo: "No le voy a cobrar; era sólo un cable suelto y yo sabía dónde fijarme".

Además, experimentamos deleite cuando una empresa supera nuestras expectativas razonablemente elevadas o nos da una sorpresa placentera. Por ejemplo, nos repararon el auto (y lo lavaron) en dos horas cuando se había prometido el trabajo para el día. O un representante de una organización se comunicó con nosotros para informarnos que nuestros cargos mensuales van a disminuir. O un profesional de la salud se tomó el tiempo de ponerse en nuestro lugar y explicarnos un problema complicado, o tal vez un diagnóstico no tan bueno, y nos hizo sentir mejor y más optimistas.

Sin embargo, tenga presente que una atención magnífica puede en sí misma generar deleite en varias categorías de productos y servicios. ¿Nunca se maravilló con la eficacia, efectividad y toque personal de los representantes de atención al cliente bien capacitados que conocen su trabajo y su empresa, sus deseos y necesidades, permitiendo utilizar tales conocimientos para crear una experiencia sobresaliente? Este tipo de deleite "sin sorpresas desagradables" sucede todos los días, pero no a todos ni en todas las empresas.

El modelo Kano es una teoría de desarrollo de productos y de satisfacción del cliente desarrollada en la década de 1980 por el profesor Noriaki Kano. Clasifica las preferencias de los clientes en tres grupos de categorías, que fueron traducidas utilizando diversos nombres (acciones que deleitan/entusiasman, acciones que causan satisfacción e insatisfacción), y pueden observarse en la Figura 9-1.

Los factores básicos incluyen puntos tales como velocidad para responder el teléfono. Una respuesta lenta crea insatisfacción, pero una respuesta más rápida no genera más satisfacción, y menos aún deleite. De igual forma, la cortesía no deleita sino que es un "elemento esencial", un requisito mínimo.

Los factores de desempeño son las dimensiones estándar y esperadas del producto o servicio, tales como la velocidad de la entrega, en donde la mayor rapidez es siempre mejor. Hasta un punto, el precio es este mismo tipo de factor, al igual que el valor.

Figura 9-1. El modelo Kano

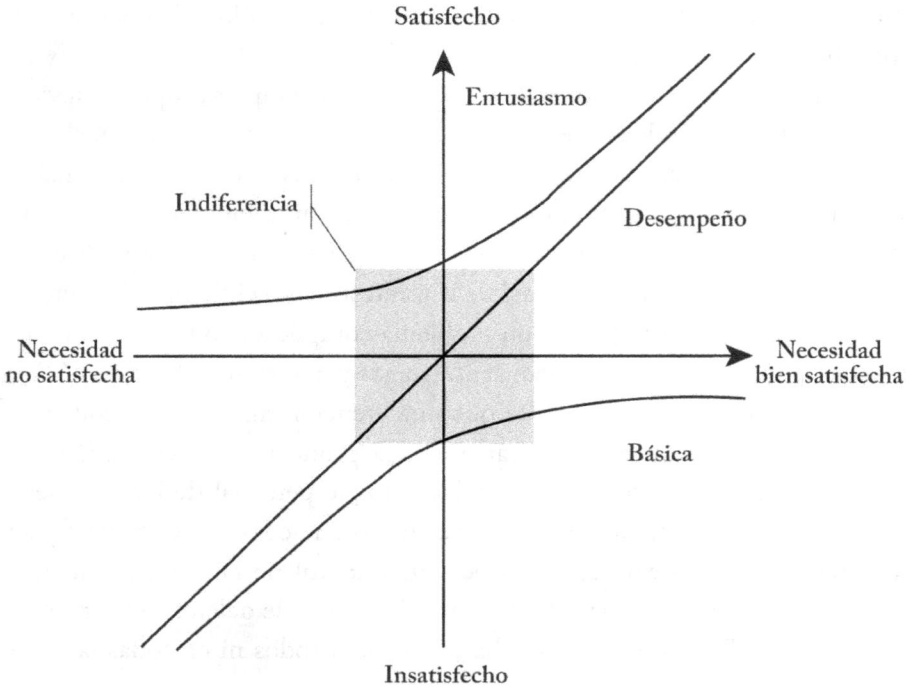

A mejor valor, mayor satisfacción; de forma alternativa, un valor elevado puede compensar una deficiencia en otra dimensión. Por ejemplo, hace poco cuando pedí un café en un Starbucks de un aeropuerto, el empleado me dijo: "Justo estamos preparando café nuevo, llevará dos minutos, pero como tiene que esperar, será gratis. ¿Está de acuerdo?" Convirtió las malas noticias de la espera en una percepción de que era un valor garantizado (con seguridad, el precio era el correcto) y aumentó las probabilidades de que mi próximo café lo tome en Starbucks. El empleado aumentó el valor para compensar la mayor espera a un costo más que insignificante para la compañía.

Lo mismo se aplica a los cajeros automáticos, al tiempo de operación en internet y al tiempo de espera en los mostradores. Cualquier tiempo ocioso o de espera causa mucha insatisfacción. El servicio realmente rápido o el valor extra pueden causar deleite, pero la idea aquí es ir hacia lo inesperado (el reino del deleite). Si no se deleita, no hay insatisfacción; pero si lo hace puede generar sorpresa y placer. Esto remarca que si deleita en reiteradas ocasiones, el deleite pronto será parte del desempeño estándar esperado. Si bien es una mala noticia, también es buena, porque si su sistema puede ofrecer esta experiencia de manera confiable, entonces elevó los estándares para todo el mercado, tal como hizo FedEx con su servicio de entrega al día siguiente. Ahora, quienes no ofrecen ese servicio ni siquiera están en carrera. Pero, una vez más, tiene que tener sentido desde el punto de vista económico.

EL ASPECTO ECONÓMICO DE LA CREACIÓN DEL DELEITE

Sería agradable deleitar a los clientes para hacerlos sentir bien, iluminar sus días opacos y tristes, o aplicar la regla de oro, dado que todos queremos ser tratados de forma placentera. Sin embargo, existen razones estratégicas, competitivas y financieras importantes para crear deleite. La más importante es el aumento de la lealtad, que redunda en mayores ingresos.

Por lo general, una experiencia placentera aumenta la lealtad de un 10 al 30 %, según el tipo de acción. La Tabla 9-1 resume los análisis de miles de experiencias de este tipo. Las primeras dos categorías son las que denomino heroicas. Aquí cito a dos encuestados para ilustrar con ejemplos: "Lo trajo hasta mi casa en plena tarde", y "Concilió cuatro años de mi cuenta corriente luego del fallecimiento de mi esposo". Ambas acciones requieren mucho trabajo e interrumpen las operaciones diarias.

Tabla 9-1. El impacto del deleite sobre la lealtad

Experiencia de deleite	Aumento promedio de compras siguientes[1] (puntuación máxima)
Servicio que supera las expectativas	12%
Asistencia durante un acontecimiento de la vida	14%
Ausencia de sorpresas desagradables	22%
Interacción de 90 segundos con el personal	25%
Relación personal a través del tiempo	26%
Información sobre una oportunidad nueva	30%
Buen servicio de forma coherente	32%
Información proactiva	32%

1. Porcentaje de aumento de la lealtad ((puntuación máxima) entre clientes generales y clientes que declararon una "experiencia de deleite".

1. Porcentaje de aumento de la lealtad ((puntuación máxima) entre clientes generales y clientes que declararon una "experiencia de deleite".

Por otro lado, la interacción de 90 segundos que está en el centro de la tabla fue caracterizada por: "Su representante escuchó a mi perrita Pelusa de fondo mientras hablábamos por teléfono, nos pusimos a hablar de ella, y realmente me conecté con su representante; son una gran empresa". Una interacción de 90 segundos produjo una conexión emocional y un aumento del 25 % de la puntuación máxima (es decir, el puntaje más alto en una escala de respuestas de cinco categorías en una encuesta).

Está claro que no todas las medidas que generan deleite tienen el mismo impacto ni los mismos costos. En consecuencia, es importante medir el impacto por tipo de acción placentera al menos una vez en su mercado para identificar las dos o tres acciones más convenientes. Volviendo a la definición de Dennis Gonier, el deleite debe ser sistemático y sorprendente, o inteligente y espontáneo. Puede planificar la primera opción y dejar que sus empleados experimenten la segunda.

Además del aumento de la lealtad, el deleite ofrece los siguientes beneficios:

- **Las experiencias sumamente positivas generan un boca a boca sumamente positivo, como también una mayor lealtad.** Las experiencias positivas generan emociones positivas, las cuales motivan a los clientes a comentar a sus amigos y conocidos cómo ellos también pueden experimentar una experiencia placentera similar. Por lo general, estos clientes quieren ver a su empresa crecer y triunfar (aunque sea solo para seguir operando con su empresa).

- **El deleite crea menos resistencia a los precios.** Cuando los clientes disfrutan el deleite, reconocen el valor de operar con usted, lo cual le permite fijar los precios de forma enérgica en lugar de fijar precios competitivos pero más bajos, o con una estrategia de precios mayores, con la esperanza de evocar el comentario: "Es caro pero lo vale". El deleite también lo puede ayudar a vencer factores no relacionados con el precio que pueden perjudicar su negocio, como por ejemplo una ubicación no conveniente o la presencia de nuevos competidores.

Si bien estos beneficios son atractivos, implican un costo. Así que toda empresa que contemple un programa verdadero y sistemático para deleitar a los clientes deberá considerar los aspectos económicos correspondientes.

El costo de deleitar a los clientes

Por lo general, resulta más costoso deleitar a los clientes que simplemente cumplir sus expectativas básicas. Como surge de la Tabla 9-1, los heroicos suelen costar más, como en el caso de la conciliación bancaria de cuatro años atrasados. La mejor fuente de deleite es la interacción personal, ya sea en persona o por teléfono. Una financiera de créditos automotores notó que los clientes dijeron que fueron deleitados por una interacción personal 20 veces más que por cualquier otra experiencia con la empresa, tales como avisos publicitarios o el sitio web. Además, cada cliente deleitado compartió su experiencia con cuatro personas. Lo más impresionante es cuando se les preguntó: "De las personas con las cuales hablaron, ¿cuántas siguieron su recomendación?" y ellos respondieron que una de cada cuatro lo hizo. Esto significa que cada cliente deleitado habló con cuatro personas, una de las cuales actuó; por lo tanto, cada cliente produjo un nuevo cliente potencial que al menos consideró su producto de forma seria.

Ofrecer un servicio de excelente calidad es costoso, porque implica conversaciones más prolongadas o más llamados. También es posible crear deleite mediante el ofrecimiento directo de extras, cambios a una categoría mejor, descuentos, regalos, y otras sorpresas agradables. En ocasiones, aún los costos ocultos tienen sentido. El asiento que quedó libre en primera clase y se ofrece como cambio por una clase superior gratis probablemente incluya bebidas y comida de cortesía, y servilletas y frazadas más grandes para lavar. De igual forma, la habitación de primera clase de un hotel incluye más elementos de cortesía y, debido a su mayor tamaño, lleva más tiempo de limpiar. Sólo sugiero que equilibre los costos con la repercusión en la lealtad y el boca a boca.

Análisis de costos/beneficios

Al igual que con los costos de prevención y resolución de problemas, tiene sentido rastrear y analizar los costos del deleite. En general, una política para deleitar tiene un sentido intuitivo, como ocurre con la devolución de productos sin condiciones en varios negocios. Pero la única forma de saber con exactitud es registrando, compilando, y analizando los datos relevantes sobre el valor de los clientes y sobre cómo la lealtad, el boca a boca, los comportamientos de compra y los ingresos mejoran en virtud del deleite.

Si bien generar deleite cuesta dinero, la recompensa financiera directa suele ser importante, y toma las siguientes formas:

- La capacitación a los clientes proactiva sobre cómo evitar problemas no solo los hace felices sino que le permite a su empresa ahorrar el dinero que se hubiese empleado en la resolución de los problemas. - La creación de deleite da lugar al boca a boca, el cual reduce la necesidad del marketing, porque los clientes hacen buena parte del marketing por usted.
- La venta cruzada y la venta dirigida generan ingresos directos, como también deleite, a lo cual me referiré más adelante en este capítulo.

En otras palabras, es posible calcular el "retorno sobre el deleite", así como es posible calcular el retorno sobre los problemas prevenidos o resueltos. Para calcular el retorno sobre el deleite, en primer lugar debe extraer los datos del sistema de atención al cliente y de todo el programa de voz del cliente que le permiten identificar casos de deleite y los efectos sobre las mediciones de la satisfacción, lealtad, y boca a boca positivo para tales clientes. Luego, debe extrapolar los efectos sobre esas mediciones al segmento correspondiente de la cartera de clientes. Para finalizar, debe obtener el promedio neto de los costos del deleite por los medios correspondientes.

Algunos métodos para deleitar, como por ejemplo ofrecer tiempos de entrega realistas y luego cumplir con la entrega antes del plazo prometido, en el 20 por ciento de los casos no solo pueden ser mucho menos costosos que otros métodos (como llevar un artículo hasta la casa del cliente) sino que también crean más deleite de forma más coherente. (Tal medida puede reducir costos por recibir menos llamados con consultas referidas al estado de los envíos). En efecto, vale la pena tomarse el tiempo para detectar las acciones placenteras para su empresa y sus clientes, y elegir aquellas que resulten mejor para ambas partes.

LAS CINCO MANERAS DE CREAR DELEITE

Según las investigaciones de TARP, hay cinco formas básicas de crear deleite, con al menos una docena de acciones específicas posibles dentro de cada una. Estas cinco formas, que incluyen las fuentes de deleite creado por su producto y su atención, son:

1. Valor de un producto mejor.
2. Valor de una operación mejor.
3. Deleite financiero.
4. Comunicación proactiva.
5. Creación de conexiones emocionales.

Valor de un producto mejor

Por lo general, a los clientes les encanta cuando les ofrecen una mejor alternativa que satisface sus necesidades de mejor manera. Esto incluye la innovación de los productos, como en el caso del iPhone, y la oferta de otros productos mediante la venta cruzada o dirigida, como accesorios, si se quiere. También incluye la prestación de mejores servicios o servicios adaptados al cliente. Por ejemplo, Avis les pregunta a los clientes si la rapidez es más importante que el costo; si es así, les ofrecen un servicio de chofer personal en lugar del transporte habitual hacia el aeropuerto. Las adaptaciones a las necesidades de los clientes pueden generar deleite. En Chick-fil-A, el empleado del mostrador lleva la bandeja mientras la mamá lleva a sus dos pequeños hacia la mesa. Una importante asociación notó que si utilizaban la razón para unirse para impulsar el contenido del paquete de bienvenida (por ejemplo, viajes versus asistencia médica o apoyo político) que enviaban a los socios nuevos, podían deleitar a un porcentaje importante de clientes ya satisfechos.

La amplia selección de productos también puede deleitar en ciertas categorías en donde el marketing masivo y la gestión del elevado recambio de mercadería implican opciones limitadas. Probablemente, Amazon.com ofrece la mayor selección de libros y CD de cualquier minorista importante. Sin embargo, hay entusiastas en ciertas categorías particulares que valoran la **profundidad** de la selección, ya sea que su obsesión sea la salsa picante, los artículos para el auto, o los zapatos, como en Zappos.com.

Valor de una operación mejor

Una operación más sencilla y más conveniente (o que directamente no exista la necesidad de la operación, si ofrece la "pizza adivina", es decir si entrega la pizza que el cliente estaba por pedir), deleita a muchos clientes. Esto incluye ajustar la operación al cliente, tal como lo hace Chick-fil-A. También incluye anticipar las necesidades de los clientes. Michael A. Johnson, vicepresidente ejecutivo de Automobile Club of Southern California, recientemente mencionó dos casos en los cuales la anticipación produjo una operación mejor con un gran efecto. Durante un incendio en San Diego, AAA se comunicó con el cliente, teniendo en cuenta su domicilio, antes de que el cliente pudiera hacerlo y a la semana le había mandado un cheque que el cliente describió como "un monto muy justo; no puedo pedir más". En el segundo caso, el conductor que brindaba asistencia en la vía pública ofreció a la madre y los niños que estaban en el accidente, botellas de agua y una sombrilla para protegerse del calor (hacía 40 grados). La clienta comentó: "solo saber que puedo llamar a AAA me tranquiliza cuando manejo".

Deleite financiero

Ya que a todos nos gusta generar o ahorrar dinero, el "espacio de solución flexible" utilizado para capacitar al personal que tiene contacto directo con el cliente (como vimos en los Capítulos 3 y 8) debe definir los parámetros financieros dentro de los cuales los representantes no solo puedan resolver los problemas sino también deleitar a los clientes. Algunos ejemplos incluyen la eliminación de aranceles de instalación u otros costos iniciales si se contrata un servicio de mayor nivel, el café gratis de Starbucks, o una pequeña reparación gratis en la estación de servicio. Es posible calcular el costo del deleite financiero de forma rápida, así que hacerlo y medir sus efectos lo beneficiará. Deleitar financieramente sin calcular los costos ni estimar sus efectos monetarios no es muy sensato desde el punto de vista económico.

Comunicación proactiva

Los clientes valoran las actualizaciones del estado de un problema, un envío importante, o un procedimiento complejo. También les agrada el seguimiento posterior a los hechos, ya que el mismo indica que la empresa estaba realmente interesada en resolver el problema o garantizar la satisfacción, por ejemplo: cuando verifican cómo resultó la cita, si el problema fue resuelto, etc. De manera similar, si bien es útil ofrecer paquetes de bienvenida e información en la web sobre los productos y servicios, nunca aconsejo confiar en ellos plenamente. A los clientes les gusta que se les informe de manera proactiva cómo evitar cargos por mora o reparaciones, y valoran que la empresa se ocupe de ellos para ayudar a evitarlos.

Creación de conexiones emocionales

Existen muchas maneras de crear una sensación de conexión con los clientes y entre ellos. Una de ellas consiste en ofrecer una comunidad en la cual puedan obtener información valiosa y apoyo emocional. Esto puede lograrse auspiciando la comunidad, tal como Intuit lo hace para sus usuarios, u ofreciendo por ejemplo a un paciente diabético, o a alguien que está tratando de dejar de fumar, enlaces a grupos de apoyo. Los clientes asocian el apoyo con la empresa auspiciante o que los refiere, y su empresa obtiene parte del crédito. La empatía genuina genera conexiones. Por ejemplo, Iams ofrece apoyo de consejeros: personas que también perdieron a sus mascotas y que destinan el tiempo que sea necesario para ayudar a los clientes a atravesar su dolor, lo cual genera una lealtad muy elevada de largo plazo y un boca a boca positivo.

También se puede establecer una conexión simplemente mostrándole al cliente que existe un sentido de pertenencia y que son valorados. Algunas franquicias de Chick-fil-A pegan fotos de los clientes frecuentes. Las medidas que demuestran un interés personal pueden crear una conexión fuerte. Por ejemplo, en un catálogo de alta moda, los representantes aconsejan **no** comprar ciertas combinaciones ya que no favorecen. En una inversora, los asesores fueron muy halagados cuando recomendaron no realizar una inversión y sugirieron redireccionar los fondos para pagar parte de un saldo excesivo de una tarjeta de crédito. Un cliente dijo: "Gracias por haber tenido las agallas de obligarme a pagar una deuda antes de lo que yo lo hubiese hecho". Voy a admitir que está perdiendo una venta y puede correr el peligro de alejar al cliente que en realidad no está buscando consejos. Sin embargo, si los representantes sugieren lo mejor para el cliente con sinceridad y lo hacen de forma lógica y delicada y con cuidado, la mayoría de los clientes reconocerá el valor del consejo y tendrá una lealtad más fuerte a la larga.

Siempre va a encontrar formas de deleitar a los clientes. Es simplemente encontrar qué los deleita, y hay maneras probadas para lograrlo.

DESCUBRA SUS FORMAS ESPECÍFICAS DE DELEITAR

Si bien puede tener alguna idea de lo que deleita a sus clientes, para implementar un programa sistemático deberá fijar expectativas de manera consciente y luego superarlas. Esto puede significar bajar las expectativas de los clientes, como en el caso de la aerolínea que solicita a sus pilotos que anuncien que la demora en el aire será de 45 minutos cuando en realidad creen que será de 30 minutos. Esto elimina la fuerte decepción de las estimaciones optimistas y crea una sorpresa placentera si el tiempo anunciado es correcto, o mejor aún, si se estimó más tiempo. Pero a su vez significa conocer con exactitud lo que los clientes esperan, en especial los mejores clientes. A continuación verá las fuentes específicas de información sobre las expectativas de los clientes, y por consiguiente, sobre las oportunidades para deleitar.

Programas de escuchas

Escuchar las interacciones telefónicas o revisar los intercambios por correo electrónico puede ayudarlo a detectar acciones que deleitan si estudia las reacciones de los clientes ante situaciones ofrecidas por los representantes de atención al cliente. Esto incluye las soluciones dentro del "espacio de soluciones flexible" y las que el empleado elige fuera de ese espacio (esperemos que dentro de su campo general de autoridad). Escuche también las soluciones sugeridas por los clientes. Aun aquellos que piden descuentos o beneficios de forma contundente, o solicitan algo que en primera instancia no parece razonable, algunas veces pueden indicar una forma nueva de deleitar.

Formule preguntas a los representantes de atención al cliente

Los representantes de atención al cliente viven en el reino de las interacciones de los clientes y por lo tanto pueden ofrecer buenos indicios de lo que va a deslumbrar a la mayoría de ellos. Si les pregunta a los representantes, ya sea mediante encuestas o en reuniones semanales, acerca de las cosas que deleitan a los clientes, casi siempre obtendrá buenas ideas.

Elogios de los clientes

Con frecuencia, las cartas y los correos electrónicos que describen las acciones de los representantes de atención al cliente sugieren formas diferentes de tratar los problemas estándar de manera efectiva en función de los costos. Además de celebrar tales acciones con la unidad de atención al cliente (¡recuerde el reconocimiento de los pares!), busque nuevas formas sistemáticas posibles para deleitar.

Encuestas a clientes

Si bien anteriormente remarqué la importancia de preguntar a los clientes sobre los problemas, es importante también averiguar qué les generó deleite. La mayoría de las empresas recolecta los comentarios negativos al pie de la letra, pero muy pocas recolectan los positivos. Si obtiene puntajes excelentes, pregunte qué hizo para merecerlos. Así obtendrá una gran fuente de ideas. Es fácil suponer que los clientes quieren algo más económico, más rápido, más sencillo y mejor; sin embargo, muchas veces mencionan otros detalles específicos.

No olvide preguntar a los clientes sobre su última experiencia placentera como cliente, sin importar dónde haya ocurrido. Recuerde que las expectativas de los clientes se fijan no sólo en base a las experiencias con empresas de su rubro, sino también en base a las experiencias con empresas de otros rubros. En una ocasión, cuando TARP preguntó en representación de una empresa de energía lo que Amazon y FedEx hacían mejor, los clientes mencionaron características específicas del sitio web de Amazon y que FedEx sabía la ubicación de sus camiones. De hecho, con el fin de ayudar a nuestros clientes a pensar de forma creativa acerca del deleite, desarrollamos la matriz del deleite™. Incluye una serie de acciones genéricas que deleitan en cinco categorías de deleite que podrían aplicarse a cualquier tipo de negocio. Lo que le sirve a McDonald's también le puede servir a Motorola o a 3M.

Observe a la competencia

Cuando un competidor incorpora una nueva política o procedimiento de atención al cliente, o cuando un cliente dice: "Bueno, en XYZ, siempre hacen ABC para los clientes", pregúntese por qué. Por lo general, tales políticas y procedimientos surgen de la demanda popular y tienen sentido desde el punto de vista económico. Por supuesto, cuando una empresa implementa una medida que deleita, como por ejemplo devoluciones sin condiciones, la misma puede convertirse en una acción estándar en ese rubro. En tal sentido, el nivel superior pasa a ser la nueva base.

Esto crea un conflicto. Si una acción placentera se convierte en algo que los clientes esperan, entonces pronto dejará de ser una acción placentera. Puede seguir siendo una ventaja competitiva para su empresa, mientras la competencia no brinde tales placeres o usted los brinde de manera más confiable y menos costosa. Sin embargo, el deleite es definido como la respuesta obtenida cuando una empresa supera las expectativas de los clientes. Cuando los clientes comienzan a esperar una característica, ésta se convierte simplemente en una característica de una mejor experiencia, aunque luego forme parte de las expectativas.

En realidad, existen dos escuelas de pensamiento con respecto al deleite. La primera se manifiesta a favor de ofrecerlo de manera generalizada para así fomentar el boca a boca positivo; en cambio, la segunda sostiene que sólo hay que aplicarlo en el caso de clientes que lo merecen, es decir aquellos de primera calidad o con un potencial elevado. El problema con la segunda teoría es que a veces es difícil reconocer ese tipo de clientes, o también puede ocurrir que el cliente que les sigue en la fila puede exigir lo mismo, en este caso tendrá que negarse a hacerlo y arriesgarse a generar una insatisfacción activa. En general, sugeriría optar por el primer enfoque, en especial si se trata de acciones placenteras de poco valor, para que sus empleados siempre pequen de deleitar a demasiadas personas.

La infraestructura para implementar una atención al cliente estratégica incluye un sistema que genere los datos necesarios para detectar problemas y priorizar su resolución en base al impacto financiero y el valor del cliente en los segmentos principales. Una vez que dicha infraestructura estratégica se encuentre en marcha, su empresa ya estará capacitada para deleitar a los clientes de manera consciente, planificada y sistemática, y como resultado podrá repetirse.

VENTA CRUZADA Y VENTA DIRIGIDA

¿Creen que digo en serio que la venta cruzada y la venta dirigida generan deleite? ¿No nos sentimos muchas veces asediados por los mensajes de ventas que hace rato ya nada nos deleita de ellos? Como indica la Tabla 9-1, los clientes consideran que conocer una oportunidad nueva genera deleite. De eso se trata básicamente la venta cruzada.

Determinar si la venta cruzada deleita en un caso específico depende de qué, cuándo y a quién se le está vendiendo. Hasta depende de quién la realiza. Luego de trabajar con cuatro empresas diferentes de fotocopiadoras y artículos para oficina, notamos que si un vendedor le dice al cliente que necesita una máquina más grande (por U$S 2.000 extra por mes), el vendedor sólo está interesado en la venta. En cambio, si el técnico le dice que está exigiendo de más a la máquina actual y necesita una más grande, éste le está diciendo la verdad. Esto se debe a que el cliente cree que el técnico cuida sus intereses y está menos presionado.

Recuerde siempre que los clientes que se comunican por consultas o inconvenientes están dentro de la minoría a la cual les importa lo suficiente contactarse con usted, por el motivo que sea. Cuando lo hacen, esperan que lo asistan, y por lo general tienen necesidades o deseos que pueden ser satisfechos mediante un producto/servicio extra o complementario, o un producto/servicio más nuevo que su empresa puede ofrecer. La gran mayoría de los clientes son racionales y saben que hay un costo. Si tienen un deseo o necesidad que su empresa puede cumplir, pagarán por el producto/servicio correspondiente con mucho gusto. Después de todo, esta es la base de la relación entre su empresa y sus clientes.

A continuación, detallo algunas situaciones comunes en las cuales las empresas pueden deleitar a los clientes mediante la venta cruzada y la venta dirigida:

- Un cambio a una mejor categoría o un servicio de nivel superior va a satisfacer las expectativas del cliente, que pueden haber sido establecidas incorrectamente por mensajes de marketing, presentaciones de ventas, o fuentes fuera de su control.
- Un poco de capacitación avanzada para el cliente no viene mal, y luego continúe ofreciendo una suscripción económica a manuales técnicos actualizados, clases por internet o DVD, o capacitación en vivo para que el cliente pueda conocer los mayores beneficios del producto.
- Los contratos por un servicio, las garantías extendidas, u otro tipo de "seguros" protegerán a los clientes frente a gastos inesperados futuros o si no disminuirán su exposición al riesgo. Esto es atractivo en especial cuando el costo de la reparación actual puede estar incluido en el costo del contrato por la extensión del servicio.
- Un nuevo ofrecimiento brinda el mismo rendimiento (o uno mejor) por un precio menor, o un mejor rendimiento por el mismo precio(o uno menor), o un rendimiento aún mejor por un precio superior.
- Un artículo excepcional, de temporada, especial, o pronto a ser discontinuado está disponible o en oferta por un tiempo limitado. Bath & Body Works conserva los productos discontinuados en sus depósitos y los vende en lotes a los clientes que preguntan al respecto. En algunos casos, la demanda garantiza el re-lanzamiento de productos por internet durante un plazo corto (por ejemplo, du-

rante Navidad), lo cual permite a las empresas ofrecer el producto sin tener que incurrir en costos de exhibición en los negocios o en costos de inventario. ¡Deleite e ingresos al mismo tiempo!

Más allá del rubro al que se dedique, tiene sentido al menos considerar las oportunidades de venta cruzada y dirigida para aquellos clientes que se comunican con su servicio de atención por ciertas consultas o problemas. No obstante, las ventas realizadas por la atención al cliente deben ser planificadas con cuidado y llevadas a cabo con sensibilidad.

La forma correcta de realizar la venta cruzada

Tal como pudo haber dicho el autor del libro de Eclesiastés, hay un momento para vender y un momento para desistir de vender. Entender la diferencia es el primer paso para establecer una función de venta cruzada exitosa. (Utilizaré el término "venta cruzada" también para referirme a la venta dirigida). El segundo paso consiste en implementar la venta cruzada de manera correcta.

En la medida en que sea práctico, por lo general es más efectivo que los representantes de atención guíen al cliente en el proceso de venta lo más lejos posible. Si esto no es práctico o viable, la mejor opción sería derivar al cliente a un especialista dentro de la atención al cliente, preferentemente a alguien cuyo cargo incluya la palabra **atención**, como por ejemplo "ejecutivo de atención al cliente". Cuando los clientes se comunican con atención al cliente, no llaman para hablar con alguien de ventas. Por consiguiente, esperan un proceso de resolución de un problema y no un proceso de venta, así que este último debe ser secundario y moderado.

Los clientes no oponen mucha resistencia a las ventas por parte de los representantes de atención al cliente, ya que no los perciben como vendedores y no consideran a la interacción principalmente como una venta. Como resultado, se debe preservar la objetividad y la interacción de resolución y sólo ofrecerle al cliente derivarlo a Ventas si éste está completamente o casi completamente satisfecho.

Es obvio que los clientes enfadados o enojados en muy pocas ocasiones estarán interesados en hablar sobre cómo intensificar su relación con la empresa, y salvo que el representante pueda revertir la situación por completo, no debe siquiera considerar la venta cruzada en estos casos.

Cómo establecer un sistema de venta cruzada

Convertir las averiguaciones y los reclamos en oportunidades de venta exige preparación, recursos y una implementación diligente. Por lo tanto, cuando establezca un sistema de venta cruzada, será esencial comenzar de a poco, lograr que los representantes comprendan su valor, y comenzar sólo con algunos ítems específicos como prueba.

Considere diseñar un proyecto piloto o una prueba limitada para aprender a lograr que el programa sea más eficaz antes de lanzarlo de manera generalizada. Aproveche los programas de escuchas para ver qué funciona mejor, y mejore de forma continua. Realice ajustes a medida que desarrolla el programa en su rubro y su empresa, y entre los clientes.

La venta cruzada no deleita a todos los clientes; pero como indica la Tabla 9-1 la venta cruzada "suave", sí. En muchas ocasiones, el cliente se sentirá satisfecho al conocer una opción disponible, comprar una solución, o simplemente disfrutar un funcionamiento o servicio mejor. Si ya cuenta con una base sólida de atención táctica y estratégica, al menos considere incorporar la venta cruzada.

FOMENTE EL DELEITE CREATIVO

Genere deleite contratando personas buenas; brindándoles una capacitación de primera calidad, herramientas e información; y ofreciéndoles motivaciones e incentivos sólidos junto con gerentes que se interesen y sean competentes, en un buen ambiente de trabajo. No olvide festejar las acciones que generan deleite. Esto significa que los empleados actúan en representación de su empresa e interactúan con sus clientes, quienes tienen expectativas determinadas con respecto a alguien que ocupa un puesto en la atención al cliente.

La calidad de la interacción humana en la experiencia del cliente representa una verdadera fuente de deleite, o todo lo contrario. Así que equipe a sus empleados de atención al cliente con las herramientas estratégicas y tácticas necesarias para crear deleite, y también deles la libertad para crearlo.

PRINCIPALES PUNTOS A RECORDAR

1. Es posible deleitar sólo cuando las expectativas básicas de los clientes se cumplen firmemente.

2. Identifique qué deleita a sus clientes preguntándoles que los motivó a darle un puntaje excelente. Hay una gran variedad de experiencias que pueden generar placer, entre ellas la venta cruzada adecuada, la capacitación proactiva, y las interacciones sociables de 90 segundos.

3. Las diferentes formas de deleitar no generan la misma recompensa; y algunas son muy económicas para la empresa.

4. Las medidas que deleitan son mucho más efectivas en función de los costos cuando se ajustan al segmento del mercado, lo cual las hace pertinentes y adaptadas al cliente específico.

5. Si lo que hoy deleita se ofrece de manera sistemática, puede convertirse en una expectativa futura y estándar.

Capítulo 10

Atención al cliente alineada con la marca

Cómo construir la estrategia
de la atención en todas las funciones

Según el diccionario Webster, la "marca" (*brand*) es el nombre conocido y respetado de un producto comercial. Las empresas invierten grandes sumas de dinero para conseguir el reconocimiento de sus marcas. Realizan campañas de publicidad, desarrollan su identidad corporativa, diseñan logos, registran sus marcas, y las protegen de la piratería, copias, robo, y usurpación. Una forma más sencilla para lograr y mantener una marca consiste en ajustarse a la definición de Webster, es decir: ofrecer algo que genere un boca a boca positivo y, por consiguiente, obtenga reconocimiento y respeto. Si puede ofrecer algo único y extraordinario de manera eficiente, podrá crear y mantener una marca eficaz. Neiman Marcus ofrece productos únicos y un servicio extraordinario, y por lo tanto puede imponer precios elevados. Chocolate Moose, un comercio de Washington, D.C. que ofrece tarjetas de saludos y regalos únicos, tiene la misma estrategia. Al igual que Neiman Marcus, creó una marca increíble mediante una selección coherente de productos poco comunes y un gran servicio. En otras palabras, un único local y una cadena de locales pueden lograr el éxito de la misma manera.

Estas empresas implementan un proceso de atención que establece las expectativas de manera adecuada mediante una promesa de marca clara. Asimismo, ofrecen una experiencia alineada con tal promesa. Si bien la marca es la base, el servicio alineado a la marca se construye sobre la marca básica, a la que amplifica al generar una experiencia extraordinaria.

La atención al cliente alineada con la marca comienza cuando reconocemos que el servicio de atención al cliente es intrínseco a la experiencia del cliente. El servicio alineado a la marca se refiere a aquel que cumple las expectativas de los clientes por la marca y lo hace alineando todos los procesos comerciales, operaciones, personas, prácticas y comunicaciones con la promesa de la marca. Existen tres requisitos esenciales para lograrlo. Primero: debe establecer las expectativas correctas. Segundo: debe contar con todos los procesos necesarios para cumplir tales expectativas. Y tercero: debe ser capaz de adaptar esos procesos a los diferentes tipos y segmentos de clientes.

En este capítulo, introduzco el concepto de atención al cliente alineada con la marca y los beneficios para la organización. En primer lugar, explico cómo las expectativas del cliente y su experiencia repercuten en la marca. Luego, me refiero a los nueve factores que permiten a las empresas construir una atención alineada a la marca y cómo esos métodos pueden replicarse en su empresa. Por último, hablo de las formas de adaptar la atención alineada a la marca a los diferentes niveles de clientes (oro, plata, bronce, y plomo) para que **todos** se sientan valorados. También ofrezco algunas recomendaciones contrarias al sentido común al respecto.

Este capítulo pone especial énfasis en ofrecer una experiencia coherente y emocionalmente satisfactoria mediante la atención al cliente táctica y estratégica. Este enfoque se aplica a cualquier empresa, ya sea que para las que estén comenzando, estableciendo una nueva marca, o adquiriendo o reviviendo una marca.

LA ATENCIÓN AL CLIENTE COMO GUARDIÁN DE LA EQUIDAD DE MARCA

A pesar de que las empresas, por lo general, no lo vean en estos términos, la personalización de la marca representa un ejercicio prolongado del establecimiento de las expectativas y su posterior cumplimiento (o superación). La marca y la experiencia del cliente deben estar alineadas por completo en todos los aspectos, desde el posicionamiento del producto al diseño del envase, los mensajes publicitarios y las prácticas de ventas, a la entrega del producto o servicio, y a las formas en las cuales se gestionan las consultas y los problemas. En caso contrario, habrá desilusión, sorpresas desagradables, insatisfacción y pérdida de lealtad. Por supuesto, es tarea de la atención al cliente tratar, a nivel táctico y estratégico, las situaciones en las cuales las expectativas del cliente no se cumplen. En este sentido, el servicio de atención protege y refuerza la equidad de marca.

Podemos definir a la "equidad de marca" como el valor total de una marca, el cual puede ser muy difícil de calcular en términos monetarios precisos. Es cierto, el concepto contable de fondo de comercio puede establecer un valor sobre algo intangible como puede ser una marca, pero el valor se vuelve verdaderamente significativo sólo cuando se vende la empresa o la marca. A su vez, el fondo de comercio puede o no registrar el valor monetario completo de todo lo que una marca fuerte puede hacer por una empresa y muy pocas veces valora la cartera de clientes existente, lo cual creo que es una oportunidad para mejorar los principios contables generalmente aceptados. Por lo general, una marca sólida le permite a una empresa llevar a cabo una o más de las siguientes medidas:

- Comercializar y vender sus productos actuales y con marcas nuevas de forma más fácil que sus competidores.
- Imponer precios más elevados que los competidores.
- Retener la lealtad de los clientes a pesar de la presencia de competidores nuevos u ofertas nuevas de los competidores actuales.
- Aumentar los ingresos y las ganancias mediante extensiones de las líneas de productos y servicios, y contratos de licencia.

La protección de la equidad de marca depende principalmente de dos cuestiones: una es una cuestión amplia de gestión de riesgo, y la otra es una cuestión más acotada, del día a día. La primera cuestión consiste en evitar un desastre. Las medidas tomadas por Tylenol para gestionar su caso de adulteración de productos en los años ochenta, en donde retiraron los productos del mercado de forma inmediata a un gran costo pero mantuvieron su participación en el mercado, aún constituye uno de los mejores ejemplos de cómo evitar una catástrofe mediante una muy buena comunicación y gestión de la crisis. En cambio, la forma en que Audi gestionó su conflicto de "aceleración involuntaria" a finales de los años ochenta causó muchos más perjuicios. En este caso, la empresa culpó a los clientes y se resistió a tomar medidas. Si bien la marca logró recuperarse, eso fue luego de cientos de millones de dólares perdidos en ventas. (En 1989 un estudio de la National Highway Traffic Safety Administration indicó que no hubo fallas mecánicas y atribuyó el problema a un error de los conductores).

Por suerte, los desastres son pocos y se dan muy cada tanto. Esto demuestra que la mayoría de las pérdidas de equidad de marca no se debe a una oleada de publicidad negativa como consecuencia de una catástrofe mal gestionada, sino a la erosión continua de la lealtad como resultado de la insatisfacción con la experiencia. (Una cadena de gimnasios se vio casi obligada a cerrar debido al boca a boca negativo sobre tácticas de ventas confusas). La forma más segura de construir y preservar la equidad de marca es que cada parte de la organización haga todo lo posible para lograr la satisfacción y lealtad del cliente, creando una experiencia que cumpla con sus expectativas o las supere.

EXPECTATIVAS Y EXPERIENCIAS DE LOS CLIENTES

La promesa de marca resume las expectativas que la empresa establece con respecto a la experiencia del cliente. Como ya mencioné en otra oportunidad, los clientes vienen con expectativas de otras fuentes sobre las cuales su empresa tiene menos control. Sin embargo, sí tiene un gran control sobre las expectativas que establece y las experiencias que genera para los clientes. Tal como indica la Figura 10-1, la promesa de marca representa lo que la gente espera antes de las operaciones o interacciones, las cuales generan la experiencia. Como resultado, puede haber un mayor, menor o igual nivel de satisfacción y lealtad. Aquí estoy definiendo **operación** e **interacción** de manera muy amplia para abarcar los llamados recibidos o realizados por los vendedores o representantes de atención al cliente, las compras en negocios minoristas, las comidas en restaurantes, los hospedajes en hoteles, y los vuelos. De hecho, para una empresa de cable, la experiencia del cliente tiene lugar cuando el televidente toma el control remoto de su televisor, para un banco cuando el cliente utiliza un cajero automático, y para un fabricante de autos cuando el conductor enciende el motor. Cuando una persona se conecta a su sitio, está teniendo una experiencia.

Figura 10-1. Interacción de la promesa de marca con la experiencia del cliente

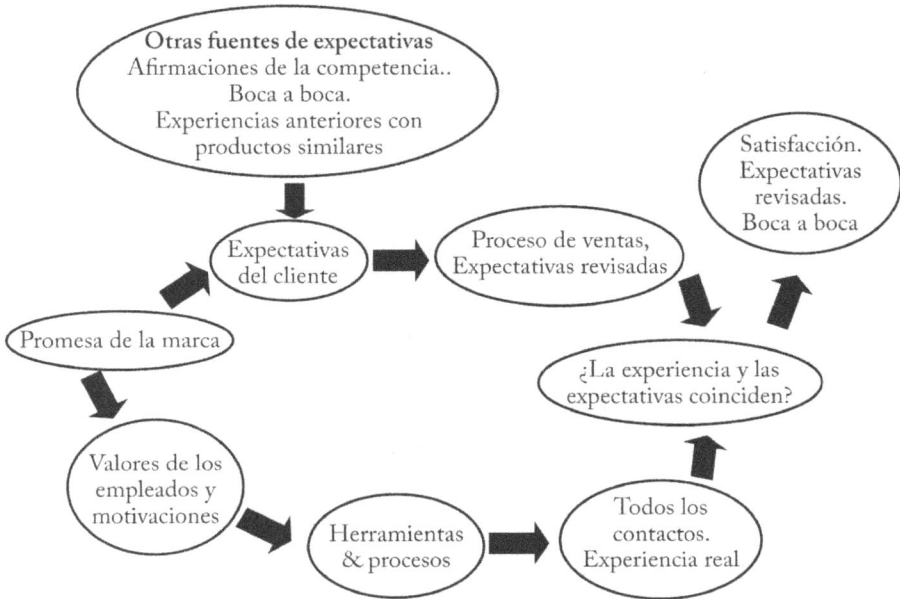

La mayoría de los ejecutivos ven a la satisfacción del cliente como algo estable que puede ser registrado en una imagen o medición individual. En realidad, la satisfacción puede cambiar con cada experiencia. Por tal motivo, es esencial concentrarse en la satisfacción individual; esperar hasta que la satisfacción colectiva se deteriore antes de solucionar los problemas a nivel táctico es peligroso para su marca. Es por eso que también es importante medir los efectos de las decisiones de la gerencia con respecto a la satisfacción. Como indica la Figura 10-1, si la operación o interacción genera una experiencia que no cumple la promesa de la marca ni las expectativas del cliente, el resultado será una menor lealtad y un boca a boca negativo. Pero si el cliente es deleitado, el impacto emocional provocará un aumento de la lealtad y del boca a boca positivo. Cada contacto o experiencia del cliente tiene el potencial para aumentar o disminuir el poder y el valor de su marca.

El valor de una marca se encuentra en su poder para atraer clientes. Cada marca connota un determinado nivel de calidad, durabilidad, y valor para un producto en comparación a otras de su tipo. Según el profesor emérito Gerald Zaltman de *Harvard Business School*, la mayor parte de este valor consiste en el cumplimiento emocional de una necesidad básica, como por ejemplo la asistencia durante la vida ("Nunca salga sin ella"), un recurso para cumplir objetivos ("Usted está en buenas manos con Allstate"), o la creación de una conexión humana (la Asociación de Propietarios de Harleys).[1] El punto principal es que la marca sugiere una experiencia particular a partir de un producto. Para un servicio con atributos no tangibles ni físicos, la marca es aún más importante porque indica un cierto nivel de facilidad de uso, experiencia, y adaptación con respecto a otras de su tipo.

Todos estos atributos tienen un costo, así que una marca también implica un cierto precio en comparación con el de productos y servicios similares. Entonces, una marca resume la proposición de valor (los beneficios prometidos a cambio del pago realizado), la cual puede ser de bajo costo y utilitaria, o de alto costo y lujosa. Esta proposición se lleva a cabo (es decir, se hace real), o no, en cada experiencia del cliente, es decir en cada contacto, operación, e interacción.

En realidad, el servicio en general, y la atención al cliente en particular, se convirtieron en un componente integral de muchas marcas. Según un estudio de TARP sobre los servicios financieros (2004), resumido en la Tabla 10-1, las operaciones de servicios personales de excelente calidad logran un impacto 20 veces mayor que el de las campañas publicitarias y los patrocinios de la empresa sobre la opinión general del cliente acerca de la empresa y su marca. Al mismo tiempo, algunas personas expresaron que las experiencias en internet o con el sistema telefónico automatizado tenían la mayor repercusión. Por lo tanto, si bien cada contacto perjudica o beneficia, de alguna manera, la opinión de los clientes acerca de su empresa, las operaciones de servicio suelen tener el mayor impacto. Esto también es cierto para la industria automotriz. Nuestras investigaciones revelaron que la experiencia en la concesionaria y por teléfono con la empresa financiera fueron los dos determinantes más importantes de la lealtad del cliente. Además, en casi todas las empresas de servicios (salud, hospitalidad, transporte, turismo, servicios financieros, y servicios personales y profesionales) la atención al cliente es el producto. El servicio también es importante para las empresas minoristas, las de tecnología, y muchas otras que comercializan productos tangibles.

En un mundo en donde las innovaciones tecnológicas son copiadas con rapidez, causando la "transformación en productos básicos" de la mayoría de los productos, el servicio es con frecuencia el principal elemento que diferencia a la marca.

Tabla 10-1. Impacto de las experiencias de los clientes en los servicios financieros

Experiencia positiva específica	% con el mayor impacto	Número promedio que compartió su experiencia positiva
1. Excelente operación de servicio personal en negocio	29	4,3
2. Interacción telefónica admirable con un representante de atención al cliente	21	3,4
3. No sintió presión en el negocio	18	3,2
4. El negocio hizo un seguimiento para garantizar la satisfacción con la compra	16	3,2
5. Acceso a la información de la cuenta en Internet	4	2,9
6. Publicidad	1	3,4
7. Patrocinio	0	5,4

En los verdaderos mercados de productos básicos, el servicio puede ser el único elemento capaz de diferenciar a la empresa. Por ejemplo, una empresa que comercializa mezcla de cemento logró diferenciarse permitiendo a los conductores de los camiones estacionar junto a la mezcladora gigante, cargar sus camiones, y acelerar las compras mediante el ingreso de los datos en forma digital en teclados, en vez de hacerlos ir a la oficina para completar formularios. Hay pocos productos más básicos que el cemento, pero en este caso el servicio logró que la "experiencia" de transportar el cemento hacia las zonas de construcción sea más fácil, rápida y económica.

Los clientes esperan ser tratados de determinada manera, según la empresa, el producto, el precio, y sus antecedentes como clientes. Como vimos en el Capítulo 2, pueden o no querer experimentar una "sensación de calidez". Pero lo que definitivamente quieren y esperan es un interés sincero por su pregunta, solicitud o problema, y un servicio rápido, sociable y competente, se trate del café sin crema, pero sí con una sonrisa sincera, o de una solución cuando la empresa no hace las cosas bien la primera vez. Estos toques correctos son lo que un ex presidente de SAS Airlines, Jan

Carlson, denominó "momentos de la verdad" hace 20 años. Lo que quiero decir es que en vez de concentrarse principalmente en los momentos de la verdad más importantes, necesita poner su atención en cada toque, ya que un pequeño toque puede convertirse en un momento de la verdad perjudicial si éste no se realiza correctamente (piense en una fecha con un error en un dígito en un pasaje aéreo de regreso).

Por último, el poder y el valor de una marca dependen de dos cosas: primero, de la forma correcta en la cual la empresa define y comunica sus objetivos y promesas a los clientes; y segundo, de la forma correcta en que cumple dicha promesa. Si la experiencia del cliente no cumple los objetivos y la promesa de la marca, la equidad de la marca se desgastará.

LOS NUEVE BLOQUES CONSTITUTIVOS DEL SERVICIO ALINEADO CON LA MARCA

Desde 2005, TARP realiza investigaciones cualitativas sobre cómo las organizaciones alinean su servicio estratégico con la promesa de marca para que el cliente tenga una experiencia perfecta. Nuestro objetivo es identificar los bloques constitutivos del servicio alineado con la marca. En base a una gran variedad de entrevistas a ejecutivos, trabajos de consultoría, trabajos publicados y de empresas con marcas sólidas, el presente estudio sugiere nueve factores importantísimos para garantizar que el servicio estratégico construya y mantenga el valor de la marca de manera eficaz. Son los siguientes:

1. Promesa de marca clara unida al patrimonio histórico de la empresa.
2. Responsabilidad clara por la marca.
3. Valores centrados que refuerzan y facilitan la promesa de la marca.
4. Medición y *feedback*.
5. Proceso formal para cada contacto.
6. Comunicación continua entre todos.
7. Conexión emocional planificada con el cliente.
8. Empleados que transmiten la marca.
9. Marcas adaptadas a diferentes segmentos del mercado.

Otro de nuestros objetivos fue conocer cómo las empresas alinean las prestaciones de servicios estratégicos y atención al cliente para reforzar la lealtad hacia la marca. Una vez más, definimos al servicio alineado con la marca como aquél que está intencionalmente estructurado para llevar a cabo la promesa de la marca, y cumplir o superar las expectativas de los clientes en todos los puntos de contacto. Prestar tal servicio exige la alineación de todos los procesos comerciales, operaciones, recursos humanos, y comunicaciones internas y externas para cumplir con la promesa de la marca e impulsar los resultados comerciales. Sin esta condición, la equidad de marca se desvanece. En cambio, una mayor alineación cumple con la promesa de marca, protege la equidad de marca, y aumenta la lealtad hacia la misma, como también el boca a boca positivo y los ingresos, todo lo cual aumenta el valor de la marca. Según algunos estudios, también se observa un crecimiento de la retención y satisfacción de los empleados, ya que éstos disfrutan trabajar para una empresa con una marca sólida y contribuir al nivel de respeto de la misma. Para las empresas que cuentan con funciones de atención al cliente completamente desarrolladas, el servicio alineado con la marca llevará a la atención, y su valor para la empresa, hacia el siguiente nivel.

1- Promesa de marca clara unida al patrimonio histórico de la empresa

Las empresas que ofrecen un servicio alineado con la marca cuentan con una promesa de marca clara demostrada por su historia y simbolizada por su papel en la construcción de la marca. Si posee una promesa de marca clara que puede ser expresada en algunas palabras, y puede mencionar ejemplos recientes o pasados, ya cuenta con una base firme. Bank of America utilizó el slogan "Estándares superiores" para ilustrar los niveles elevados de su servicio en comparación con el de la mayoría de los bancos. FedEx utilizó la frase "Cuando sí o sí tiene que llegar al día siguiente" para remarcar la rapidez y confiabilidad. Starbucks prometió una gran experiencia que apenas mencionaba al café.

Estas empresas utilizan su patrimonio histórico para informar acerca de sus prácticas de capacitación, comunicación y administración. Disney tiene un patrimonio histórico muy sólido y glorioso, tal como los nuevos empleados de Disneyland aprenden durante su orientación, en donde una clase sobre "Tradiciones" transmite los principios fundadores mientras los aplican a la visión y misión actual de la empresa. El U.S. Postal Service (servicio de correo de los EE.UU.) también cuenta con un patrimonio histórico sólido y alaba a los empleados que representan sus valores de confianza y seriedad en su sitio web. Casi todos los días en algún lugar del país, un repartidor de correspondencia salva una vida, ya sea cuando encuentra a una persona mayor enferma en su casa, cuando rescata a alguien en un incendio, o cuando literalmente atrapa a un niño que sale volando por la ventana de un segundo piso por estar saltando demasiado en su cama (¡esta es una historia real!).

2- Responsabilidad clara por la marca

Las empresas con un servicio alineado con la marca impulsan la responsabilidad por esta última de cuatro maneras: estructura formalizada, liderazgo, responsabilidad de los pares, y autoridad de los empleados para actuar.

Estructura formalizada. Algunas empresas establecen un departamento o equipo multifuncional para garantizar la trasmisión del mensaje de la marca en todas las comunicaciones y reuniones de diseño del servicio. El equipo de gestión de marca de UPS define la estrategia de la marca, dirige la capacitación sobre la marca, y trabaja de forma interna para garantizar la coherencia en la experiencia con el servicio.

Liderazgo. En algunas empresas, los altos ejecutivos transmiten la prioridad del servicio alineado con la marca, por ejemplo al referirse con frecuencia a sus atributos y al encargarse de que toda iniciativa comunique la promesa de marca. En una empresa líder de internet, el gerente general menciona con frecuencia los atributos de la marca en las reuniones de planeamiento y comunicaciones, al igual que el gerente general de UPS. La revista *Fortune* le otorgó el título de "sumo sacerdote de la risa" a Herb Kelleher de Southwest Airlines gracias a su hincapié en hacer que volar sea divertido. Estos líderes comprenden que la marca no es sólo palabras, sino un conjunto de principios y promesas que deben cobrar vida todos los días en la práctica. Por lo tanto, lideran mediante el ejemplo, al igual que los líderes de Disney, en donde todos los gerentes deben trabajar al menos un día por mes con el público.

Responsabilidad de los pares. Los empleados también pueden considerarse responsables entre sí de "vivir la marca". El programa *Green Apron* (delantal verde) de Starbucks alienta al personal a reconocer las acciones de los compañeros que demuestran los principios principales de la empresa. Algunas compañías impulsan la responsabilidad de los empleados mediante programas formales de *feedback*. Así, los empleados acuerdan señalar cuándo alguien sigue o no los principios de la marca, y a utilizar el *feedback* para mejorar. En Dell, la mayoría de las planillas en donde constan las firmas se incluye la dirección de correo electrónico del supervisor del empleado con una invitación a enviar *feedback* al empleado o al supervisor. En el mejor de estos entornos, los líderes también lo solicitan y lo aceptan, incluso por parte de quienes ocupan cargos inferiores.

Autoridad de los empleados para actuar. Las empresas que destacan la capacidad de los empleados para actuar los autorizan y alientan a transmitir el mensaje de la marca de forma activa y creativa. Les ofrecen "espacios de solución flexibles" y los motivan a garantizar la satisfacción de los clientes con las respuestas y soluciones brindadas. Si bien resaltan la importancia de las políticas y procedimientos, también confirman que el objetivo principal es lograr la satisfacción y lealtad del cliente.

3- Valores centrados que refuerzan y facilitan la promesa de la marca

Las empresas alineadas con la marca resumen su doctrina en lemas y valores principales **simples** que guían a las personas a cumplir con la promesa de la marca. Estos valores claramente formulados motivan a los gerentes a tomar decisiones y a los empleados a crear experiencias conforme dicha promesa. Por ejemplo, los valores principales de Disney son la seguridad, el espectáculo, la cortesía y la eficacia, y todos miden de forma explícita la planificación y prestación del servicio en base a esos valores. Starbucks se concentra en cinco principios: recibir a los clientes con entusiasmo, ser auténticos, estar bien informados, tener consideración y se participativos. Los valores de Levi's son ser reales, seguros, sociables, inclusivos, e innovadores. En las empresas bien lideradas, los líderes fomentan la confianza de los empleados en la marca al actuar conforme a sus valores cuando tratan con ellos. De esta forma, los empleados transmiten esa confianza a los clientes.

Dichos valores pueden resultar de ayuda en tiempos difíciles. Jane Yates, vicepresidenta de Johnson & Johnson, me habló de las conversaciones entre los gerentes para decidir qué medidas tomar con respecto a la adulteración de Tylenol. Mencionó que los valores de la empresa, representados en el "Credo de J&J" presente en todas las salas de reuniones, sin lugar a dudas llevaron a los gerentes a considerar al cliente en primer lugar, lo cual hicieron; esto simplificó la toma de decisiones de forma significativa.

4- Medición y feedback

Es importante utilizar las mediciones y el *feedback* de forma proactiva para garantizar que la prestación del servicio cumpla con las expectativas alentadas por la marca. Las métricas incluyen las mediciones de los procesos de las operaciones o contactos individuales, como por ejemplo el tiempo de inactividad de los cajeros automáticos, el tiempo de espera en las filas, o la muestra de empatía con el cliente que tiene un problema. También incluyen las mediciones de resultados de la satisfacción, lealtad y boca a boca según la voz del cliente, y el *feedback* de los empleados.

Una de las áreas más difíciles de medir es el impacto causado por el establecimiento incorrecto de las expectativas por parte de marketing y ventas. La medición no presenta dificultades si se ofrece el producto según las especificaciones. Pero sí las presenta si marketing instaló las especificaciones incorrectas en la mente del cliente, las cuales este último comparó con lo recibido. Al respecto, resulta útil considerar el enfoque del "Índice de calidad del marketing™", que pregunta: "¿Cuánto tiempo dedicó la atención al cliente a las cuestiones relacionas con las expectativas mal establecidas desde el inicio por marketing?" Como mencioné antes, una empresa líder de productos envasados implementó un sistema de reembolsos. En virtud del mismo, el departamento de asuntos del consumidor le cobra al departamento de gestión de productos el costo de los llamados cuyas causas raíz son aparentemente las expectativas mal establecidas y la confusión generada por promociones de marketing mal diseñadas según los representantes de atención al cliente.

Las empresas con un servicio alineado con la marca vinculan los incentivos a dichas mediciones de forma provechosa. En Bank of America y Marriott, los objetivos de los empleados consisten en mejorar la experiencia del cliente y alinear el servicio con la marca. Para lograr tal fin, Bank of America emplea encuestas telefónicas diarias y clientes misteriosos (es decir, clientes anónimos contratados por una firma de investigación de mercado que concurren a la empresa para evaluar la atención), y relacionarlos con el empleado individual. Los incentivos de la gerencia media están vinculados a cinco metas de atención, entre ellas saludar sin demora, que demostraron ser impulsores importantes de la satisfacción. Estas métricas van desde la sucursal a los niveles de gerencia superiores. En Ritz-Carlton (una división de Marriott), los empleados emiten informes de incidentes (fuera de la vista de los huéspedes) para buscar la forma de prevenir todo incidente mediante un mejor proceso y la mejor estrategia de reparación inmediata. Empresas como éstas vinculan los incentivos a las métricas de atención para que la experiencia del cliente cumpla con la promesa de la marca.

Si bien estos sistemas de *feedback* pueden ser costosos, sin ellos no es posible saber con exactitud qué falló, y por lo tanto qué corregir. ¿Cómo puede saber, por ejemplo, si un empleado debe volver a hacer una capacitación o si no se cumple con el proceso?

5-Proceso formal para cada contacto

Las empresas alineadas con la marca cuentan con procesos formales para desarrollar servicios nuevos e incorporar las adquisiciones para garantizar la coherencia con la marca. Estos procesos se implementan de forma temprana en el ciclo de desarrollo o adquisición. También los utilizan para garantizar la coherencia en toda la empresa sin crear respuestas robóticas. Por ejemplo, Starbucks apunta a crear el mismo ambiente acogedor en todos sus locales mediante el diseño, muebles, oferta de productos, e interacciones entre empleados y clientes. Bank of America utiliza manuales de estrategias que describen los procesos ideales para las presentaciones de productos, fusiones, y transiciones de las nuevas sucursales a la marca, en toda la empresa y en todos los canales. Allstate define los momentos clave en la experiencia del cliente y sus aspectos emocionales y operativos; por ejemplo, cuando el tasador debe estimar el daño del vehículo, primero debe expresar su empatía con el asegurado y luego explicar el procedimiento.

Parecería que los procesos formales debilitan la capacidad de los empleados para actuar. Sin embargo, no es así ya que su meta es permitirles lograr un objetivo dentro de una estructura general, utilizando su estilo propio de comunicación y una de las medidas establecidas por el "espacio de solución flexible".

6- Comunicación continua entre todos

La comunicación de los niveles superiores hacia los demás niveles debe demostrar y reforzar los principios de la marca. Esto ocurre de tres maneras.

Capacitación y reuniones. Las empresas garantizan un servicio alineado con la marca mediante la capacitación y las reuniones iniciales y continuas. La mayoría de las empresas analizadas por TARP se llevan a cabo reuniones informativas semanales o hasta diarias. Si bien allí se tratan temas locales, también refuerzan la marca de manera coherente. Marriott organiza reuniones diarias sobre los principios básicos para concentrarse en un solo principio de atención por vez. Una empresa de internet importante publica historias que relatan el gran aporte de su servicio para la vida de las personas. Southwest Airlines tiene un Comité de Cultura en todos los lugares donde opera que planifica las "fiestas de la diversión" y otros eventos que refuerzan la imagen de una marca divertida. Gran parte de esta actividad consiste en compartir anécdotas que transmiten la historia de la marca y éxitos, similar a los "turnos de alardeo" mencionados en el Capítulo 8.

Gacetillas periódicas e historias en el sitio web. Las gacetillas impresas o electrónicas semanales o mensuales mencionan historias que vinculan las acciones de los empleados con las características de la marca. La empresa de internet mencionada con anterioridad, que refleja una imagen de diversión y comunidad, busca historias que muestran cómo la gente se divierte y se conecta con otras personas a través de su servicio. Si bien el correo electrónico y los sitios intranet lograron que las gacetillas sean menos costosas (¡y salvar árboles también!), las impresas aún ocupan un lugar importante cerca de las máquinas de café, los espejos de los baños y los ascensores.

Acceso global a la información coherente. Todo servicio coherente depende de información coherente. Disneyland le entrega a su "elenco" (término que utilizan para referirse al personal) una guía plegable con respuestas a las 100 preguntas más frecuentes y el acceso a un sitio web que muestra cómo es cada uno de los personajes. Levi's ofrece una capacitación en línea sólida y herramientas de referencia, las cuales se actualizan todas las noches, para ayudar a los empleados a responder las consultas de los clientes.

7- Conexión emocional planificada con el cliente

Las organizaciones que resaltan el servicio alineado con la marca reconocen la dimensión emocional de sus marcas y la importancia de las conexiones emocionales en las relaciones con los clientes. Esto comienza con un toque personal en las interacciones entre empleados y clientes. Por ejemplo, Starbucks alienta a sus empleados a conocer a sus clientes y recordar sus bebidas favoritas. Chick-fil-A exhibe un collage de fotos de sus clientes frecuentes en sus locales. Harley-Davidson con frecuencia utiliza fotos de los clientes tomadas al momento de la compra para ayudar al personal de servicio a reconocerlos y recordar sus nombres cuando regresan para solicitar un servicio al año siguiente.

Muchas empresas, entre ellas Harley-Davidson y Triumph Motorcycles, crean comunidades de usuarios a través de asociaciones de propietarios, eventos auspiciados, y gacetillas en internet. En la industria farmacéutica, los esfuerzos en línea incluyen la creación de sitios de retención que conectan a los pacientes con la marca, con otros pacientes, y con fuentes de apoyo. El 75 % de los miembros de un sitio de retención de un tratamiento actual de artritis reumatoide son usuarios de la medicación para dicho tratamiento.

8- Empleados que transmiten la marca

Los empleados que creen en la marca o que, de alguna manera, la personifican pueden ayudar a la empresa a cumplir con la promesa de la marca. Por ejemplo, el departamento de relaciones con el cliente de Levi's busca personas seguras, sociables y "reales" ya que este tipo de perfil responde a los valores principales de la marca. Whole Foods Market contrata a sus clientes habituales para garantizar la pasión por los alimentos naturales. Prestan especial atención a aquellos que disfrutan estar en las cafeterías, ya que eso demuestra que realmente les agrada el ambiente.

9- Marcas adaptadas a diferentes segmentos del mercado

Si bien las organizaciones internacionales deben planificar a nivel global, también deben ser lo suficientemente flexibles para satisfacer las necesidades locales y de los segmentos del mercado. Bank of America varía las especificaciones de su servicio según las expectativas de los clientes en los diferentes mercados, como por ejemplo clientes urbanos o suburbanos, y las diferentes zonas, como por ejemplo Nueva York o los estados centrales de los EE.UU. HSBC incorporó a su promesa de marca la siguiente frase: el banco local del mundo.

Otro aspecto de la adaptación de las marcas a los diferentes segmentos valiosos es el tema de la atención al cliente estratificada o nivelada, lo cual es un tema aparte.

RELACIONES CON LOS CLIENTES DE DIFERENTES CATEGORÍAS Y CÓMO GESTIONARLAS

En los últimos veinte años hubo un aumento de las relaciones con clientes divididos en niveles o estratos. En estos casos, los viajeros o huéspedes frecuentes, los clientes oro o plata, o los clientes con mayor valor desde el punto de vista comercial reciben un servicio de mejor calidad que los clientes comunes. Cuando estos programas son desarrollados e implementados de manera correcta, ofrecen un medio racional para relacionar los ingresos y la rentabilidad de los clientes con el costo de la prestación del servicio que estos clientes exigen. De lo contrario, generan gastos excesivos, confusión y resentimiento en todos los clientes. Es clave saber cómo tratar a los clientes bronce y plomo por dos motivos. Primero, no debe tener clientes que le hagan perder dinero sino clientes de categoría inferior que sean rentables. Segundo, sus clientes bronce actuales pueden ser los clientes oro de la competencia, los cuales lo están probando, ellos pueden ser **sus** clientes oro en el futuro. American Express siempre considera el valor potencial de los clientes.

En realidad, la atención al cliente escalonada es una estrategia de marca. El concepto probablemente se remonta a los antiguos mercados en donde los clientes decidían que la cantidad de operaciones que realizaban con un comerciante les garantizaba reconocimiento, concesiones, o servicios extra, y el comerciante decidía complacer a esos clientes valiosos. En épocas más recientes, el concepto se formalizó en la década del cuarenta gracias a General Motors. Esta empresa tenía una marca de nivel inicial (Chevrolet) y marcas de mejor calidad y más alto nivel (Pontiac, Oldsmobile y Buick), más una marca prestigiosa y ambiciosa (Cadillac). Décadas después, American Express aplicó tal concepto a los servicios financieros al ofrecer la tarjeta *Gold* (seguida por la *Platinum* y, más recientemente, por la *Centurion* o *Black* sólo por invitación).

El desafío de las empresas que tienen varias categorías de clientes es crear y comunicar una promesa de marca clara, establecer expectativas claras, y luego cumplir de forma rentable con tal promesa, como también satisfacer las expectativas de cada categoría sin crear confusión ni insatisfacción. Para diseñar e implementar un servicio de atención al cliente escalonado, es preciso conocer el valor monetario de los clientes. En las relaciones entre empresas, los clientes "plata" son más rentables que los "oro", si tenemos en cuenta los descuentos que cada nivel de clientes recibe y el nivel de atención que cada uno espera. Esto se debe a que los clientes oro o de una categoría superior apalancan su volumen para extraer el mayor margen de las operaciones. En cambio, si bien los clientes plata consumen muchísimo, tal consumo no resulta suficiente para exigir los mejores márgenes, y con frecuencia son tratados como clientes bronce o "plomo". Por ejemplo, en una aerolínea que ofrece vuelos de cabotaje, los clientes de la categoría plata, que viajan al menos 25 veces por año en clase ejecutiva, aún debían realizar el *check in* con el resto de los pasajeros de clase turista. Según TARP, esta política le costaba a la empresa más de 200 millones de dólares en ingresos por año. El principio de la mayor oportunidad de ganancias en el segundo nivel es casi siempre cierto en las empresas que operan con otras empresas.

La atención al cliente escalonada debe implementarse con cuidado. Los clientes pueden aceptar que consumen menos o que son "menos leales" que otros. Pero el sistema debe ser "democrático", o al menos racional. Por ejemplo, en los aeropuertos todos aceptan que los viajeros frecuentes y los miembros del Million Mile Club reciben una atención especial porque gastan más dinero en pasajes (y pasan más tiempo padeciendo los viajes en avión). Sin embargo, hace poco un banco y una empresa de comunicaciones tuvieron que enfrentar desastres de relaciones públicas cuando decidieron "despedir" a los clientes menos rentables.

Si bien algunos expertos sugieren sacarse de encima a los clientes menos rentables (a los cuales denomino "plomo") o a aquellos que generan pérdidas, nosotros sugerimos establecer precios que le permitieran obtener ganancias si éstos permanecían, como también ofrecerles opciones. Al respecto, la fijación de precios explícita en los servicios y los precios mínimos son efectivos **si y solo si** explica las razones fundamentales y demuestra a los clientes que están recibiendo un trato justo. Por ejemplo, en una oportunidad en la cual trabajamos con una empresa de computación, le explicamos a los clientes de la menor categoría que dado el importe que ellos pagaban, la empresa no podía ofrecerles un técnico a domicilio y que el autoservicio era bastante bueno una vez que entendieran cómo utilizarlo. No obstante, a cambio de U\$S 10 extra por mes, podrían convertirse en clientes de la categoría bronce y tener acceso al soporte técnico. De esta forma, se les ofrecía una opción y una explicación. Aquellos que siguieron en la categoría plomo se mostraron relativamente felices porque comprendieron la situación, y porque decidieron seguir en esa categoría. Fue su decisión, no se lo impuso la empresa. Si por el contrario, decidían pasar a la categoría bronce, se convertían en otra fuente de ingresos.

CÓMO ALINEAR LA ATENCIÓN ESTRATÉGICA AL CLIENTE CON LA MARCA

Existen cuatro pasos importantes que le permitirán aumentar la alineación de la marca con toda la experiencia del cliente, los cuales se detallan a continuación.

Paso 1: Identifique las características de la marca que su empresa quiere reforzar

Los representantes de marketing, ventas, operaciones, y la alta gerencia deben establecer de forma conjunta la promesa de cada marca y la proposición de valor. Esto implica evaluar el patrimonio histórico de la marca de forma explícita e identificar los valores que la sostienen.

- ¿Qué promesa de marca y proposición de valor se comunicó a los clientes y a los empleados?

- ¿El mensaje es coherente con las comunicaciones y los contactos?
- ¿Cuáles son las expectativas de los clientes en cuanto a la marca y a la experiencia asociada?
  - ¿Qué se hizo para establecer esas expectativas?
- Si bien estos son momentos clave de la verdad (según las palabras de Jan Carlson), no olvide que todo contacto que contradiga la promesa de marca se convierte en un momento de la verdad negativo. Por lo tanto, se puede aplicar el comienzo del Juramento Hipocrático (lo más importante es no hacer daño) en cualquier contacto con los clientes.

Paso 2: Evalúe su nivel actual de alineación con la marca

El equipo debe evaluar hasta qué punto la experiencia del cliente en todos los contactos cumple con la promesa de la marca y transmite su valor al nivel de la experiencia del cliente. Se deben incluir las mediciones de la satisfacción en cada punto de contacto, como también los datos de las fuentes de la voz del cliente y los empleados. Siga los nueve bloques constitutivos del servicio alineado con la marca descriptos en este capítulo para guiar su análisis. Es esencial medir y considerar las expectativas reales, en especial las que surgen de los datos de los reclamos. Si este paso indica alguna debilidad para cumplir con la promesa de marca y los valores esperados, la empresa deberá tomar una decisión: ¿implementar cambios en el posicionamiento de la marca para comunicar una promesa y proposición de valor diferentes, o modificar la experiencia del cliente para cumplir con la promesa y ofrecer el valor esperado? (También es posible implementar ambos cambios). Por ejemplo, una concesionaria de Mercedes-Benz exhibió un cartel que decía lo siguiente: "Prestamos vehículos a los X, Y, y Z pero **no** para A, B, y C".

Paso 3: Identifique las oportunidades para mejorar

Una vez detectadas las diferencias entre la promesa de marca y la experiencia del cliente, deberá decidir qué medidas tomar para lograr la alineación con la marca. Utilice el "modelo de perjuicio del mercado" y el cálculo del "mercado en riesgo" para priorizar los problemas en términos financieros. El objetivo aquí es visualizar mejoras posibles en la capacitación al cliente, la prevención de problemas, y la experiencia del cliente en el contexto de la marca. Esto significa que deberá observar la experiencia de punta a punta, no sólo dentro de la atención al cliente.

Paso 4: Mida el impacto
Luego de implementar los cambios, mida el impacto en la satisfacción del cliente, la lealtad y el boca a boca. También en la percepción de la alineación con la marca de las funciones internas. A la larga, dicha alineación se verá reflejada en un aumento de los ingresos como resultado de la repetición de las compras y un mejor boca a boca, así como en el mayor poder y valor de la marca en sí.

MANTÉNGASE CERCA DE SU MARCA
Como componente clave de la experiencia del cliente, la atención al cliente estratégica debe estar alineada con la marca. Todas las funciones, departamentos, procesos, y actividades también, y a su vez deben contribuir con los esfuerzos de la atención al cliente para aumentar la satisfacción, la lealtad, y el boca a boca positivo. En el Capítulo 12 veremos las formas de lograr este último objetivo, pero primero, en el Capítulo 11, observaremos las tendencias actuales que afectan a la atención al cliente en la mayoría de las empresas.

PRINCIPALES PUNTOS A RECORDAR
1. Debe haber una promesa de marca clara que informe a los clientes y a los empleados lo que la empresa ofrece, y más importante aún, qué esperar y qué se espera de ellos (empleados y clientes).
2. Es más sencillo establecer estas expectativas mediante historias que ejemplifican los valores de la empresa y la capacidad de los empleados para resolver problemas.
3. Los gerentes de todos los niveles y los empleados que tienen contacto directo con los clientes deben asumir la responsabilidad por la marca. Los gerentes deben practicar lo que predican y premiar a los empleados que hacen lo propio.
4. Se pueden y se deben desarrollar procesos formales y medibles para

todos los "momentos de la verdad" y los contactos significativos con los clientes, con la inclusión de un índice de marketing que mida el porcentaje de los gastos de atención contraídos como consecuencia de las expectativas mal establecidas.

5. Cuando hay diferentes niveles de clientes, los clientes plata presentan más oportunidades para mejorar la satisfacción y las ganancias que los clientes oro.

NOTAS

1. Ver último libro de Zaltman, *Marketing Metaphoria* (Boston: Harvard Business School Press, 2008).

Parte 5

Hacia el futuro

Capítulo 11

Manténgase en la cresta de la ola sin caerse

Cómo trabajar con las tendencias laborales, tecnológicas y políticas

Hace poco, un amigo mío llegó tarde al aeropuerto de Newark y le ofrecieron un Toyota Prius. A la mañana siguiente, cuando presionó el botón de encendido comenzó a escuchar un sonido agudo pero el motor no arrancaba. Como no había ningún manual en la guantera y estaba por llegar tarde a una reunión importante, llamó al servicio de asistencia en la vía pública, quienes le informaron que luego de presionar el botón, debía esperar unos segundos para que el motor arrancara. Con esto quiero decir que si incorpora tecnología nueva sin brindar una capacitación inicial a los clientes, les podrá causar más estrés, e incurrir en más costos debido a la mayor cantidad de quejas y problemas que la atención al cliente debe responder.

Las tecnologías nuevas y las tendencias que afectan a las empresas y a los clientes también afectan a la función de atención estratégica. Como ojos y oídos de la compañía, la atención estratégica puede brindar advertencias con anticipación y estimaciones del impacto de las tendencias, anticipar los problemas y las oportunidades que estas tendencias representan, y luego promover las medidas tendientes a aumentar la satisfacción y lealtad de los clientes.

En este capítulo, analizo varias tendencias clave que reflejan los desafíos que la atención al cliente estratégica debe enfrentar. Por conveniencia y lógica, organicé dichas tendencias de la siguiente forma:

-         Tendencias laborales
  - Falta de candidatos en la atención al cliente
  - Tercerización de la atención al cliente
-         Tendencias tecnológicas
  - Productos más complejos
  - Tecnologías de comunicación nuevas
-         Tendencias políticas
  - Asuntos regulatorios y de seguridad
  - Cuestiones ecológicas

A pesar de que este capítulo no cubre todas las tendencias que afectan a la atención al cliente, sí muestra cómo éstas y otras tendencias lo hacen. Si bien no hay forma de evitarlas, los gerentes deben determinar cómo éstas perjudican las expectativas y experiencias de los clientes, y luego tomar las medidas correspondientes.

TENDENCIAS LABORALES: LOS DESAFÍOS PARA ATRAER RECURSOS HUMANOS

Gran parte de la experiencia del cliente aún es ofrecida por personas, en especial por los centros de atención telefónica. En los EE.UU. estos centros se convirtieron en un cliché´ cultural con connotaciones negativas. El cargo de representante telefónico de atención al cliente no tiene el prestigio del camarero de Starbucks ni del empleado de repartos de FedEx o UPS (y menos aún el de un profesional como por ejemplo un abogado, contador o arquitecto). De hecho, el cargo tiene connotaciones negativas.

Las empresas mismas tienen mucho que ver con esto, en parte debido a la tercerización de la atención (como veremos más adelante), y a la gran cantidad de casos de atención mediocre. Cuando las palabras "Su llamado es importante para nosotros" pueden servir como frase clave, y la historieta de *Dilbert* se refiere con frecuencia a la atención al cliente, sabe que tiene un problema de imagen. Este problema y los problemas resultantes de los recursos humanos, como tantos otros en la atención al cliente, surgen principalmente de la visión y tratamiento de la atención al cliente por parte de los gerentes. Si los gerentes ven a este departamento como un equipo de "limpieza" y un centro de costos, entonces el objetivo será resolver los problemas al menor costo posible, lo cual conduce directamente a los estereotipos negativos.

El enfoque estratégico de la atención al cliente representa la solución a este problema de imagen, ya que considera a los centros de atención colaboradores de la experiencia del cliente y de los ingresos y resultados finales. En otras palabras, la mejor forma de resolver este problema de imagen es celebrando de forma sincera los aportes del centro y ofreciendo un ambiente de trabajo, una escala salarial, y una pancarta con la marca que atraigan a personas con excelentes habilidades y que les permita ver un futuro mejor para ellos. Toyota, Neiman Marcus Direct, Zappos, y muchas otras empresas logran que sus empleados se sientan bien con la empresa, la marca, y su trabajo, para que puedan ofrecer una excelente experiencia de forma continua.

Cómo abordar el tema de la falta de candidatos en la atención al cliente

La falta de candidatos en la atención al cliente es real. Esto se debe a la cantidad de representantes que toda economía desarrollada exige y a los límites evidentes de nuestro sistema de educación actual. Los empleados de atención al cliente deben ser capaces de explicar problemas y procesos complejos de forma clara (simple y que se entienda desde el punto de vista lingüístico) y delicada, con frecuencia por escrito. Deben ser flexibles y comprensivos, deben orientarse a la resolución de problemas, y ser capaces de trabajar con una gran variedad de personas y situaciones. Debido al talento relativamente limitado, las empresas deben competir de forma enérgica para obtener representantes capaces, y aferrarse a los que contratan y desarrollan.

En el Capítulo 8, resalté la importancia de ofrecer una buena remuneración (con inclusión de los incentivos) y beneficios, una capacitación sólida inicial y continua, administración de primer nivel y motivación. Además, se debe poner énfasis en la carrera y en las oportunidades para ascender y trabajar en un área que no sea el centro telefónico. Algunas empresas audaces como Toyota comenzaron a ver al cargo de representante de atención al cliente como un puesto de nivel inicial y un escalón para ascender a cargos de la gestión de servicios externos, marketing, ventas, y otras áreas. El laboratorio Merck restableció su centro telefónico como una función a la cual ascendían vendedores exitosos. En este caso era necesario contar con un personal con excelentes habilidades y conocimientos debido a la cantidad de médicos y farmacéuticos que se comunicaban. No obstante, el esfuerzo tuvo tanto éxito que la empresa independizó a la unidad, que hoy funciona como un centro telefónico contratado por otros laboratorios y fabricantes de dispositivos médicos. Esto demuestra el nivel de excelencia que se puede lograr cuando se dedica el esfuerzo apropiado y se destinan los recursos adecuados en el centro telefónico. Mark Scott, ex gerente general de Mid-Columbia Health System en Oregón (EE.UU.), expresó que él promocionaba su hospital ante los **empleados** todos los días. Su hospital era uno de los pocos que tenía una **lista de espera** de enfermeras/os que querían trabajar allí.

A pesar de los esfuerzos exitosos para contratar, capacitar, y retener a personas buenas, la mayoría de los representantes no permanece en su cargo 10 años. Pero si una empresa con una excelente reputación y marcas respetadas ofrece las condiciones correctas y perspectivas de ascensos, hay muchas personas que disfrutarán dicho cargo por tres o cuatro años. Un modelo establece contratar a estudiantes universitarios en su primer año para retener a la mayoría durante cuatro años. Muchos representantes disfrutan contar con un segundo ingreso o un trabajo por hora, o los privilegios muy valorados, como por ejemplo los beneficios a la hora de viajar en avión, productos con importantes descuentos para empleados en los negocios, o los beneficios de tener una obra social.

Además de considerar las mejores prácticas de selección, capacitación y gestión de personal, muchas empresas optaron por resolver el tema de la falta de candidatos y los costos asociados a recursos humanos mediante la tercerización de una parte de la función de atención o de su totalidad. Los resultados fueron muy variados.

Tercerización para mejor o para peor
Muchos de los males asociados con la atención al cliente surgen de la imagen y la realidad de los centros telefónicos tercerizados. Cuando digo tercerizados, me refiero a los proveedores en el extranjero de los servicios

tercerizados utilizados por empresas estadounidenses y canadienses, y a los proveedores estadounidenses y canadienses de tales servicios. Esta exposición se aplica a ambos. (Voy a emplear el término "empresa" para referirme a la organización que terceriza su función de atención, y el término "proveedor" para referirme a la organización que brinda el servicio tercerizado).

Toda operación de atención al cliente tercerizada, en especial el centro telefónico, presenta desafíos. Principalmente al poner la calidad, la comunicación, y el control en riesgo en un área que depende de interacciones y comportamientos humanos eficaces. Las operaciones personales y telefónicas diarias entre los representantes de atención al cliente y otras funciones de la empresa, como por ejemplo facturación o envíos, se tornan imposibles, poco prácticas, o simplemente extrañas. Hay cierto tipo de información que pasa a ser difícil de obtener, en especial la que no tiene filtros. Además, debido a que por lo general uno de los principales objetivos de la tercerización es el control de los costos, si elige esta opción también deberá decidir de forma implícita qué sucederá con la calidad (es decir, considerar que hasta cierto punto puede ser sacrificada por el ahorro de costos).

La experiencia con los centros telefónicos tercerizados es variada. Si bien no todos los proveedores utilizan un modelo comercial de precios y costos bajos y estándares inferiores, muchos sí. Este modelo ofrece un grupo limitado de especificaciones en cuanto a las respuestas, e inversiones limitadas en medición y gestión. Dichas limitaciones generan una brecha entre lo que los empleados del proveedor podrían hacer por los clientes y lo que están autorizados a hacer. Por ejemplo, el "espacio de solución flexible" para los temas complicados descripto en el Capítulo 8 se limita o desaparece. En muchas situaciones poco claras, la respuesta se convierte en un "no", ya que no se trata de un "sí" claro. Por lo general, la empresa no confía en el proveedor ni en sus empleados en cuanto a las decisiones matizadas, por lo tanto brinda y permite un repertorio limitado de respuestas muy estructuradas; si este es el caso, entonces haga esto. El proveedor recibe las siguientes instrucciones: "Aquí figuran las preguntas y los problemas que nos debe derivar. Aquí figura lo que pueden resolver por su cuenta, de esta forma". Esto genera una gran cantidad de situaciones en las cuales el proveedor no puede responder de manera eficaz, sino solo ofrecer una respuesta afirmativa o negativa. Por el incentivo contradictorio de reducir el porcentaje de cuestiones derivado a la empresa y a la vez mantener los costos bajo control, siempre es más fácil decir que "no", lo cual perjudica a la lealtad y al boca a boca en gran medida.

En la práctica, muchas empresas ven a la tercerización como una situación que se podría equiparar a "disparar y olvidar"; descargan la atención al cliente en manos del proveedor, y luego minimizan su participación a futuro. La medición incorrecta mediante el control de los llamados y las encuestas es uno de los síntomas de este problema. En una ocasión, observé una empresa con 3 millones de usuarios de tarjetas de crédito que tercerizó su función de atención y luego escuchaba solo 5 llamados por semana. La empresa revisaba 20 de los **200.000** llamados mensuales, ó 1 cada 10.000. Así no es posible garantizar la calidad. Revisar los llamados pero no hacer encuestas tampoco es lo correcto, porque si bien la revisión, tal como se lleva a cabo con frecuencia, permite averiguar si los representantes se ajustan a las políticas, procedimientos y guiones aprobados, ésta no mide los efectos en la satisfacción. Esto supone, de forma equivocada, que la empresa puede medir la calidad **sin** preguntar a los clientes acerca de su satisfacción con los niveles de calidad realmente ofrecidos (menos aún sobre la lealtad y el boca a boca). Por consiguiente, también debe medir la satisfacción por tipo de conflicto una vez que el caso está cerrado. Las encuestas posteriores a los llamados de respuesta de voz interactiva permiten saber si el representante fue amable, pero no si en realidad se cumplió con lo prometido.

La función de atención se puede tercerizar con éxito, siempre y cuando logre definir las reglas para tomar las decisiones correctas, controlar la actividad y los resultados para que el proveedor pueda maximizar la lealtad del cliente, y gestionar la relación con cuidado. (U.S. Postal Service envió a su propio gerente a las oficinas del proveedor). Se obtiene lo que se paga en cuanto a la capacidad y capacitación de los representantes de atención al cliente. Debe estar dispuesto a destinar del 3 al 6 por ciento del presupuesto de atención a la gestión y control interno de la actividad tercerizada para estar al tanto de cómo su sistema de atención beneficia o perjudica la lealtad y el boca a boca.

A continuación, observaremos las ventajas y desventajas generales de la tercerización de la atención al cliente.

Las ventajas de la tercerización. Los principales beneficios y efectos positivos incluyen la posibilidad de:

- Hacer menos inversiones de capital, dado que el proveedor pone a disposición la planta física, el equipamiento y la tecnología más avanzada, y repartiendo los costos entre todos los clientes.
  - Trasladar los costos a una localidad más económica.
- Responder de forma más rápida a los cambios en el volumen de contactos, gracias a que el proveedor puede contar de antemano con personal parcialmente capacitado disponible para encargarse de la carga de trabajo.
- Ofrecer un servicio 24 horas sin tener que contratar personal para los tres turnos (de hecho, muchas empresas tercerizan los dos turnos no tradicionales y mantienen a sus propios empleados para cubrir el turno habitual diurno).
- Poner un centro telefónico administrado de forma profesional a disposición de una empresa relativamente pequeña a un costo aceptable.

Desventajas de la tercerización. Entre las dificultades posibles y los impactos negativos cabe mencionar:

- Relación menos estrecha entre el centro telefónico y marketing, ventas y operaciones, lo cual reduce la inteligencia de mercado. Los informes a fin de mes no reemplazan las interacciones diarias entre los representantes y el resto de la organización.
- Falta de control local directo, lo cual demora las repuestas en caso de cambios en el mercado.
- Los proveedores tienen pocos incentivos para prevenir los llamados improductivos, mal derivados, o inútiles porque se les paga para gestionar, no para reducir el volumen de llamados.
- Aún es necesario contar con varios empleados de mayor categoría para capacitar al personal del proveedor, controlar la calidad, analizar el contenido de los llamados, y gestionar los casos derivados.
- Mayor recambio de personal debido a la falta de oportunidades para ascender, lo cual genera mayores costos de capacitación.

- Menos habilidades para hacer ventas cruzadas de forma tan efectiva como los propios representantes de la empresa, por las herramientas, capacitación e incentivos necesarios.
- Los costos ahorrados pueden ser limitados si se suman todos los costos de tiempo de gestión, controles de calidad e inteligencia de mercado.

Los seis pasos para lograr una tercerización exitosa. Para maximizar los beneficios de la tercerización sin arriesgarse a causar un desastre, debe considerar los siguientes seis pasos:

1. Logre que el departamento de finanzas y el de marketing acuerden que si bien el objetivo principal de la tercerización es lograr flexibilidad y ahorrar algunos costos, la calidad y la conservación de los ingresos siguen siendo importantes. De lo contrario, generará más perjuicios que beneficios.

2. Solicite al proveedor o a un tercero la medición de la satisfacción de los clientes de forma continua mediante encuestas por correo tradicional o electrónico enviadas a contactos al azar **una vez cerrado el caso**. Debe medirse la claridad de la respuesta, la habilidad del representante para abordar las necesidades del cliente, si el cliente considera que fue tratado en forma justa, el cumplimiento, la lealtad y el boca a boca.

3. Exija un *feedback* semanal **directo** de los representantes del proveedor a los gerentes de su empresa, sin intervención de los gerentes del proveedor. Los contactos cara a cara o las videoconferencias son los mejores métodos, complementados con el envío inmediato de correos electrónicos sin filtro de los empleados que tienen contacto directo con los clientes con respecto a lo que no está funcionando y a lo que los clientes prefieren.

4. Solicite al proveedor que registre información detallada, inclusive de las causas, sobre los llamados repetidos e improductivos, y sobre aquellos no resueltos en el primer contacto.

5. Ofrezca al proveedor pautas de respuestas que brinden a los representantes toda la autoridad, herramientas e información necesarias (inclusive el valor del cliente) para resolver en el primer contacto la

cantidad de llamados deseable, como también la información suficiente de los productos para hacer ventas cruzadas de manera eficaz.

6. Verifique que sus empleados destinen varias horas por semana al control de los llamados. Además, visite los centros para hacer un control de los representantes **que usted seleccione al azar** durante varios días por trimestre.

La tercerización tiene un lugar, aún en la atención al cliente estratégica. De todas maneras, si la comparamos con la atención prestada desde la propia empresa, tiene serias limitaciones. ¡Tercerice de manera correcta o no tercerice!

TENDENCIAS TECNOLÓGICAS: EL DESAFÍO DEL USO INTELIGENTE DE LA TECNOLOGÍA

Como la mayoría de los lectores, tengo cuatro controles remotos en el *living* de mi casa, y me di por vencido, ya no me comunico con la empresa de cable para solicitar asistencia. Como demuestra la situación, las tendencias clave en la tecnología se centran en abordar el tema de la complejidad de los productos y en utilizar los canales de comunicación de manera eficaz. En general, en el caso de la complejidad de los productos, resulta útil preguntarse si la característica o aplicación simplificará o facilitará el producto o tarea, o lo complicará y dificultará. En este último caso, conviene no incorporar la característica o aplicación, o al menos ayudar a los clientes a evitar los problemas que generan. En cuando a los canales de comunicación, es preciso averiguar qué quieren escuchar los clientes y por qué medio, y luego comunicarlo de la forma correspondiente.

Cómo abordar el tema de la complejidad de los productos

Encargarse de la complejidad de los productos significa encontrar el modo de:

- Agregar un valor verdadero y lograr que los productos nuevos sean fáciles de utilizar.
- Adaptar el esfuerzo de capacitación a la mayoría de los clientes.
- Incluir a quienes están cansados de la tecnología.

Cómo agregar un valor verdadero y lograr que los productos nuevos sean fáciles de utilizar. A pesar de las dificultades que los clientes experimentan con los productos complejos, las empresas los siguen ofreciendo ¿Por qué? Porque hay ciertos segmentos del mercado a los que realmente les agradan y los quieren utilizar. Sin embargo, esos segmentos pueden ser más pequeños de lo que las empresas se imaginan. Considere la naturaleza de las preguntas de las investigaciones de mercado: si pregunta a los consumidores si prefieren un teléfono que pueda sacar fotos o un control remoto de TV que pueda aumentar la imagen en varios grados, muchos dirán "Sí, me parece excelente", pero este planteo es similar al problema de la encuesta de Citibank sobre los cajeros automáticos (aunque al revés). Cuando los encuestados consideran los presuntos productos y las características, por lo general no saben con qué están expresando su acuerdo o desacuerdo; tampoco pueden imaginar todos los beneficios y dificultades que tendrán en el uso real. Por otro lado, hay otros productos y características nuevas que claramente agregan valor, como por ejemplo la impresora que le informa que la tinta se va a acabar en dos semanas y le ofrece un cartucho nuevo a un precio reducido, y luego lo conecta con el sitio web para adquirirlo. En realidad, aquí hay un valor agregado y una mayor facilidad de uso.

Para que un producto sea fácil de utilizar, debe haber un buen diseño, lo cual no siempre es el caso. La mayoría de los controles remotos de los televisores son un excelente ejemplo pero de carácter negativo. Además del botón de encendido, hay otros tres botones para las funciones que más se usan: canales, volumen, y silencio. Sin embargo, esos tres son del mismo tamaño que los de las otras funciones que apenas se usan, si es que alguien las usa. Es lo mismo que diseñar una palanca de cambios en un vehículo del tamaño del botón para fijar la hora. Las características básicas deben ser fáciles de utilizar. Con respecto a las aplicaciones más complejas, deberá ofrecer una capacitación oportuna.

Cómo adaptar el esfuerzo de capacitación a la mayoría de los clientes. Muchas empresas concentran la capacitación principalmente en los innovadores y los usuarios tempranos, lo cual es un gran error. Tal como indica la Figura 11-1, la curva de adopción de innovaciones, basada en la idea de "difusión" propuesta por primera vez por el Dr. Everett Rogers, clasifica a los usuarios de innovaciones en categorías según la rapidez con la cual las adoptan a partir de su presentación.[1] El primer 2,5 por ciento está compuesto por los innovadores, el siguiente 13,5 por ciento está formado por los usuarios tempranos. Las siguientes dos categorías del 34 por ciento cada una están compuestas por la primera mayoría y la mayoría tardía respectivamente. El 16 por ciento final está formado por los rezagados. (Obviamente, una persona puede estar en diferentes categorías según el producto. Los usuarios tempranos de un nuevo refrigerio pueden ser parte de la mayoría tardía en automóviles).

Figura 11-1. Curva de adopción de innovaciones

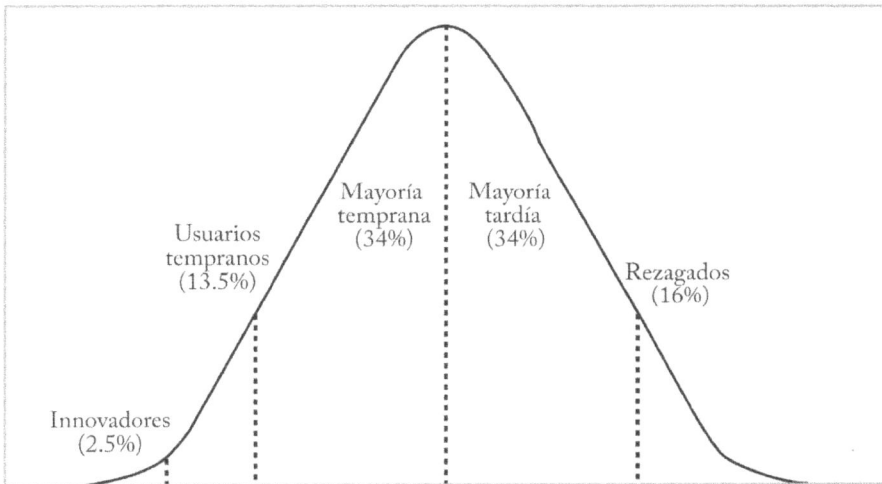

En realidad, los innovadores y los usuarios tempranos no necesitan mucha capacitación ya que se adaptan a la nueva tecnología con rapidez, aprenden al respecto gracias a sus amigos, o disfrutan al descubrir cómo utilizar un producto. Esto no sucede con la mayoría temprana y tardía ni con los rezagados, los cuales en total comprenden tres cuartos del mercado. Estos grupos necesitan instrucciones de uso claras, lo cual constituye un conflicto común para la atención al cliente. Si ofrece un artículo masivo, oriente la capacitación hacia la mayoría temprana a través de diferentes canales, como por ejemplo material impreso, internet, y guías didácticas.

Cómo incluir a quienes están cansados de la tecnología. En 2007, el título de una reseña del *Washington Post* sobre un auto de la marca BMW indicaba que el mismo frustraba a los usuarios "cansados de la tecnología". Otra automotriz tuvo que establecer otros dos centros de atención telefónica, uno para resolver los temas relacionados con el *Bluetooth* y otro para las dudas sobre el sistema de posicionamiento global (GPS). En ese momento, el jefe de satisfacción del cliente les pidió a los ingenieros que no incorporaran ninguna tecnología nueva hasta que los clientes pudieran comprender de forma intuitiva cómo utilizarla. Mientras tanto, Jitterbug garantiza a los clientes que sus celulares solo permiten hacer llamados. No ofrecen opciones fotográficas, ni de envío de mensajes de texto, ni nada que pueda complicar su uso. ¡La simplicidad es su principal característica! Es económico, y posee botones grandes y bonitos. Este aparato que ofrece una sola función representa una respuesta razonable ante la proliferación de la tecnología. En cuanto a los productos electrónicos complejos, existen sitios web pagos que permiten a los usuarios ingresar diferentes modelos de productos de entretenimiento para el hogar y de computación para obtener instrucciones de conectividad.

Todos estos son ejemplos de la complejidad de los productos y de cómo responder. Los productos complejos generan problemas y muchos llamados para solicitar asistencia, como también experiencias decepcionantes para el cliente.

Las empresas que piensan con anticipación utilizan a sus representantes como supuestos clientes para probar prototipos de productos o características nuevas. Los empleados comprenden la forma de pensar de los clientes, sus expectativas y habilidades, como también la forma en que éstos usan los productos y las características.

Antes de desarrollar un producto nuevo, pida a la atención al cliente que identifique los llamados que podrían prevenirse mediante el uso de tecnología más fácil de utilizar, instrucciones más sencillas, y una mejor capacitación al cliente proactiva para sus productos actuales.

Cómo utilizar las tecnologías de comunicación nuevas

Tal como expresé en el Capítulo 7, es necesario comunicarse con los clientes a través del medio preferido por ellos y solo con respecto a los temas que desean (o necesitan) consultar. Se deben utilizar los puntos de contacto correspondientes para ofrecer la experiencia y gestionar el servicio táctico.

Lexus es una de las firmas que pregunta a los clientes cómo quieren que la empresa se comunique con ellos. Estas organizaciones también llevan a los clientes hacia el agua y los ayudan con los primeros tragos, aunque signifique ofrecer una guía didáctica en línea o que un representante de atención al cliente los guíe en una operación de autoservicio por internet para garantizar una primera vez exitosa. Aquí también se beneficiará si dirige su estrategia hacia la mayoría temprana en vez de suponer que los innovadores y los usuarios tempranos representan a todo el mercado.

Para dominar las tendencias de comunicación nuevas, la atención al cliente debe adelantarse a los desarrollos tecnológicos relacionados con la cartera de clientes en cuestión. De esta forma, podrán desarrollar las habilidades que pueden ser presentadas a los clientes cuando sea conveniente. Entre dichas habilidades cabe mencionar al manejo del correo electrónico, los mensajes de texto, Twitter, las advertencias automáticas emitidas por chips incrustados en los productos, y las comunicaciones mediante otros medios aún no desarrollados. El peor error que puede cometer es esperar a que la tendencia de comunicación avance antes de abordarla. Por ejemplo, los costos y los riesgos de la reparación de un sistema de correo electrónico son mucho menores cuando se trata de 1.000 correos electrónicos por semana que cuando se trata de 100.000.

En la actualidad, hay tres aspectos de esta tendencia que merecen su atención:

- Las comunicaciones móviles.
- Las comunicaciones visuales.
- Las comunicaciones "para administrarse en la vida".

Las tres tienen implicancias y aplicaciones significativas para la experiencia del cliente.

Comunicaciones móviles. Este tipo de comunicaciones surge debido a que las sociedades de los consumidores se volvieron increíblemente móviles. En la actualidad, todos tienen un celular con la función de mensajes de texto. Las empresas que utilizan estos medios para informar, advertir, o atender a sus clientes de alguna otra forma pueden mejorar la experiencia del mismo de forma drástica. Ya remarqué que sólo hay que enviar las comunicaciones deseadas, lo cual es de suma importancia en las comunicaciones móviles. Las personas activas no tienen ni tiempo ni paciencia para lidiar con mensajes no deseados ni triviales. Sin embargo, puede crear una experiencia valiosa (e incluso deleite) cuando envía información vital por este medio. Las personas realmente quieren saber cuando hay un turno disponible para una tomografía axial computarizada, o un asiento en el vuelo que desean tomar. Si envía tales mensajes, habrá creado otro vínculo con el cliente.

Comunicaciones visuales. Internet es un medio inherentemente visual. Las empresas que comprenden este concepto tienen los sitios web más interesantes y fáciles de utilizar. También están preparadas para explotar las oportunidades presentadas por las capacidades gráficas para pantallas pequeñas. De hecho, ya lo están haciendo. Avaya, una importante empresa de telecomunicaciones, ofrece un itinerario de los partidos locales de sus equipos profesionales favoritos, un esquema con las ubicaciones de los estadios, y la posibilidad de adquirir entradas para un partido específico según precios y ubicación, todo en su celular. Al diseñar este tipo de aplicaciones, considere brindar a los usuarios la opción de elegir mediante imágenes gráficas en la mayor medida posible. Si bien las pantallas pueden ser pequeñas, cada vez son más grandes y permiten una mejor lectura, en especial en los asistentes digitales personales.

Comunicaciones "para administrarse en la vida". Varias empresas desean que su producto sea el centro de las comunicaciones del cliente. QUAL-COMM y Apple quieren que su celular forme parte de este centro, mientras que Microsoft y, una vez más, Apple quieren que su computadora personal cumpla tal fin. Algunas personas en Whirlpool quisieran que su heladera ocupara tal lugar. ¿Su heladera? La idea imita la de la "casa inteligente" concebida por primera vez hace más de dos décadas. En este caso, la heladera tiene una pantalla en la cual el cliente puede ver su calendario y su agenda; además le informa a dónde ir y qué productos necesita volver a comprar, y envía el pedido al almacén. ¡Nunca más se quedará sin yogur! Más allá de qué producto sea el centro de las comunicaciones del cliente (las computadoras personales y los asistentes digitales personales encabezan la lista), la clave es que las comunicaciones sean infalibles, confiables y útiles. Los aparatos también deben "hablar" entre ellos, y por supuesto con el cliente.

Volviendo al presente, hay chips que ya pueden informar sobre accidentes automovilísticos, dispositivos médicos e impresoras en red que pueden "comunicarse al hogar" para brindar algún servicio técnico, y electrodomésticos que ofrecen mucho más que advertir que es hora de cargar la batería. Al mismo tiempo, estas opciones deben ofrecer un valor real y funcionar de forma correcta; de lo contrario, los clientes se enfadarán y se alejarán, y provocarán miles de contactos innecesarios. (Como mencioné anteriormente, la luz en el tablero que le indica que debe verificar el motor causa muchas molestias).

La motivación en este tema pasa por la necesidad de ofrecer capacidades que ayuden a los clientes a administrarse en la vida y a comunicarse. Dicha motivación debe generar capacidades de atención que permitan a los clientes conocer las necesidades, como por ejemplo mantenimiento, reparaciones, reemplazos, y renovaciones; y hacerlo de forma proactiva, rápida y conveniente.

TENDENCIAS POLÍTICAS: LOS DESAFÍOS DE LOS ASUNTOS REGULATORIOS Y DE SEGURIDAD, Y DE LAS CUESTIONES ECOLÓGICAS

Existen otras dos tendencias nuevas que afectan a la atención al cliente y que pueden describirse como tendencias políticas en términos generales. Se trata de los asuntos regulatorios y de seguridad, y de las cuestiones ecológicas. Esta sección se refiere a la atención al cliente y las implicancias en los ingresos de estas tendencias, tema que fue ampliamente demostrado por ejemplo en la industria tabacalera, farmacéutica, alimenticia y de bebidas, automotriz, de viajes aéreos, de productos electrónicos, etc.

Piense que desde hace varios años:

- Se prohibieron las grasas *trans* en los restaurantes de algunas ciudades, como Nueva York, y en California.
- Las botellas de agua son criticadas por ser innecesarias y por desperdiciar.
- Las camionetas 4x4 se convirtieron en un símbolo de consumo de nafta excesivo, lo cual dificulta su venta.

- Las empresas líderes se ven forzadas a aceptar la responsabilidad por los proveedores extranjeros peligrosos, como las fábricas en zonas rurales en China.

Un solo acontecimiento, como por ejemplo la preocupación por *Esqueriquia coli* en las ensaladas verdes y en la carne en 2008, puede comprometer vidas y poner en peligro la equidad de marca. Por lo tanto, estas tendencias son las más serias que las empresas enfrentan.

Cómo manejar las cuestiones regulatorias y de seguridad

He aquí la clave para abordar esta tendencia desde el comienzo: escuche a sus empleados y ate cabos. En la mayoría de los casos regulatorios o de seguridad (y en los atentados del 11 se setiembre de 2001), existe un empleado en algún lugar que no solo conocía la situación, sino que la documentó. Además, las primeras indicaciones provienen de los clientes que informan a la atención al cliente al respecto, otro argumento a favor de contar con una curva de *feedback* fluida, rápida y confiable.

De hecho, esa curva puede ser la forma más segura para reducir los riesgos. Hace algunos años, TARP trabajó con la Administración de Alimentos y Medicamentos de los EE.UU. (FDA) y el Departamento de Agricultura de los EE.UU. (USDA) para establecer sistemas para que los usuarios pudieran presentar denuncias sobre las reacciones ante los medicamentos y sobre la seguridad alimenticia. Sin embargo, observamos que muy pocas personas que se enferman a causa de algo que consumieron se comunican con un organismo público para informar al respecto. La gran mayoría se contacta con la empresa o con el restaurante que les vendió o sirvió el producto. Aun así, la empresa suele negar los hechos, evita asumir cualquier responsabilidad, o resuelve el tema de forma discreta. Ninguna de estas acciones representa una estrategia afirmativa para evitar problemas de esta naturaleza o más graves en el futuro. En varias industrias reguladas, en las cuales varios tipos de problemas de los clientes deben ser derivados al ente regulador, por lo general las denuncias de los clientes no son clasificadas como "quejas" ni "defectos", ni siquiera "problemas", sino como "inquietudes", ya que esta última categoría no suena tan grave, e implica que el consumidor puede tener la culpa.

Esto representa un problema básico y una contradicción. Las empresas no quieren referirse a las quejas como problemas o defectos por miedo a que generen problemas mayores. Sin embargo, no conocer el problema hasta el fondo puede provocar que éste aumente en cantidad, gravedad, ramificaciones, o los tres casos. Dicho enfoque genera la situación que se supone que debe evitar, y se debe en gran parte al conservadurismo de los departamentos de asuntos legales. Conversé con abogados de automotrices, laboratorios y empresas de seguros, y descubrí que muchos de ellos (no todos) preferían no enterarse del problema por miedo a la presentación de pruebas. Si bien esto no alcanza para absolverlos, la responsabilidad debe estar asociada con un patrón identificado. Esto, por desgracia pero lógicamente, se manifiesta a favor de **no** identificar los patrones. Asimismo, se les exige a los gerentes de riesgo que mantengan los costos de riesgo bajos. Esto, también por desgracia pero lógicamente, se manifiesta a favor de no derivar los problemas a los abogados de la empresa ni a los entes reguladores.

Sí, ésta puede ser un área difícil, llena de cuestiones de responsabilidad legal y asignaciones de responsabilidad. Reconozco que los altos ejecutivos deben tomar decisiones en cuanto al riesgo en medio de exigencias encontradas de clientes, entes reguladores, empleados, inversores, los medios (a quienes les encantan las malas noticias), y la comunidad. Por lo tanto, la decisión se reduce a contar con buena información (esencial para toda decisión) y a no estar dispuesto a seguir adelante cuando los riesgos son elevados. Si se equivoca a favor de los intereses de los consumidores, siempre se beneficiará en los tribunales de la opinión pública, así como en el derecho y en las normas.

Obviamente, la atención al cliente debe evitar dar alarmas sin causa. En cambio, debe compilar y analizar datos de forma sistemática e investigar las causas y patrones de frecuencia de las quejas y problemas. Luego se debe informar a la gerencia acerca de los riesgos posibles, los riesgos emergentes, y los casos reales y, como Johnson & Johnson hizo en el caso del Tylenol, implementar lo mejor para el cliente. La confianza y las relaciones públicas positivas generadas por dichas medidas compensan mucho más los costos a corto plazo.

Cómo abordar las cuestiones ecológicas

Las cuestiones ecológicas que afectan a una empresa son específicas de su rubro, el alcance de sus operaciones y su cartera de clientes. Algunos aspectos, como por ejemplo el envasado y el transporte, conciernen a muchas industrias; mientras otras, como por ejemplo la eliminación del producto cuando llega al fin de su vida útil, son muy específicas. Si bien hay diferentes puntos de vista sobre este tema, las siguientes situaciones ya ocurrieron, y podemos esperar otras similares en el futuro:

- Mayor presión (y demanda) popular por productos ecológicos de verdad, en especial en las categorías de productos que exigen los activistas, tales como los de los derechos de los animales.
- Mayor apoyo y recompensas por las prácticas ecológicas, tales como el reciclaje, la conservación de energía y el envase reducido.
- Mayor producción y distribución de costos por factores que antes tenían bajos costos, como por ejemplo agua, energía, transporte, y eliminación de residuos.
- Más exposición a la publicidad negativa o a los costos resultantes de las condiciones laborales, la contaminación, y otros factores en las operaciones, o canales previos o posteriores.

Desde la perspectiva de la atención al cliente, es esencial, como siempre, revisar las averiguaciones, quejas y problemas de los clientes, y compilar y analizar los datos relevantes. Por lo general, los clientes (tal vez pocos, al principio) son los que dan las primeras advertencias. Por ejemplo, ciertos segmentos de clientes y grupos activistas fueron los primeros en expresarse en contra de las camionetas 4x4, los cultivos en gran escala, los insecticidas, y la posibilidad de fumar en lugares públicos.

Conocer la situación con anterioridad le permite aprovechar las tendencias en varias formas. Puede ofrecer versiones ecológicas o sin toxinas de sus productos a precios más elevados, incorporar la tendencia en el desarrollo de productos y en los planes operativos, y promover la respuesta de la empresa para mejorar la equidad de marca. "Ser ecológico" representa parte de la experiencia para muchos clientes, con un componente emocional posiblemente fuerte.

Muchas empresas ya dieron algunos pasos en respuesta a las tendencias ecológicas. En cuanto al desarrollo del producto, muchas consideran los "criterios ecológicos", tales como la huella de carbono, el ahorro de energía, y el tipo y cantidad de desperdicios en el envasado y en la eliminación del producto en sí. Hewlett-Packard tiene un programa activo de reciclaje para impresoras de inyección de tinta y cartuchos de tóner. Hay organizaciones públicas y privadas de gestión de residuos que restringen los materiales aceptados en cuanto a productos electrónicos, componentes de computadoras, y solventes. En marketing, hoy en día las empresas dirigen sus mensajes y sus productos hacia las inquietudes de los clientes. No obstante, las decisiones ecológicas no deben causar otros problemas; por ejemplo, las lámparas de escritorio con una luz débil se convirtieron en focos de molestia para los clientes. Cuando se vuelve ecológico, recuerde preservar la calidad total de la experiencia del cliente. Averigüe las inquietudes de los clientes mediante encuestas, conozca las prioridades principales para su rubro, y actúe en base a esas inquietudes y prioridades.

RESPONDA, NO REACCIONE

Con todas estas tendencias, la clave para lograr el éxito consiste en inspeccionar el panorama a través de la atención al cliente, estar al tanto de lo que los clientes quieren y lo que no quieren, y, sobre todo, comprender las oportunidades actuales y posibles que las tendencias representan. Un excelente proceso de recolección y análisis de datos conectado con el programa de voz del cliente le permitirá adelantarse a las tendencias y no ser atropellado por ellas.

PRINCIPALES PUNTOS A RECORDAR

1. Debe administrar la atención tercerizada como si se tratara de una unidad dentro de la empresa, con los mismos estándares de calidad, y mediciones aún más detalladas del impacto de los clientes.
2. La adopción de productos y características nuevas no debe causar molestias a los usuarios tardíos y a los rezagados. Para que esto no suceda deberá ofrecer una capacitación a los clientes para reducir los costos de atención y su insatisfacción. Mantenga la funcionalidad básica simple y en primer plano.

3. Realice pruebas piloto de las comunicaciones de punta y mejórelas antes de que se generalicen; así evitará costos mayores a futuro para ponerse al día.

4. En lugar de ignorar los posibles problemas regulatorios o de responsabilidad, detéctelos de forma anticipada y tome las medidas necesarias para prevenirlos.

5. Tome medidas ecológicas preservando la calidad y conveniencia de toda la experiencia del cliente. Si no, logre que ser ecológico sea un componente positivo de la experiencia.

NOTAS

1. Publicada por primera vez en *Diffusion of Innovations* (Difusión de las innovaciones), Nueva York: Free Press, 1962.

Capítulo 12

Mil cosas hechas de manera correcta

Cómo transformar la estrategia de la atención extraordinaria en el comportamiento de la empresa

Hace algunos años, durante una conversación con un ejecutivo de una empresa de artículos para oficina, le comenté que una señal de que una compañía tal vez no tome la atención al cliente en serio sea la cantidad de dinero que invierte en tazas de café y pósters que dicen algo como "El cliente es el rey". Me miró afligido, me llevó a la cafetería, y me mostró un costoso póster con una superficie de cartón espejado y un eslogan que decía "¡**Usted** es la diferencia para el cliente!" Luego me señaló unas pilas de tazas de cerámica con un eslogan similar.

Los proveedores de dichas tazas y pósters pueden tener las mejores intenciones, igual que los gerentes que aprueban su compra. Pero según mi experiencia, son indicadores del grado de apoyo real de esas empresas a la atención al cliente. De hecho, la ubicuidad de esos artículos y los bajos niveles de satisfacción indican que hay demasiados ejecutivos que creen que se pueden generar experiencias excelentes solo con algún eslogan y estímulo.

Esto es aún más cínico, hay muchos equipos de gerentes que simplemente minimizan los gastos de la atención al cliente, aceptan el alto nivel de recambio de personal, y confían en que suceda lo mejor. Por ejemplo, un importante fabricante de autos solo cuenta con personal por hora en su centro de atención telefónico, no les ofrece beneficios, y acepta el recambio de personal anual del 70 por ciento. Los gerentes a cargo de quienes tienen contacto directo con los clientes y que no pueden motivar a estos empleados confían los problemas a los administradores de casos, la mitad de los cuales son empleados temporarios. ¿El resultado? Tasas bajas de resolución en el primer contacto y niveles elevados de frustración de los clientes.

En este capítulo, doy por sentado que su empresa ya tomó la decisión estratégica de prestar una atención extraordinaria o está dispuesta a tomarla. Una vez que haya dado ese paso, se debe concentrar en cómo llevarlo a la práctica. Como vimos, esto va más allá de diseñar algunos procedimientos nuevos y ofrecer una capacitación a los representantes de atención al cliente durante unas semanas. Implica introducir cambios (algunos pequeños, otros importantes) en la organización, los procesos, las políticas y los procedimientos. Este capítulo se concentra en esos cambios y le muestra cómo implementarlos en términos prácticos.

En este capítulo también me refiero de forma específica al surgimiento del cargo de gerente de atención al cliente para lograr la alineación. A modo de ejemplo de cómo tal visión general puede llevar a los cambios, voy a analizar el caso práctico del papel tradicional de los gerentes de ventas y cuentas en la atención al cliente y cómo esto puede resultar disfuncional. Luego me referiré a los incentivos y a las formas de vincularlos con las métricas útiles. Es este vínculo, más que las directivas de los gerentes (menos aún el eslogan en tazas y pósters), lo que motivará a las personas a llevar a cabo las mil cosas que crean experiencias extraordinarias. Por último, me refiero a cómo crear una experiencia excelente cuando su cliente es el cliente de un comerciante minorista, distribuidor, u otro socio del canal.

CÓMO DESIGNAR A UN GERENTE DE ATENCIÓN AL CLIENTE

Hace tiempo que TARP recomienda designar a un único ejecutivo como responsable de la experiencia del cliente de punta a punta, la cual abarca desde una averiguación sobre una compra, la adquisición y uso del producto o servicio, la facturación y reparación, hasta el final de la relación. En este capítulo explicaré sus responsabilidades; sin embargo, éstas cubren cada función dentro de la organización, porque se beneficia o perjudica al cliente, de forma directa o indirecta. Hasta el momento, cerca de un tercio de las principales empresas de los EE.UU. cuenta con un ejecutivo que posee un cargo que implica tal responsabilidad. Los nombres formales empleados para referirse al cargo pueden ser "gerente de atención al cliente" o "gerente de experiencias del cliente". De manera informal, el gerente de marketing o el jefe de calidad pueden ser responsables de gestionar la experiencia del cliente. En algunas empresas, esta posición es una segunda función de un gerente general de algún área.

En realidad, el gerente de atención al cliente exitoso **facilita** la gestión de la experiencia del cliente. Utilizo el término "facilitar" porque todos los miembros del equipo ejecutivo deben aceptar los papeles de sus funciones en la experiencia del cliente y ser responsables de los mismos. Para que el cargo funcione, las empresas que desean incorporarlo deben comprender el motivo fundamental y los requisitos previos del mismo, las funciones adecuadas, y cómo lograr que funcione.

El motivo fundamental y los requisitos previos para contratar a un gerente de atención al cliente

El motivo fundamental de incorporar el cargo de gerente de atención al cliente es crear una alienación entre todos los departamentos y funciones para que puedan ir en la misma dirección y perseguir un único objetivo. Es necesario alinear las partes cuando éstas van en direcciones opuestas o trabajan para cumplir con objetivos diferentes. Al igual que las ruedas de un vehículo necesitan estar alineadas para que los neumáticos no se desgasten enormemente, la dirección no resulte difícil y las ruedas no se salgan, las funciones de una empresa también deben estar alineadas. De lo contrario, se desperdiciarán recursos, se socavarán los esfuerzos de los demás, y no se cumplirá el objetivo común.

En los últimos años, los esfuerzos más eficaces para alinear las funciones comerciales se concentraron en la calidad del producto. Podríamos decir que la experiencia del cliente es simplemente una versión más amplia de la calidad del producto. Mientras las especificaciones de los productos se acuerdan de antemano, la experiencia del cliente abarca una amplia variedad de dimensiones de atención que dependen de factores humanos que van desde las expectativas y opiniones de los clientes a actitudes y comportamientos de los empleados. Como resultado, mientras la calidad del producto es formal, impulsada por datos y bien definida, las métricas de la experiencia del cliente no son para nada precisas.

Los procesos de entrega, los servicios y los factores humanos inclusive, son mucho más complejos y difíciles de mejorar, como era de esperar. Esto se debe principalmente a lo difícil que es modificar el comportamiento humano, que impulsa los procesos de los servicios, para producir un resultado uniforme, en comparación con el cambio de materiales y maquinaria, que impulsan los procesos de fabricación. La Tabla 12-1 indica los elementos contrastantes en los procesos de los servicios y de fabricación, subrayando las dificultades para mejorar el servicio.

Las características bien contrastantes entre la fabricación y la prestación de servicios incluidas en esta tabla (y los aspectos intangibles del comportamiento de la prestación de servicios) son las principales razones por las cuales, para mi gran sorpresa, muchas empresas aún no trazaron sus principales procesos de contactos con el cliente. (Como debe saber, y como lo explican varios artículos y libros, el mapeo de los procesos es un método que ilustra de forma visual los flujos de materiales, actividades, y contactos que ocurren cuando una empresa produce y ofrece un producto o servicio. Ayuda a los gerentes a definir, analizar, y mejorar los procesos de producción y de los servicios, y también a alinearlos).

Tabla 12-1. Diferencias entre los procesos de fabricación y de prestación de servicios.

Fabricación	Prestación de servicios
Flujo de trabajo lineal	Flujo de trabajo no lineal
Pasos que se repiten	Pasos que no se repiten
Insumos estandarizados	Insumos variables
Discreción limitada de los empleados	Discreción elevada de los empleados
Producción y consumo separados	Producción y consumo simultáneos
Se apunta a evitar la variabilidad, ajustarse a las exigencias, y minimizar los defectos	Se apunta a adoptar la variabilidad, hacer lo que la situación exige, y minimizar las imperfecciones

No digo que la complejidad y creación de confusión de los procesos y resultados imposibilitan la alineación para los prestadores de servicios, ni tampoco que no se pueda analizar rigurosamente la atención al cliente ni hacer un mapeo de sus procesos. Sin embargo, es más difícil lograr la alineación para los servicios y mantenerla; y las métricas y las actividades son diferentes a las de los procesos de producción. Por lo tanto, es el factor humano (los aspectos del comportamiento, los emocionales y los de las situaciones) el que hace que la atención al cliente sea tan desafiante y el papel del gerente de atención al cliente tan importante.

Antes de crear el cargo de gerente de atención al cliente, la gerencia debe aceptar los siguientes tres hechos:

1. **La experiencia satisfactoria del cliente es decisiva para lograr lealtad a largo plazo, boca a boca positivo y aumento en los ingresos.** Las implicancias en los ingresos de una mejor experiencia del cliente suelen ser 10 a 20 veces mayores que las implicancias de los costos, algo que el gerente general y el gerente financiero deben aceptar. También deben aceptar el impacto de la experiencia del cliente sobre la lealtad y el boca a boca, y por lo tanto sobre los ingresos y las ganancias, y deben creer en su cuantificación.

2. **Todas las funciones importantes contribuyen a la calidad de la experiencia del cliente; y la mayoría de los problemas no salen a la luz en el lugar donde se originaron.** Aunque la mayoría de los problemas salen a la superficie en el sector de atención, la mayoría no se origina allí. Alguien con responsabilidad general por la experiencia del cliente puede abordar y reducir o eliminar las diferentes fuentes de insatisfacción mediante la alineación de las funciones.

3. **Es más económico brindar una experiencia extraordinaria que una buena o aceptable.** Debido a que la gerencia cree que ofrecer un servicio mejor es más costoso, prefieren ofrecer uno inferior y reactivo. Pero como vimos en el Capítulo 4, una mejor experiencia no es necesariamente más costosa (ya que ésta implica menos llamados y una demanda menor de empleados con salarios más elevados). Además, tiene impactos positivos en los ingresos.

Funciones principales del gerente de atención al cliente

Las funciones más importantes del gerente de atención al cliente son:

-   Supervisar la definición y el mapeo de todos los procesos de los contactos con los clientes.

- Recabar y distribuir la información y datos unificados de la voz del cliente.
- Identificar los problemas a resolver y las oportunidades para mejorar la experiencia del cliente, y crear el imperativo económico para las medidas.
- Decidir quién debe liderar el abordaje de problemas y oportunidades.
- Actuar como defensor de los clientes ante la gerencia general, con inclusión del proceso de seguimiento.
- Informar a la gerencia los costos, como también los ingresos y ganancias, de hacer lo mejor para el cliente.

El gerente de atención al cliente **no** debe tener la responsabilidad de obtener los niveles esperados de satisfacción y lealtad, ni de solucionar los problemas de calidad y del servicio. Tales siguen siendo responsabilidades de los gerentes de operaciones y de línea correspondientes. En otras palabras, el gerente de atención al cliente actúa como un consultor interno, facilitador y enlace importante con respecto a la experiencia del cliente, sin asumir las responsabilidades de los demás gerentes. En tal sentido, su relación con la experiencia del cliente y los demás gerentes se asemeja a la del gerente de riesgo con el riesgo y con los gerentes que incurren en dichos riesgos.

Cómo lograr que funcione el cargo de gerente de atención al cliente

Hay tres factores importantes, aplicados en orden, que casi garantizan el éxito del gerente de atención al cliente: datos precisos, compromiso de la gerencia, y habilidades de facilitación para producir resultados de forma rápida. Como indica la Figura 12-1, estos tres elementos operan en secuencia. Primero se necesitan los datos para llamar la atención de la gerencia, y su compromiso. Luego, el compromiso resultante genera el apoyo necesario para los esfuerzos por mejorar los procesos del servicio y aprovechar las oportunidades identificadas por los datos. Por último, lograr las mejoras exige contar con habilidades de facilitación para conseguir el éxito de forma rápida. El pequeño éxito resultante con recompensas medibles obliga a recabar más datos sobre la próxima oportunidad y mantiene los esfuerzos para mejorar y lograr mayores éxitos. Hasta los datos básicos sobre las recompensas de ofrecer un mejor servicio son poderosos, tal es así que observamos a ejecutivos utilizar los datos de las encuestas de TARP o las suposiciones que estiman las recompensas de ciertas medidas para mejorar y generar compromiso.

Figura 12-1. Factores para lograr el éxito del gerente de atención al cliente

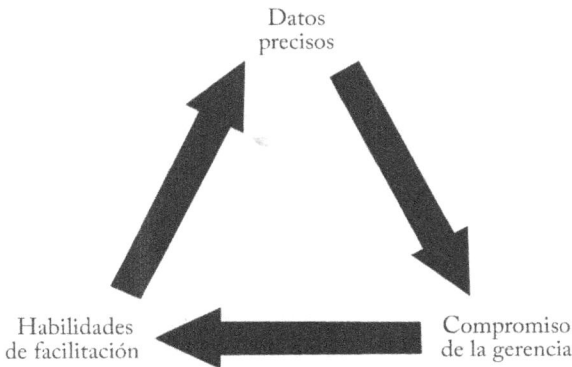

Datos
precisos

Habilidades
de facilitación

Compromiso
de la gerencia

Datos precisos. Según los estudios de TARP sobre los factores clave en los programas de voz del cliente exitosos, los datos confiables que describen la experiencia del cliente **completa** destacan cuáles son las mejoras más lucrativas a realizar. Además, dichos datos casi siempre obligan a la gerencia a tomar medidas. Sin embargo, la voz del cliente suele estar fragmentada, concentrada en algunas interacciones, y separada de la información financiera.

Es por esto que primero se debe hacer un mapeo del proceso y todos los contactos del cliente. Por ejemplo, una empresa de fotocopiadoras tomó como referencia las peores quejas recibidas y luego concentró sus esfuerzos en la calidad de los productos y las reparaciones. No obstante, nuestra investigación reveló que la fase de ventas e instalaciones causó un perjuicio cuatro veces mayor en los ingresos pero rara vez era el tema de las quejas. No se habían inspeccionado ventas e instalaciones sino hasta después de mapear el proceso y obtener los datos sobre la cantidad relativa de problemas y el grado de perjuicio a la lealtad resultante de cada fase del proceso.

Los datos precisos incluyen las cinco razones más importantes del desgaste y resulta lo más fácil de corregir en el corto plazo. Abarcan los informes de los empleados que tienen contacto directo con los clientes y exhiben los ingresos perdidos por el desgaste de los clientes. Marketing debe reemplazar cada cliente perdido con un cliente nuevo para mantener el balde perforado lleno, tal como indica la Figura 4-1.

Compromiso de la gerencia. Los gerentes deben confiar en que el gerente de atención al cliente los puede ayudar a alcanzar sus objetivos, en especial los relacionados con los ingresos. Esto exige la aceptación de marketing y finanzas. Si lo aceptan, todos los demás lo aceptarán (incluso el gerente general). Esto casi siempre se logra luego de análisis rigurosos y conservadores de los impactos en los ingresos. Los gerentes de línea, con datos sólidos que definan los beneficios de las mejoras, actuarán en base a los incentivos financieros y a sus propios intereses.

Habilidades de facilitación para lograr el éxito a corto plazo. El gerente de atención al cliente debe darse cuenta de que logrará más si da crédito a otros por los logros. TARP también observó que utilizar las primeras iniciativas de los clientes para crear proyectos piloto genera menor resistencia que proponer grandes cambios. Entonces, si ofrece mejores resultados medibles, documentó su logro. Con ese registro, puede repetir el ciclo para identificar algún aspecto de la experiencia del cliente que, si se corrige, aumentará la lealtad, los ingresos y el boca a boca positivo. A su vez, esto lo posiciona para fijar otro objetivo, tomar medidas y lograr otro éxito. Conviene presentar una estrategia amplia luego de varios logros tácticos.

En términos simples, la clave del éxito del gerente de atención al cliente es utilizar medidas creíbles, elegir las batallas, y, como todo buen consultor, hacer quedar bien a su cliente interno.

CÓMO CENTRAR TODAS LAS FUNCIONES EN LA EXPERIENCIA DEL CLIENTE

Una sola función dentro de la empresa, incluso la atención al cliente, no puede brindar una experiencia extraordinaria. Una única función no puede garantizar que la empresa esté haciendo las cosas bien la primera vez. La atención al cliente tampoco puede por sí misma corregir errores en cada caso ni garantizar una experiencia satisfactoria la siguiente vez. Cada función desempeña un papel en la creación de la experiencia del cliente. Éstas deben comprender el papel que juegan, y cómo sus decisiones, actividades y acciones benefician o perjudican la experiencia del cliente. Además, deben comprender los vínculos de causa y efecto en la cadena desde ellas mismas hasta los clientes de operaciones previas y posteriores, incluyendo las funciones con clientes internos solamente y con clientes externos e internos. La mejor forma de lograrlo es mediante el mapeo del proceso.

Una experiencia extraordinaria es el resultado de mil cosas hechas de forma correcta. Esas mil cosas comprenden la suma total de las decisiones, actividades, y procesos de cada función. En la mayoría de las organizaciones, hay muchos empleados que sienten que no son parte de una empresa al servicio de clientes con deseos y necesidades reales, sino parte de una burocracia al servicio de accionistas sin rostro. El mapeo del proceso está a favor de la noción de la experiencia del cliente y el papel que cada función, y cada puesto, desempeña en la experiencia.

En términos amplios, cada función existe para aceptar ciertas contribuciones y de alguna manera agregarles valor, al convertirlas en el resultado exigido por un cliente externo o interno que está operando con uno externo a cambio de un precio. La producción toma la materia prima y los componentes y los convierte en productos terminados. La contabilidad toma los datos de las operaciones financieras y los convierte en informes financieros. Recursos Humanos toma candidatos y los convierte en empleados bien capacitados, con una remuneración adecuada, que interactúan con los clientes de manera eficaz. Marketing y Ventas toman a los posibles clientes del mercado y los convierten en clientes.

Haga un mapeo del proceso para definir los papeles en la experiencia del cliente

Es esencial que todas las funciones comprendan su papel en la creación de la experiencia del cliente. Como vimos, si bien el mapeo de los procesos casi ni se utiliza para los servicios, puede ser una herramienta poderosa para lograr la comprensión. La mayoría de las organizaciones de tamaño suficiente para contar con funciones de atención al cliente significativas cuentan con un mapeo de los procesos de producción desde hace tiempo. Sin embargo, cuando les pregunto a los ejecutivos si utilizan mapeos para los procesos de atención, por lo general lo ven como una idea nueva. El mapeo del proceso ayuda a ver el papel que desempeña cada uno en la producción de la experiencia del cliente.

Aunque el papel de cada función depende del rubro o la industria, la empresa, la proposición del valor y los clientes, cabe mencionar los siguientes papeles:

- **Marketing:** define la experiencia del cliente (por ejemplo las características del producto y mensajes publicitarios), fija las expectativas de los clientes y atrae a los posibles clientes.
- **Ventas y Gestión de cuentas:** se comunica con los posibles clientes y los persuade para que se conviertan en clientes y/o administra los canales que ofrecen el producto. En muchos casos, como por ejemplo en los bancos privados y en las relaciones entre empresas, el gerente de cuentas también trata de brindar una atención al cliente, lo cual constituye una fuente importante de insatisfacción.
- **Atención al cliente:** responde las preguntas de los clientes, les brinda asistencia en caso de problemas, y recaba información para mejorar sus experiencias.
- **Producción y Operaciones:** produce y entrega los productos y servicios a los clientes.
- **Facturación y Cuentas:** garantizan la emisión de facturas correctas y reclaman los pagos vencidos.

Algunas funciones afectan a los clientes de forma más directa que otras. Todas las que tienen contacto con el cliente, tales como ventas, atención al cliente, servicios externos, y facturación deben considerar en detalle los efectos de sus decisiones y medidas en la experiencia del cliente, al igual que todas las funciones que producen y entregan los productos y servicios adquiridos. No obstante, vale la pena crear consciencia de la experiencia del cliente en las funciones soporte tales como cuentas, finanzas, recursos humanos, y gestión de riesgos, aunque solo sea para permitirles brindar una mejor atención a las funciones que benefician o perjudican al cliente en forma directa.

Como ejemplo de los desafíos para alinear las funciones con el fin de brindar una experiencia extraordinaria, elegí uno de los temas más espinosos: la decisión de trasladar algunas las funciones de atención desde ventas, o todas (en el caso en que las lleven a cabo) hacia atención al cliente. El motivo principal es que ventas debe vender y la atención al cliente debe prestar servicios de atención. Sin embargo, en muchas empresas, los vendedores también desempeñan funciones de atención, por lo general cuando identifican y resuelven problemas. En la siguiente sección resalto las cuestiones correspondientes y luego me ocupo de cómo manejar el traspaso de todas las funciones de atención.

Racionalice el proceso: cómo aclarar los papeles a desempeñar por ventas y atención al cliente

Uno de los síntomas más comunes del conflicto entre ventas y atención al cliente es la misma historia que escucho sobre los vendedores que al entregar su tarjeta dicen: "Llámeme si tiene alguna consulta o surge algún problema". Entonces el cliente llama y lo atiende el contestador del vendedor, lo cual crea un gran perjuicio si se trata de un tema urgente. Este es uno de los motivos por los cuales creo que en la mayoría de los ambientes (o en todos), es mejor que los vendedores se concentren en captar nuevos clientes, cerrar operaciones con los clientes actuales, y dejar los temas de servicios a la función de atención. De esta forma, cuando la empresa no hace las cosas bien la primera vez, la función de atención, o una unidad dentro de dicha función, debe ser el punto de contacto. Además esta función tiene la responsabilidad y los recursos necesarios para reparar la situación. Llevar adelante este cambio en empresas en las cuales los vendedores "hacen todo" puede presentar problemas.

Problemas con el traspaso de las funciones de atención a cargo de ventas. Los dos problemas más comunes al trasladar las funciones de atención, como por ejemplo la resolución de problemas, de ventas a atención al cliente son la resistencia de los vendedores y las dificultades en el diseño del sistema.

Algunos vendedores creen que "son dueños" de sus cuentas y pueden ser posesivos con la información y las interacciones. Si bien es muy bueno que los vendedores experimenten un sentido de propiedad y tengan un interés personal en el bienestar de los clientes, es peligroso permitirles que controlen las cuentas o los clientes. Esto puede perjudicar la experiencia del cliente, ya que los vendedores pueden no ser comunicativos con respecto a cómo mejorar tal experiencia. Además, esta situación estimula a los clientes a identificarse con su vendedor y no con la empresa o la marca. Esto puede provocar la pérdida de la cuenta si el vendedor renuncia, y puede limitar la información del cliente que la empresa compila. Los vendedores deben comprender que sus clientes son los clientes de la empresa, y que la experiencia del cliente es demasiado amplia para que ellos solos la diseñen y brinden.

En el caso de relaciones continuas, es conveniente asignar representantes específicos para trabajar en equipo con vendedores específicos, al menos en ciertas categorías de productos, y, en ocasiones, áreas geográficas. El equipo debe establecer un flujo bidireccional de información. Los vendedores quieren estar al tanto de las consultas y problemas de sus clientes, lo cual es bueno. Sin esa información, pueden tener una mala imagen y perder oportunidades de ventas. La gerencia debe diseñar mecanismos eficaces para entregar a los clientes de ventas a atención al cliente y viceversa. Asimismo, es importante actualizar con cierta frecuencia a cada función con respecto al estado de los problemas. En otras palabras, el sistema debe mejorar, y no perjudicar, la experiencia del cliente y no simplemente descargar los problemas a la atención al cliente. Por último, es importante planear con cuidado e implementar los detalles del sistema de manera correcta, es decir con quién deben comunicarse los clientes en el futuro; cómo se registrarán, seguirán y resolverán los problemas, y quién comunicará qué a los clientes.

Beneficios de quitar las funciones de atención a ventas. La adopción de un sistema en el cual el equipo de ventas se dedica a vender y la atención al cliente a prestar servicios de atención ofrece dos beneficios que la mayoría de los vendedores considerará muy atractivos.

En primer lugar, el sistema reduce la cantidad de llamados frenéticos, las exigencias de los clientes actuales, y la irritación para los vendedores. Si no lo hace, entonces el sistema no está funcionando. Si bien la transición del pase de los temas referidos a la atención puede llevar tiempo, ésta debería completarse en no más de dos o tres meses en la mayoría de los entornos. Una vez terminada, los vendedores deben sentir que se les quitó un peso de encima y que les agrada el sistema de verdad.

En segundo lugar, si bien este sistema llevará la experiencia del cliente a un nivel de calidad superior, pondrá la atención al cliente a disponibilidad durante más horas, y enriquecerá el flujo de datos del cliente, a su vez los vendedores tendrán más tiempo y energía para vender (y ganar más dinero). Cada problema que tienen que atender desvía la atención de las ventas hacia la resolución del problema. La mayoría de los vendedores preferiría estar vendiendo. Por supuesto, si la solución implica la venta cruzada o dirigida, entonces el vendedor debe obtener algún crédito aun cuando la atención al cliente se ocupe del tema.

Si quiere implementar este cambio deberá garantizar a los vendedores que sus clientes reciban un servicio de primera y que reciban crédito por todas las ventas. Recién ahí permitirán con gusto que la atención al cliente se encargue de los problemas. La resolución de problemas en manos de la función de atención oficia de soporte de la atención al cliente táctica y estratégica. En el caso de la estratégica, completa la curva de *feedback* que dirige la información sobre los problemas al área de la empresa que puede prevenir esos problemas en el futuro. En el caso de la táctica, brinda a los clientes recursos para resolver problemas en caso de que la experiencia no resulte como esperaban. De esta forma ganan todos: la empresa, ventas, atención al cliente, y el cliente.

CÓMO VINCULAR LOS INCENTIVOS CON LAS MÉTRICAS CORRECTAS

Como vimos, la clave para mejorar el desempeño de los empleados consiste en contar con incentivos vinculados de forma correcta a las mediciones de la experiencia del cliente. En muchas empresas, este vínculo presenta tantas fallas que los incentivos perjudican más de lo que benefician.

Doce pautas para vincular los incentivos con las métricas correctas

A continuación, encontrará algunas pautas para vincular los incentivos con las métricas de manera eficaz.

Mida la lealtad, no sólo la satisfacción. La satisfacción no indica la siguiente acción que el cliente realizará. Tampoco puede ser convertida en impacto en los ingresos. Por lo tanto, es más conveniente medir una acción en el mercado, como por ejemplo la disposición para recomendar a la empresa o para volver a comprar. No significa que no valga la pena medir la satisfacción o utilizarla como métrica, sino que es preferible contar con métricas orientadas a las acciones en el mercado.

Utilice fórmulas de incentivos simples unidas a las métricas de resultados. Muchas empresas tratan de ser demasiado precisas al vincular los incentivos con los factores que los empleados controlan de forma directa. A modo de ejemplo, hacen encuestas entre los clientes (y brindan incentivos a los empleados) con respecto a factores tácticos múltiples (tales como limpieza del auto alquilado y amabilidad al hablar por teléfono), pero se olvidan de incluir factores importantes en la fórmula de los incentivos (tales como disposición para recomendar). Ofrezca incentivos en base a la pregunta sobre la recomendación y capacite a los empleados para que sepan cómo los impulsores tácticos afectan la disposición para recomendar. Entonces, su mensaje es claro y simple.

Una al menos el 20 % de la remuneración por rendimiento a la métrica. TARP observó que las grandes automotrices, empresas de servicios para el hogar, financieras y de telecomunicaciones unen al menos el 20 % de la remuneración por rendimiento a la meta de la satisfacción, y algunas hasta el 30 %. Por lo general, los empleados ignoran todo lo que sea menor al 20 %.

Establezca metas racionales para mejorar. La mayoría de las empresas establece metas para mejorar de forma arbitraria. Dicen por ejemplo: "En cuanto a la satisfacción, estamos en un 81 %, así que vayamos por el 85 %". Es mucho mejor detectar las causas de insatisfacción para tratar el año siguiente, y calcular las mejoras posibles si se abordan. Entonces puede decir: "Si abordamos los temas A, D, y F, podemos aumentar la lealtad total en un 0,5, 1,5, y 1,0 % respectivamente, y lograr un aumento de 3 puntos y llegar al 84 %". Así se conocen los objetivos **y además** cómo alcanzarlos.

Recompense las mejoras y los intentos. El enfoque "todo o nada" en cuanto a los incentivos puede crear apatía entre quienes deben alcanzar metas imposibles. En cambio, conviene también ofrecer incentivos a las unidades que mejoran a pesar de no lograr los objetivos. Por ejemplo, si la meta es 85, una unidad puede recibir un tercio de la remuneración por rendimiento si logra aumentar de 65 a 75 en el puntaje de recomendación.

Logre métricas viables. Los empleados deben saber cómo su desempeño beneficia o perjudica la satisfacción y la lealtad. Por ejemplo, deben saber que un segundo contacto por el mismo tema disminuye la satisfacción en un 10 %, mientras que un tercer contacto la disminuye en otro 20 %. Esto deja en claro que hay que resolver los problemas en el primer llamado.

Realice informes de los progresos inmediatos mediante métricas de procesos. Las encuestas anuales son demasiado infrecuentes para permitir la corrección del rumbo y mantener el entusiasmo. Para muchas empresas de los EE.UU., en especial en el sector automotor, el índice de satisfacción del cliente de J.D. Power y la Universidad de Michigan genera justamente este problema. Las empresas necesitan encuestas o métricas del proceso trimestrales, mensuales o continuas. Lo ideal es no tener que realizar encuestas sino obtener las métricas del proceso que describen la experiencia del cliente de forma correcta. Por ejemplo, en una empresa de repartos, las facturas correctas y la disminución de daños de los paquetes fueron los principales impulsores de las mejoras en el servicio. La empresa utilizó los llamados mensuales referidos a estos dos problemas para medir el progreso y luego confirmó los resultados con una encuesta trimestral.

Implemente los incentivos de manera gradual. No les diga a los empleados: "A partir de mañana, X porcentaje de su sueldo dependerá de esta métrica". Si lo dice, se quejarán de la estructura y de la medición de la métrica en vez de concentrarse en mejorar la experiencia del cliente. En cambio, utilice la métrica durante seis meses **antes** de relacionarla de manera formal a la remuneración.

Utilice varias métricas. La satisfacción y la lealtad deben estar equilibradas con los objetivos tales como productividad, ganancias, satisfacción de los empleados y control de costos. Las métricas de satisfacción y lealtad funcionan mejor cuando constituyen entre el 20 y 33 % de los incentivos totales.

Desaliente el abuso del sistema. Establezca una política de recompensas y castigos para quienes se involucran en juegos como los vistos en las encuestas de ventas de autos. Quienes hagan lo correcto para el cliente recibirán una recompensa. No está "haciendo una curva de las calificaciones"; todos pueden alcanzar los objetivos y ser recompensados. Para establecer los castigos, utilice preguntas en las encuestas como: "¿Fue presionado para dar un puntaje positivo?" para detectar la manipulación del sistema y luego evaluar las sanciones.

Refuerce los incentivos mediante la capacitación permanente. No es suficiente ofrecer una sola capacitación. Los representantes deben responder según las reglas de forma fluida, estar al tanto de los problemas actuales, y mejorar sus habilidades con las personas de forma permanente. Para esto es necesario que los gerentes que tienen contacto directo con los clientes brinden al menos un refuerzo mensual. Las empresas que siguen las mejores prácticas dedican al menos dos horas por mes a la revisión de las habilidades básicas y las reglas para responder.

Concéntrese en el largo plazo. Los incentivos estables y acumulativos promueven una atención a largo plazo; aun así, muchas empresas renuevan los incentivos todos los años. Si bien la intención puede ser mantener las cosas actualizadas, con frecuencia sólo se logra confusión y esfuerzos esparcidos. La unidad de una automotriz con los mejores puntajes del sector garantiza a los ejecutivos que los incentivos por la satisfacción permanezcan al menos tres años, y aumenta las recompensas a medida que aumentan las métricas. Este enfoque garantiza que "las reglas no cambien el próximo trimestre y que no se trate del tema del momento".

Pauta extra: Tenga cuidado con el índice de promotores neto. En la actualidad, muchos ejecutivos utilizan el Índice de Promotores Neto (IPN) como métrica principal. (El IPN, desarrollado por Fred Reichheld, mide la disposición de los clientes para recomendar una empresa, es decir, para difundir el boca a boca positivo). Un artículo muy conocido se refiere a "la única pregunta que necesita formular: ¿nos recomendaría?" Si bien la pregunta no está mal, el IPN se calcula restando los "detractores" (quienes otorgaron un 6 ó menos en una escala de 10 puntos) de los "promotores" (quienes otorgaron un 9 ó 10).

Al utilizar el IPN surgen tres dificultades. Primero, supone que los clientes que otorgaron un 7 o un 8 son "benignos". Esto no es verdad, ya que probablemente hagan comentarios mediocres y no sean leales. Segundo, el IPN no brinda un diagnóstico. Tercero, se puede obtener el mismo resultado en situaciones diferentes. Por ejemplo, la mayoría de los clientes (digamos el 65 %) podría estar en el medio, el 30 % podrían ser promotores, y el 15 % detractores. En este caso el IPN sería (30-15=15). O podría tener un mercado muy polarizado en el cual el 55 % sean promotores y el 40 % sean detractores. En este caso el IPN sería también 15 (55-40= 15).

Está claro que debe comprender el diagnóstico y las distribuciones detrás de estos resultados, y estimar los ingresos en riesgo para cada mes que continúa el *statu quo*.

Utilice los incentivos en contextos específicos

Vincular los incentivos con las métricas siempre implica desafíos. A continuación, veremos algunas cuestiones específicas para abordar en contextos específicos.

Los incentivos por satisfacción para los centros de atención. Vincular las métricas de la satisfacción a los incentivos es más fácil y a la vez más difícil en los centros de atención que en el resto de la empresa. Es más fácil debido al vínculo entre las acciones de los empleados y la satisfacción y lealtad de los clientes. Y es más difícil porque la insatisfacción puede ser en realidad causada por una mala regla de respuesta o por el énfasis en mantener conversaciones mínimas, lo cual genera llamados truncados y explicaciones breves. También implica que más clientes llamen por segunda vez y alienta a quienes llaman a recorrer el sistema en búsqueda de la mejor atención. En la Tabla 12-2 podemos observar los tipos de datos generalmente utilizados para vincular los incentivos con las métricas y la fuerza de su correlación con la lealtad real.

El equilibrio adecuado para los representantes es un tercio de métricas operativas (tales como cumplimiento de los procedimientos), un tercio de métricas de impacto y de resultado (resolución en el primer contacto; recomendar en forma general y por cuestión), y un tercio de comportamiento en equipo, asistencia, y contribuciones a la prevención de problemas. En caso en que esté presente, la venta cruzada debe contar con un incentivo independiente.

El control interno de los llamados y las encuestas sobre la satisfacción deben generar resultados similares. Si por ejemplo el representante obtiene 95 puntos según el control interno de los llamados, pero los clientes le otorgan 65 puntos, estamos ante una falta de alineación. A lo mejor está exigiendo y midiendo comportamientos que los clientes no consideran importantes, e ignorando aquellos que aumentarían la lealtad. Conviene preguntar a la persona que hace la inspección de los llamados: "¿Cómo estimaría la satisfacción del cliente al final del llamado?" y utilizar la misma escala que la encuesta del cliente. Ambos puntajes deben estar razonablemente próximos uno del otro.

Tabla 12-2. Correlación entre algunas métricas y la lealtad

Tipo de métrica	Métricas de operaciones básicas	Métricas de la auditoría de las operaciones	Métricas del impacto de las operaciones	Métricas de resultados
Contenido	Desempeño del centro de atención, velocidad promedio de respuesta (ASA), duración de la conversación, abandono, tiempo en la fila.	Control de calidad de los llamados, auditoría electrónica.	Datos de los llamados cerrados en el primer contacto por tema, llamados transferidos, llamados múltiples, cumplimiento, puntualidad.	Datos de resultados (la satisfacción y lealtad atribuyen puntajes y autoridad)
Intensidad de la relación de las métricas con la lealtad real	Baja	Moderada	Fuerte	Congruente

Incentivos por satisfacción para las unidades operativas y las diferentes zonas. Para toda una empresa o subsidiarias, utilice las métricas del impacto de las operaciones y la lealtad y satisfacción total, por ejemplo con productos y servicios, junto con la disposición para volver a comprar o recomendar. Muchas empresas usan un índice de dos o tres de tales métricas. Algunas empresas líderes se concentran en la métrica "recomendar", ya que suponen que todas las demás están en la misma línea. Cualquier enfoque sirve.

TARP observó que las personas califican la satisfacción de distinta manera en las diferentes regiones de los EE.UU. o en los diferentes países. Por ejemplo, quienes viven en el nordeste de los EE.UU. otorgan puntajes más bajos por niveles de atención idénticos que aquellos que viven en el sur (excepto Florida). Mundialmente, los puntajes por la satisfacción y la lealtad fueron diferentes en varios estudios en los cuales se emplearon las mismas métricas de atención. A modo de ejemplo, en Francia los clientes otorgan un puntaje más bajo en cuanto a la satisfacción que los clientes de las mismas empresas que viven en el Reino Unido. Los japoneses otorgan el puntaje máximo en menor proporción que los estadounidenses.

Por otro lado, las preguntas referidas a la acción del mercado, tales como la disposición para volver a comprar o recomendar, reciben respuestas mucho más coherentes alrededor del mundo. Así que si bien no es posible tener un índice de satisfacción mundial comparable, sí es posible tener un índice de lealtad comparable.

Métricas de satisfacción e incentivos para los comerciantes y las unidades externas. Cuando los clientes son atendidos por comerciantes y unidades externas, las acciones de estas partes se ven reflejadas en los puntajes de la empresa. Los clientes responsabilizan a la empresa por los servicios ofrecidos por los comerciantes y las unidades externas. Sin embargo, TARP también observó que hasta cierto punto los clientes distinguen entre las dos entidades y otorgan puntajes que pueden variar hasta el 30 por ciento por las medidas tomadas por el comerciante y por la empresa u oficina central. Pero sigue habiendo consecuencias importantes. Aún cuando la oficina central gestione el llamado a la perfección, si el comerciante no cumple con lo prometido por la oficina central, esta última será en parte culpada, con lo cual estoy de acuerdo.

Según TARP, la mejor forma de motivar a los comerciantes, unidades externas, o canales consiste en mostrarles que la atención mediocre los perjudica tanto como a la empresa como consecuencia de la erosión de la lealtad y el boca a boca negativo. Tal modelización económica resultó muy eficaz para motivar a los comerciantes a concentrarse en la satisfacción en la industria automotriz, de motocicletas, de seguros y de franquicias.

Incentivos por satisfacción para la atención de clientes internos. La mayoría de las métricas empleadas para los clientes externos también sirven para los internos. Hay dos excepciones: cómo se comportan con las quejas y la lealtad. Los clientes internos no se quejan por miedo a represalias y porque creen que nada cambiará. TARP observó tasas de no formulación de quejas de hasta el 93 por ciento en Sistemas, Recursos Humanos y organismos públicos. Por lo tanto, conviene recabar datos de los informes de problemas y luego preguntar a los clientes cuánto tiempo pierden cada vez que se presenta el problema.

Con respecto a la lealtad, los clientes internos no perciben la posibilidad de cambiar de proveedores, ya que deben utilizar los servicios internos o el contratista designado. Sin embargo, TARP observó varias maneras creativas de cambiar de proveedores, como por ejemplo celebrando pequeños contratos con empresas locales de soporte de sistemas o simplemente utilizando los proveedores sin sanciones. Ambas opciones generan costos extra. La pregunta es: "Si pudiera obtener este servicio por otro lado al mismo precio, ¿qué posibilidades habría de que siguiera utilizando el servicio interno?" Aún en situaciones de monopolio, los clientes se toman esta pregunta hipotética en serio. También es esencial saber con qué frecuencia suceden esos problemas y cuánto tiempo se pierde cada vez que suceden.

CÓMO BRINDAR UNA EXPERIENCIA EXTRAORDINARIA A TRAVÉS DE LOS SOCIOS DEL CANAL

Si ya resulta difícil alinear las funciones internas para brindar la experiencia prometida, imagine los desafíos que deberá enfrentar cuando las funciones no se encuentren dentro de la empresa. Esto sucede cuando sus clientes son principalmente clientes de sus distribuidores, comerciantes minoristas, representantes, corredores u otros vendedores o revendedores. También sucede cuando sus productos o servicios se utilizan en otros productos o servicios o cuando celebra contratos de licencia (me voy a referir a todos estos casos como situaciones que involucran a los canales y a los socios de los canales).

En todos estos casos, la empresa pierde bastante control sobre la experiencia del cliente de forma automática. Cuánto pierde depende del tipo de socio y de la naturaleza del acuerdo. Los acuerdos más formales, tales como las alianzas de marketing, las uniones transitorias de empresas, y los contratos de licencia, le permiten tener más control sobre la experiencia del cliente, aunque también surgen dificultades. Por ejemplo, hasta grandes marcas como Calvin Klein y Martha Stewart saben que los minoristas y los distribuidores pueden poner su reputación e ingresos en riesgo.

Muchos acuerdos favorecen al canal por sobre el proveedor del producto. Esto es así porque el proveedor necesita al canal (digamos Walmart) más de lo que el canal necesita al proveedor. En general, el proveedor tiene acceso limitado a los clientes del canal y a la información sobre esos clientes. Los proveedores compiten mucho por los mejores canales, y cualquiera que dicho canal considere problemático podrá ver a otros proveedores tratados de forma más favorable.

Los canales en la mayoría de las categorías varían mucho en las experiencias que brindan. Según las investigaciones de TARP, en el caso de los bienes no perecederos y en la tecnología, una mala experiencia con un canal puede reducir la lealtad hacia la marca al menos un 20 por ciento y hasta un 80 por ciento, lo cual es un verdadero desastre para la marca. El fabricante o el gerente de marca pueden hacer muy poco al respecto, ya que los clientes no quieren tener una relación con cada proveedor al cual le compran de forma indirecta. Desean que sea su almacén el que rectifique los problemas con su comida congelada Swanson, y su negocio de indumentaria masculina el que arregle su traje Hickey Freeman.

¿Qué debe hacer el proveedor? No existe una solución sencilla. Sí está claro que debe operar con los canales disponibles más serios, dadas las realidades comerciales. Estas realidades incluyen las formas en que sus productos, precios, requisitos de ganancia, y la experiencia del cliente coinciden con las de los canales disponibles. Entonces el primer objetivo sería crear una experiencia compatible con las de los socios del canal que desea cultivar. Esto implica fijar estándares elevados en comparación con la competencia y encontrar socios que piensen de manera similar.

Hay otras cinco formas de crear y ofrecer una buena experiencia para el cliente cuando trabaja con y mediante canales:

1. **Obtenga buena información sobre los clientes.** Comparta los datos de sus clientes y las investigaciones con los socios del canal para

alentarlos a mejorar la experiencia de los clientes de su empresa.

2. **Comuníquese con sus clientes.** Ofrezca bonificaciones útiles para motivarlos a registrarse en su sitio web. Luego, siga en contacto con ellos.

3. **Ofrezca un sistema sencillo para presentar reclamos.** Permita que los clientes formulen reclamos de manera sencilla mediante un número gratuito de "soporte" y su sitio web. Reciba las quejas y problemas con una actitud positiva.

4. **Diseñe las promociones con cuidado**. En el caso de productos envasados, las promociones generan quejas y cuestiones de calidad. Dada la cantidad de actividades y funciones participantes, las promociones siempre deben ser simples y bien ejecutadas.

5. **Asóciese con sus canales.** Utilice el proceso contractual con los canales para fijar expectativas con respecto a la experiencia del cliente y los niveles de atención. Asimismo, ofrezca a sus canales incentivos para que informen los problemas con los detalles suficientes para que puedan ser priorizados.

Vale la pena tomarse un tiempo para formular de forma clara su parecer con respecto a la experiencia del cliente y luego comunicarlo a los socios del canal. En cierto sentido, puede ver a sus canales como clientes, compilar datos útiles sobre ellos y sus experiencias, y luego fijar expectativas que pueden ser cumplidas o superadas.

NUNCA CANTE VICTORIA; SIEMPRE MANTENGA EL RUMBO

Trabajamos con casi la mitad de las empresas que figuran en *Fortune 100*, y con muchas otras compañías muy exitosas. Uno de los hechos que más me molesta y desilusiona es ver cómo una empresa realmente exitosa que ofrece experiencias de primera, pasado cierto tiempo, tropieza. Observé esto en el sector automotor, empresas de informática, comerciantes de alimentos, compañías de seguros, laboratorios, etc.

Creo que se debe a dos cuestiones principales. En primer lugar, la empresa comete un grave error no relacionado con la atención al cliente, como por ejemplo tomar una mala decisión sobre un producto y luego ignorar las señales de la voz del cliente. El resultado motiva a un ejecutivo o gerente financiero con pocas luces a recurrir a métodos extremos, e introduce determinados cambios en la atención para reducir costos. De hecho, observé dos empresas que decidieron comercializar productos con defectos para alcanzar los objetivos de ventas, sabiendo que los reclamos por la garantía iban a subir hasta las nubes, **y luego** reducir el período de la garantía, dejando a los clientes sin recursos razonables y a la atención al cliente sin soluciones razonables. Tal como se merecían, ambas empresas atravesaron muchas dificultades.

En segundo lugar, observé empresas "cantar victoria" y hasta llegar a ser arrogantes creyendo que eran infalibles. Creían en su propio "bombo" y en los premios por la satisfacción que habían recibido. Dieron por sentadas la experiencia extraordinaria y la lealtad continua, mientras que la atención y el soporte se desviaron. Luego, los gerentes nuevos con prioridades nuevas heredaron funciones importantísimas. Buscaban ser famosos y la atención era maravillosa, así que redujeron costos y tomaron atajos. De forma inevitable, la atención al cliente comenzó a caer, al principio de forma imperceptible, luego de forma más notoria, hasta que tocó fondo luego de siete años. En TARP tuvimos que volver a visitar unas seis empresas luego de cinco a siete años para recordarles por qué y cómo solían brindar experiencias extraordinarias.

Crear experiencias excelentes, lo cual es clave para lograr lealtad continua y crecimiento en los ingresos y ganancias, exige un énfasis constante y diligente en los principios básicos y su ejecución. Es necesario contar con datos actuales de la voz del cliente, sistemas bien diseñados y personas dedicadas, como también políticas financieramente justificadas y procedimientos para resolver problemas. También es necesario comprender los papeles estratégicos y tácticos realmente importantes que la atención al cliente desempeña en la creación de la experiencia. Dichos papeles fueron y son minimizados o mal desempeñados en tantas empresas que invertir en la atención al cliente es una de las oportunidades de mayor retorno en el mundo actual de los negocios. Invariablemente, los datos, los hallazgos de las encuestas, y las experiencias de las empresas que adoptan un enfoque estratégico de la atención al cliente lo confirman, así que lo invito a que ayuden a su empresa a producir esos retornos.

PRINCIPALES PUNTOS A RECORDAR

1. Cuente con un mapeo detallado del proceso de todos los contactos que su empresa tiene con el cliente.

2. Marketing, ventas, y operaciones deben acordar traspasar los problemas y tareas cuando la atención al cliente los puede gestionar mejor. En la mayoría de los casos, ventas **no** debe involucrarse en la resolución de problemas habituales ni prestar servicios de rutina.

3. Debe tener al menos el 20 % de la remuneración por rendimiento unida a las métricas de la experiencia del cliente; de lo contrario, el programa no funcionará.

4. El gerente de atención al cliente puede lograr la alineación entre las funciones que contribuyen a la experiencia del cliente mediante el uso de datos persuasivos para obtener el compromiso de la gerencia y lograr pequeños éxitos que precederán éxitos mayores.

5. Los reclamos a los socios del canal suelen reducir el 20 % de la lealtad a su marca. El servicio de atención al cliente de su canal se refleja en su empresa. Verifique que los canales comprendan el valor de la experiencia extraordinaria del cliente para ambas partes y que sean ellos quienes la brindan.

6. Una vez que ofrezca experiencias extraordinarias de forma coherente, el mayor peligro que corre es tomar atajos y desviar la atención hacia otro lado. Nunca cante victoria.

EPÍLOGO

Todo lo que cubro en este libro es realmente la punta del iceberg de los 38 años de experiencia de TARP. Tenemos documentación y datos de literalmente todas las industrias. Si hay cuestiones a las cuales no me referí, por favor comuníquese a jgoodman@tarp.com y con todo gusto compartiré nuestra experiencia.

www.ingramcontent.com/pod-product-compliance
Lightning Source LLC
Chambersburg PA
CBHW080517220326
41599CB00032B/6109

* 9 7 8 9 8 7 3 6 4 5 0 7 5 *